CONTABILIDADE DE CUSTOS
para o Exame de Suficiência do CFC

Bacharel em Ciências Contábeis

O livro é a porta que se abre para a realização do homem.

Jair Lot Vieira

Roberto Biasio

CONTABILIDADE DE CUSTOS

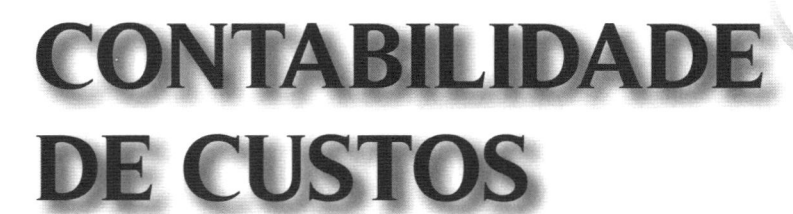

PARA O
EXAME DE SUFICIÊNCIA
DO CFC
PARA BACHAREL EM CIÊNCIAS CONTÁBEIS

- CONSELHO FEDERAL DE CONTABILIDADE
- Elaborado de acordo com a Resolução nº 1373, de 14 de dezembro de 2011, do Conselho Federal de Contabilidade

edipro concursos

CONTABILIDADE DE CUSTOS
para o Exame de Suficiência do CFC
Roberto Biasio

1ª edição 2012

© *desta edição: Edipro Edições Profissionais Ltda. – CNPJ nº 47.640.982/0001-40*

        Editores: Jair Lot Vieira e Maíra Lot Vieira Micales
Produção editorial: Murilo Oliveira de Castro Coelho
        Revisão: Ivone Teixeira
        Arte: Karina Tenório e Danielle Mariotin

Dados de Catalogação na Fonte (CIP) Internacional
(Câmara Brasileira do Livro, SP, Brasil)

Biasio, Roberto
Contabilidade de custos : para o exame de suficiência do CFC / Roberto Biasio. – São Paulo : EDIPRO, 2012. – (Coleção exame de suficiência do CFC : bacharel em ciências contábeis)

"Elaborado de acordo com a resolução n. 1373, 14 de dezembro de 2011, do Conselho Federal de Contabilidade".

ISBN 978-85-7283-786-6

1. Contabilidade I. Título. II. Série.

11-10392   CDD-657

Índices para catálogo sistemático:

1. Contabilidade : Exame de suficiência 657
2. Exame de suficiência : Contabilidade 657

edipro

edições profissionais ltda.
São Paulo: Fone (11) 3107-4788 – Fax (11) 3107-0061
Bauru: Fone (14) 3234-4121 – Fax (14) 3234-4122
www.edipro.com.br

A todos que contribuíram para que este sonho se transformasse em realidade, em especial à minha esposa Alide.

Sumário

Introdução 13

capítulo 1 **Elementos conceituais**

    1.1. Inter-relacionamento da contabilidade financeira, de custos e gerencial 15

        1.1.1. Contabilidade financeira 15

        1.1.2. Contabilidade de custos 16

        1.1.3. Contabilidade gerencial 17

    1.2. Contabilidade de custos 17

        1.2.1. Objetivos 18

        1.2.2. Importância 18

        1.2.3. Finalidade 18

    1.3. Conceitos 19

        1.3.1. Gastos 19

        1.3.2. Investimentos 19

        1.3.3. Custos 20

        1.3.4. Despesas 20

        1.3.5. Desembolso 20

        1.3.6. Perdas 21

    1.4. Princípios e conceitos aplicados à contabilidade de custos 21

1.4.1. Princípio da realização da receita 21
1.4.2. Princípio da competência ou da confrontação entre despesas e receitas 21
1.4.3. Princípio do custo histórico como base de valor 22
1.4.4. Consistência ou uniformidade 22
1.4.5. Conservadorismo ou prudência 22
1.4.6. Materialidade ou relevância 23

capítulo 2   **Classificação e nomenclatura dos custos**

2.1. Custos fixos e custos variáveis 25
    2.1.1. Custos fixos 25
    2.1.2. Custos variáveis 26
2.2. Custos diretos e indiretos 28
    2.2.1. Custos diretos 28
    2.2.2. Custos indiretos 28
2.3. Custos controláveis e custos não controláveis 29
2.4. Objeto de custeio 29

capítulo 3   **Controle e registro contábil de custos**

3.1. Apuração do custo das vendas 31
    3.1.1. Apuração do custo dos produtos vendidos 31
    3.1.2. Apuração do custo das mercadorias vendidas 32
    3.1.3. Apuração do custo dos serviços vendidos 33
3.2. Custo da mão de obra 33
    3.2.1. Custo da mão de obra direta 33
    3.2.2. Custo da mão de obra indireta 34
3.3. Custos dos materiais 34
    3.3.1. Custos dos materiais diretos 34
        3.3.1.1. Matéria-prima 35
        3.3.1.2. Componentes 35
        3.3.1.3. Embalagem 35
        3.3.1.4. Outros materiais diretos 35
        3.3.1.5. Custos dos materiais indiretos 35

3.4. Alocação dos custos 36
    3.4.1. Alocação dos custos com matéria-prima 36
    3.4.2. Alocação dos custos com materiais secundários 36
    3.4.3. Alocação dos custos com embalagem 37
    3.4.4. Alocação dos custos dos materiais indiretos 37
    3.4.5. Alocação dos custos de mão de obra direta 38
    3.4.6. Alocação dos custos de mão de obra indireta 38
    3.4.7. Alocação dos demais custos indiretos de produção 38
3.5. Métodos de controle de estoque 38
    3.5.1. Custo médio ponderado, média fixa ou móvel 38
    3.5.2. PEPS – primeiro a entrar, primeiro a sair 41
    3.5.3. UEPS – último a entrar, primeiro a sair 43
3.6. Custos indiretos de fabricação e seus critérios de rateio 44
3.7. Departamentalização 45
    3.7.1. Conceito de departamentalização 45
    3.7.2. Objetivos da departamentalização 45
    3.7.3. Etapas da departamentalização 46
3.8. Centro de custos 47
    3.8.1. Classificação dos centros de custos 48
        3.8.1.1. Centros de custos auxiliares 48
        3.8.1.2. Centros de custos produtivos 49
        3.8.1.3. Centros de custos administrativos 49

capítulo 4   Métodos de custeio

4.1. Custeio por absorção 51
    4.1.1. Componentes do custo de produção no custeio por absorção 53
    4.1.2. O que não compõe o custo de produção no custeio por absorção 53
    4.1.3. Apropriação dos custos (diretos e indiretos) 54
4.2. Custeio variável 55
4.3. Custeio baseado em atividades (ABC) 56
4.4. Custeio pleno (RKW) 57

4.5. Custo por produto 57
4.6. Custo por processo 57
    4.6.1. Custo por processo sequencial 58
    4.6.2. Custo por processo paralelo 58
    4.6.3. Custo por processo seletivo 58
4.7. Custo por atividade 59

capítulo 5   **Sistemas de acumulação de custos**

5.1. Acumulação de custos 61
    5.1.1. Acumulação de custos por ordem de produção
    ou encomenda 61
    5.1.2. Acumulação de custos por processo 62
5.2. Custo dos produtos 62
    5.2.1. Custos dos produtos em elaboração 62
    5.2.2. Custo dos produtos acabados 63
5.3. Equivalente de produção 64
5.4. Custos conjuntos 65
    5.4.1. Apropriação dos custos conjuntos aos coprodutos
    e subprodutos 65

capítulo 6   **Custos para controle**

6.1. Custos reais (históricos) 71
6.2. Custos estimados / projetados 71
6.3. Custo-padrão 71
    6.3.1. Componentes do custo-padrão 72
        6.3.1.1. Padrão para os materiais 72
        6.3.1.2. Padrão para mão de obra 72
        6.3.1.3. Padrão para gastos (custos) gerais de fabricação 72
        6.3.1.4. Padrões físicos 73
        6.3.1.5. Padrões financeiros 73
    6.3.2. Variações de custo-padrão 73
        6.3.2.1. Significado de variação 73
        6.3.2.2. Variações no custo-padrão 74
        6.3.2.3. Análise das variações 74

capítulo 7 **Questões de exames de suficiência**

    7.1. Exame bacharel 2000-I 78

    7.2. Exame técnico em contabilidade 2000-I 80

    7.3. Exame bacharel 2000-II 80

    7.4. Exame técnico em contabilidade 2000-II 83

    7.5. Exame bacharel 2001-I 86

    7.6. Exame técnico em contabilidade 2001-I 88

    7.7. Exame bacharel 2001-II 91

    7.8. Exame técnico em contabilidade 2001-II 94

    7.9. Exame bacharel 2002-I 96

    7.10. Exame técnico em contabilidade 2002-I 101

    7.11. Exame bacharel 2002-II 103

    7.12. Exame técnico em contabilidade 2002-II 107

    7.13. Exame bacharel 2003-I 111

    7.14. Exame técnico em contabilidade 2003-I 115

    7.15. Exame bacharel 2003-II 117

    7.16. Exame técnico em contabilidade 2003-II 123

    7.17. Exame bacharel 2004-I 127

    7.18. Exame técnico em contabilidade 2004-I 129

    7.19. Exame bacharel 2004-I – Criciúma 132

    7.20. Exame técnico em contabilidade 2004-I – Criciúma... 136

    7.21. Exame bacharel 2004-II 140

    7.22. Exame técnico em contabilidade 2004-II 144

    7.23. Exame bacharel 2011-I 147

    7.24. Exame técnico em contabilidade 2011-I 153

capítulo 8 **Respostas e comentários dos exercícios**

    8.1. Exame bacharel 2000-I 159

    8.2. Exame técnico em contabilidade 2000-I 161

    8.3. Exame bacharel 2000-II 163

8.4. Exame técnico em contabilidade 2000-I 168
8.5. Exame bacharel 2001-I 172
8.6. Exame técnico em contabilidade 2001-I 176
8.7. Exame bacharel 2001-II 183
8.8. Exame técnico em contabilidade 2001-II 187
8.9. Exame bacharel 2002-I 193
8.10. Exame técnico em contabilidade 2002-I 202
8.11. Exame bacharel 2002-II 207
8.12. Exame técnico em contabilidade 2002-II 215
8.13. Exame bacharel 2003-I 219
8.14. Exame técnico em contabilidade 2003-I 224
8.15. Exame bacharel 2003-II 227
8.16. Exame técnico em contabilidade 2003-II 239
8.17. Exame bacharel 2004-I 248
8.18. Técnico em contabilidade 2004-I 254
8.19. Exame bacharel 2004-I – Criciúma 258
8.20. Exame técnico em contabilidade 2004-I – Criciúma ... 265
8.21. Exame bacharel 2004-II 270
8.22. Exame técnico em contabilidade 2004-II 277
8.23. Exame bacharel 2011-I 283
8.24. Exame técnico em contabilidade 2011-I 296

Referências 303

Introdução

Contabilidade de custos, sem dúvida, é uma disciplina que tem muita importância, não só em relação às provas do Conselho Federal de Contabilidade (CFC) – em função do volume de questões –, mas também para fins de conhecimentos profissionais e pessoais.

O livro está dividido em três partes. Na primeira, desenvolveu-se o conteúdo dos temas apresentados no edital do CFC relacionados à contabilidade de custos. Na segunda parte, encontram-se 182 questões que dizem respeito, de forma direta ou indireta, à contabilidade de custos e que foram retiradas de 24 exames (12 de bacharel e 12 de técnico em contabilidade) aplicados pelo CFC no período de 2000 a 2011. Boa parte dessas 182 questões refere-se a temas que o CFC definiu como não sendo contabilidade decustos, mas de outras disciplinas (contabilidade gerencial, contabilidade societária etc.). A opção por apresentar essas questões, acompanhadas de suas respectivas soluções, tem por objetivo abordar todos os problemas existentes nos exames do CFC, que, de uma forma ou de outra, tenham alguma relação com a contabilidade de custos. Na terceira parte, encontram-se as soluções de todas as 182 questões, com comentários e dicas sobre como identificar alternativas erradas, sem a necessidade de fazer os cálculos exigidos para obter a solução.

Considerando-se que o principal objetivo deste livro é a preparação dos candidatos para o Exame de Suficiência, entende-se que o aprendizado para esse fim é bem mais eficaz quando o conteúdo é apresentado de forma prática, utilizando-se questões já aplicadas. Ao resolvê-las, o candidato, além de praticar, também tem a oportunidade de revisar e compreender os conteúdos relacionados no edital dessa avaliação para a obtenção do registro nos conselhos regionais de contabilidade.

capítulo · 1

Elementos conceituais

1.1. INTER-RELACIONAMENTO DA CONTABILIDADE FINANCEIRA, DE CUSTOS E GERENCIAL

1.1.1. Contabilidade financeira

A contabilidade financeira, também conhecida como contabilidade geral, tem por objetivo a apuração do resultado de cada período, bem como o levantamento de todas as demonstrações contábeis no seu final. Segundo Martins (2003, p. 19-20), na era mercantilista a contabilidade financeira estava bem estruturada para servir às empresas comerciais, pois até a Revolução Industrial ela apurava o custo das vendas mediante o levantamento físico dos estoques, já que a sua medida em valores monetários era extremamente simples: o contador verificava o montante pago por item estocado e, dessa maneira, valorava as mercadorias. Ao fazer o cálculo basicamente por diferença, computar o quanto possuía de estoques iniciais, adicionar as compras do período e comparar com o que ainda restava, apurava o valor de aquisição das mercadorias vendidas, na clássica disposição: estoques iniciais + compras − estoques finais = custo das mercadorias vendidas.

Com o advento das indústrias, tornou-se mais complexa a função do contador que, para levantamento do balanço e apuração do resultado, não dispunha tão facilmente dos dados para atribuir valor aos estoques, uma vez que o seu valor de "compras" na empresa comercial estava agora substituído por uma série de valores pagos pelos fatores de produção utilizados.

Nada mais razoável, para a solução desse problema, do que vermos o contador tentando adaptar à empresa industrial os mesmos critérios utilizados na comercial. Começou a adaptação, dentro do mesmo raciocínio, com a formação dos critérios de avaliação de estoques no caso industrial.

O valor do estoque dos produtos existentes na empresa, fabricados por ela, deveria, então, corresponder ao montante que seria o equivalente ao valor de "compras" na comercial. Portanto, passou-se a compor o custo do produto, os valores dos fatores de produção utilizados para a sua obtenção, deixando-se de atribuir aqueles outros que na empresa comercial já eram considerados como despesas no período de sua ocorrência: despesas administrativas, de vendas e financeiras. Para que a empresa industrial obtivesse o valor do custo de seus produtos foi necessário o surgimento da contabilidade de custos.

1.1.2. Contabilidade de custos

Segundo Lawrence, *apud* Fonseca *et al.* (1992, p. 15), contabilidade de custos é o processo ordenado de usar os princípios da contabilidade geral para registrar os custos de operações de um negócio, de tal maneira que, com os dados da produção e das vendas, se torne possível à administração utilizar as contas para esclarecer os custos de produção e de distribuição, tanto por unidade como pelo total, para um ou para todos os produtos fabricados ou serviços prestados, e os custos das diversas funções do negócio, com finalidade de obter operação eficiente, econômica e lucrativa. É o processo de usar os princípios contábeis, para a tomada de conhecimento e registro dos vários fatores de custo, e, por meio de sua análise, fornecer a melhor informação no sentido de se apurar o custo correto do produto, bens ou serviços.

Contabilidade de custos é o ramo da função financeira que acumula, organiza, analisa e interpreta os custos dos produtos, dos inventários, dos serviços, dos componentes da organização, dos planos operacionais e das atividades de distribuição para determinar o lucro, para controlar as operações e para auxiliar o administrador no processo de tomada de decisões.

A contabilidade de custos nasceu com a Revolução Industrial. Sua principal função era registrar os custos que capacitavam o administrador a avaliar os inventários e, consequentemente, determinar mais corretamente as rendas e levantar os balanços. Naquele tempo eram apenas computados os custos diretos: o valor do material consumido e o valor da mão de obra aplicada. No fim do século passado, vários fatores exigiram que o contador de custos desse mais um grande passo em direção a maior refinamento. Foi bastante difícil a adoção generalizada da computação de valores no custo de um produto. Os contadores se restringiam a contabilizar apenas os custos reais. Era princípio rígido o registro das transações e das operações somente pelas despesas realmente incorridas.

Com certo relaxamento desse princípio, quando se considerou que a contabilidade de custos era voltada para as atividades internas da organização, foi possível o emprego de taxas predeterminadas para a apropriação dos custos indiretos ao valor dos produtos, dos inventários e dos serviços. De qualquer modo, essa primeira fase caracterizou-se pela preocupação com o registro dos custos.

A contabilidade de custos ganhou corpo, atingindo sua identidade específica, e começou a ser finalmente considerada como instrumento da administração. Com a Segunda Guerra Mundial desenvolveram-se modernas técnicas de administração, e novas concepções a levaram a novos impulsos, aumentando sua área de influência. As informações de custo passaram a apoiar a administração em suas funções de planejamento e tomada de decisões. A contabilidade de custos cada vez mais passou a responsabilizar-se pela análise e interpretação das informações quantitativas, a fim de fornecer à administração instrumentos significativos e oportunos para a gerência da organização.

O desenvolvimento paralelo de pesquisa operacional e da computação eletrônica veio dar maior apoio à contabilidade de custos. Atualmente, as informações são prestadas de modo mais rápido. Antes, problemas de certo modo difíceis de serem solucionados, agora o são pelo emprego de técnicas estatísticas e matemáticas mais sofisticadas, bem como pelo uso crescente do equipamento eletrônico de processamento de dados. O desafio do moderno contador reside exatamente no ponto em que ele, agora, dispõe de maiores recursos para fazer parte do primeiro quadro na hierarquia administrativa. Por isso mesmo, a contabilidade de custos passou a ser encarada como parcela essencial da contabilidade gerencial.

1.1.3. Contabilidade gerencial

A contabilidade gerencial tem por objetivo fornecer informações para a tomada de decisão, e utiliza para isso outras contabilidades, como a financeira (geral), a fiscal e, sem dúvida, com bastante influência, a de custos. Inicialmente, a contabilidade de custos não era utilizada como meio de informação para a tomada de decisão, mas como forma de resolver os problemas de avaliação de estoques. No atual estágio, com o surgimento da contabilidade gerencial, passou a ter um papel muito importante perante os administradores, abastecendo a contabilidade gerencial de informaçõespara a tomada de decisões.

1.2. CONTABILIDADE DE CUSTOS

Segundo Crepaldi (2002, p. 13), a contabilidade de custos é uma técnica utilizada para identificar, mensurar e informar os custos dos produtos e serviços. Ela tem a função de gerar informações precisas e rápidas para a administração, para a tomada de decisões.

1.2.1. Objetivos

Para Crepaldi (2002, p. 16), a contabilidade de custos surgiu da necessidade de se conhecerem os custos dos produtos para avaliar estoques e apurar o resultado das indústrias. A partir do século XX, com a crescente complexidade do mundo empresarial, esse ramo dacontabilidade tornou-se cada vez mais importante na área gerencial da empresa, passando a ser utilizada no planejamento, no controle de custos, na tomada de decisões e no atendimento a exigências fiscais e legais.

1.2.2. Importância

A contabilidade de custos é muito importante na distribuição dos custos indiretos aos produtos fabricados e/ou aos serviços prestados, na medida em que, sem ela, não seria possível alocar os custos indiretos. É por meio das técnicas utilizadas pela contabilidade de custos (departamentalização, bases de rateios, identificação e separação dos custos das despesas, classificação dos custos em diretos e indiretos etc.) que se torna possível identificar os recursos e/ou esforços despendidos para a fabricação dos produtos. Sem a contabilidade de custos não seria possível identificar a parcela degastos com materiais diretos, mão de obra direta e, principalmente, os custos gerais de fabricação, que deveriam ser alocados a cada produto fabricado.

1.2.3. Finalidade

Para Bruni & Famá (2004, p. 24), a contabilidade de custos pode ser definida como o processo ordenado de usar os princípios da contabilidade geral para registrar os custos de operação de um negócio. Dessa forma, com informações coletadas das operações e das vendas, a administração pode empregar os dados contábeis e financeiros para estabelecer os gastos de produção e distribuição, unitários ou totais, para um ou para todos os produtos fabricados ou serviços prestados, além dos custos das outras diversas funções do negócio, com o objetivo de alcançar uma operação racional, eficiente e lucrativa.

A contabilidade de custos possui várias finalidades e, dependendo da forma como a informação é utilizada, pode auxiliar a administração nas diversas áreas da empresa. Tem por princípio a determinação do custo dos produtos, que pode ser empregadode diversas maneiras, dentre as quais:

a) determinação do preço de venda;
b) avaliação de estoques;
c) controle da gestão administrativa;
d) tomada de decisão;
e) elaboração de orçamento;
f) planejamento e projeção do lucro;
g) apuração do resultado;
h) comparação dos custos referentes a períodos e condições econômicas diversas;
i) análise da economicidade de operações;
j) conhecimento do nível de rentabilidade econômica e do ponto ótimo de produtividade.

1.3. CONCEITOS

1.3.1. Gastos

O gasto é o sacrifício financeiro com o qual a entidade arca para a obtenção de um produto ou serviço qualquer, representado pela entrega ou promessa de entrega de ativos (normalmente dinheiro). Só existe gasto no ato da passagem para a propriedade da empresa do bem ou serviço, ou seja, no momento em que existe o reconhecimento contábil da dívida assumida ou da redução do ativo dado em pagamento. Todo gasto implica desembolso, mas eles não são a mesma coisa; os dois apresentam conceitos distintos. Enquanto o gasto representa o comprometimento financeiro para obter um produto ou serviço, o desembolso representa a saída do recurso financeiro, que pode ocorrer antes, durante ou após a realização do gasto.

1.3.2. Investimentos

São gastos ativados em função de sua vida útil ou de benefícios atribuíveis a futuro(s) período(s). São especificamente chamados de investimentos todos os sacrifícios feitos paraa aquisição de bens ou serviços (gastos) "estocados" nos ativos da empresa, para baixa ou amortização no momento de sua venda, de seu consumo, de seu desaparecimento ou de sua desvalorização. Podem ser de diversas naturezas e de períodos de ativação variados: a de matéria-prima é um gasto contabilizado temporariamente como investimento circulante; o custo de uma máquina se transforma em investimento permanente; as ações adquiridas de outras empresas são gastos classificados como investimentos circulantes ou permanentes, dependendo da intenção que levou a sociedade à aquisição.

1.3.3. Custos

São gastos realizados com o objetivo de obter um bem ou serviço utilizado na produção de outros bens ou serviços. O custo é a espécie de gasto, que representa todos os componentes necessários à fabricação de novos produtos ou serviços. Tudo o que uma empresa gasta para produzir um bem ou serviço é classificado como custo. Exemplo: todos os gastos que uma fábrica de móveis realiza para produzir cadeiras, destinadas para a venda, serão considerados custos das cadeiras fabricadas.

O custo de um bem ou serviço é a expressão monetária dos insumos físicos realizados na obtenção destes, considerando-se o total retorno dos capitais empregados em termos de reposição. Do ponto de vista econômico, entende-se por custo toda e qualquer aplicação de recursos, de diferentes formas e expressa em seu valor monetário, para a produção e distribuição de mercadorias (ou prestação de serviços) até o ponto em que se possa receber o preço convencionado.

1.3.4. Despesas

São bens ou serviços consumidos diretae ou indiretamente para a obtenção de receitas. Reduzem o patrimônio líquido e apresentam a característica de representar sacrifícios para obtenção de receitas; ao serem deduzidas das receitas, fazem aparecer o lucro ou o prejuízo. São valores que foram aplicados contra a renda de determinado período. Todas as despesas são ou foram gastos, porém alguns desses gastos, muitas vezes, não se transformam em despesas (por exemplo, terrenos, que não são depreciados) ou só se transformam no momento de sua venda.

Todos os custos que são ou foram gastos se transformam em despesas na entrega dos bens ou serviços a que se referem. Muitos gastos são automaticamente transformados em despesas, alguns passam primeiro pela fase de custos e outros fazem a via sacra completa, passando por investimento, custo e despesa.

1.3.5. Desembolso

É o pagamento resultante da aquisição do bem ou serviço ou, ainda, da quitação de uma obrigação. Pode ocorrer antes, durante ou após a entrada da utilidade comprada. Representa a saída do numerário da empresa.

1.3.6. Perdas

São bens ou serviços consumidosde forma anormal e involuntária. Não se confundem com despesas (muito menos com os custos) exatamente pela sua característica de anormalidade e involuntariedade. Não são sacrifício feito com a intenção de se obter receita. Exemplos comuns: perdas com incêndios, obsoletismo de estoques etc.

São itens que vão diretamente à conta de resultado, assim como as despesas, mas não representam sacrifícios normais ou derivados de forma voluntária das atividades destinadas à obtenção da receita. É muito comum o uso da expressão "perda de material" na fabricação de inúmeros bens; entretanto, a quase totalidade dessas "perdas" é, na realidade, um custo, já que são valores sacrificados de maneira normal no processo de produção, fazendo parte de um sacrifício já conhecido, até por antecipação para a obtenção da receita almejada.

Cabe ressaltar que inúmeras perdas de pequeníssimo valor são, na prática, comumente consideradas dentro dos custos ou das despesas, sem sua separação. Isso é permitido devido à irrelevância do valor envolvido e, no caso de montantes apreciáveis, esse tratamento não é correto.

1.4. PRINCÍPIOS E CONCEITOS APLICADOS À CONTABILIDADE DE CUSTOS

1.4.1. Princípio da realização da receita

Segundo Martins (2003, p. 31), o princípio da realização da receita determina que o reconhecimento contábil do resultado (lucro ou prejuízo) deve ocorrer apenas nasua realização. E ocorre, em regra, quando há transferência do bem ou do serviço para terceiros. Na mesma direção, Santos (2009, p. 12) afirma que o princípio da realização da receita considera o reconhecimento da venda no momento da entrega dos produtos, mercadorias e serviços aos clientes compradores.

As indústrias só reconhecem o resultado obtido em sua atividade no momento da realização da receita, ou seja, no momento em que há a transferência do bem elaborado para o adquirente (MARTINS, 2003, p. 31; CREPALDI, 2002, p. 19).

1.4.2. Princípio da competência ou da confrontação entre despesas e receitas

Segundo Martins (2003, p. 32), pela realização fica definido o momento do reconhecimento da receita e, em seguida, pela competência ou confrontação ocorre a verificação das despesas. A regra é teoricamente simples: após o reconhecimento da receita, são feitas as deduções de todos os valores representativos dos esforços para a sua consecução (despesas). Para Crepaldi (2002, p. 19), pela competência as despesas devem ser registradas no período em que foram incorridas e pela confrontação. Estão especificadamente ligadas às receitas e são contabilizadas no momento de sua realização.

1.4.3. Princípio do custo histórico como base de valor

Martins (2003, p. 33) explica que, por esse princípio, os ativos são registrados contabilmente pelo seu valor original de entrada, ou seja, histórico. Crepaldi (2002, p. 19) também se posiciona de forma semelhante e afirma que os ativos são registrados pelo valor de entrada (valor da nota fiscal ou custo de produção). Os custos de produção são lançados na contabilidade pelo valor de compra para que, no balanço, os estoques apareçam pelos valores dos custos de produção. De forma resumida, para fins de custos, os gastos que fazem parte do custo do produto devem ser considerados pelo seu valor original (sem correção), independentemente do tempo em que ocorreu o desembolso, a compra, a entrada etc.

1.4.4. Consistência ou uniformidade

Segundo Martins (2003, p. 35), quando existem diversas alternativas para o registro contábil de um mesmo evento – todas válidas dentro dos princípios geralmente aceitos –, a empresa deve adotar uma delas de forma consistente e utilizá-la sempre, sem mudar o critério a cada período. Quando houver interesse ou necessidade de mudança de procedimento, a empresa será obrigada areportar o fato e o valor da diferença no lucro com relação ao que seria obtido se não houvesse a quebra de consistência. Para Crepaldi (2002, p. 20), entre vários critérios que existem para se fazer o registro contábil, a empresa terá de escolher um e adotá-lo, não podendo mudá-lo em cada período. A mudança de critério pode ser efetuada caso haja um fato relevante que a justifique.

1.4.5. Conservadorismo ou prudência

Martins (2003, p. 36) estabelece que o conservadorismo obriga a adoção de um espírito de precaução por parte do contador. Quando ele tiver dúvida fundamentada sobre como tratar determinado gasto como ativo ou redução de patrimônio líquido (básica e normalmente despesa), deve optar pela forma de maior precaução, ou seja, pela segunda. Para Crepaldi (2002, p. 20), na dúvida em como proceder sobre um lançamento contábil, precisamos ser cautelosos. Por exemplo: na indecisão para tratar um gasto como ativo ou despesa, deve-se considerá-lo despesa.

1.4.6. Materialidade ou relevância

Segundo Martins (2003, p. 37), esse princípio desobriga de um tratamento mais rigoroso aqueles itens cujo valor monetário é pequeno dentro dos gastos totais. Alguns pequenos materiais de consumo industrial, por exemplo, precisariam ser tratados como custo na proporção de sua efetiva utilização. Porém, por consistirem em valores irrisórios, costumeiramente são considerados como custos, no período de sua aquisição, simplificando o procedimento de alocação, para evitar seu controle no estoque e a sua baixa nos diversos períodos em que são efetivamente utilizados. Crepaldi (2002, p. 20) o denomina princípio de objetividade e explica que os itens considerados de pequeno valor (irrelevantes) não devem consumir muitos recursos da empresa para sua apuração.

capítulo · 2

Classificação e nomenclatura dos custos

2.1. CUSTOS FIXOS E CUSTOS VARIÁVEIS

A separação entre custos fixos e variáveis tem por objetivo determinar o custo do produto por meio do custeio variável (sistema não aceito para fins contábeis) e, assim, encontrar o valor da margem de contribuição, o ponto de equilíbrio, a margem de segurança, o grau de alavancagem operacional. Essas são algumas das diversas técnicas utilizadas para a tomada de decisões tendo como base a determinação do custo variável unitário de cada produto e o custo total fixo.

2.1.1. Custos fixos

Custos fixos são aqueles cujo montante global permanece inalterado, apesar da variação do nível de atividade da empresa. Referem-se a gastos que, dentro de determinada escala de produção, permanecem constantes, independentemente da quantidade produzida. São também conhecidos como custos de estrutura porque são decorrentes da natureza, do tipo e do tamanho de uma empresa e de suas instalações industriais ou, ainda, como custos de períodos de tempo. São aqueles em que a empresa incorre pelo fato de existir e estar pronta para produzir. Esses custos, em reais, num período curto de tempo (normalmente um mês ou, no máximo, um trimestre), têm seu valor determinado pela expectativa de volume de produção, não se alterando pelo fato de se produzir mais ou menos. Talvez se alterem por problemas de reajustes, mas não de forma diretamente proporcional às mudanças nas quantidades fabricadas. Os custos fixos apresentam as seguintes características:

a) o seu valor total é constante dentro de uma faixa considerável de produção;

b) apresentam diminuição do valor por unidade de produto à medida que a produção aumenta;
c) a sua distribuição pelos departamentos é problemática, dependendo, às vezes, de critérios adotados pela administração ou, em outros casos, por meio de métodos contábeis;
d) o controle dos seus valores, bem como de sua incidência, está afeto diretamente à alta administração, não dependendo, portanto, dos responsáveis pelos departamentos.

Como exemplos de custos fixos podem ser citados: depreciação e/ou aluguel de bens empregados na produção de outros bens (móveis, máquinas, equipamentos, prédios pertencentes à estrutura fabril), mão de obra indireta.

A Tabela 2.1 evidencia o comportamento do custo fixo (total e unitário) quando ocorre variação no volume de produção (aumento ou redução da quantidade produzida).

TABELA 2.1

Volume Tipo de Custo	1.000 Unidades		500 Unidades		2.000 Unidades	
	Unitário	Total (R$)	Unitário	Total (R$)	Unitário	Total (R$)
Aluguel do pavilhão da fábrica	2,00	2.000,00	4,00	2.000,00	1,00	2.000,00
Mão de obra indireta	1,00	1.000,00	2,00	1.000,00	0,50	1.000,00
Total	3,00	3.000,00	6,00	3.000,00	1,50	3.000,00

Como se pode observar, o valor *total* do custo fixo, nas três situações de produção, permaneceu o mesmo, R$ 3.000,00 (por esse motivo é chamado de fixo). Isso ocorre pelo fato de que os custos de aluguel e de mão de obra indireta (no seu total) não mudam se ocorrer variação no volume de produção. Por consequência, o valor *unitário* do custo fixo (por ser resultado da divisão do total pela respectiva quantidade) varia sempre que ocorrer uma modificação no volume de produção. Essa variação se dá de forma *inversa* à que ocorreu na produção, ou seja, se a produção aumenta, o custo fixo unitário diminui e vice-versa.

2.1.2. Custos variáveis

São todos os custos que variam no seu montante global em função da alteração do nível de atividade da empresa, ou seja, da variação da quantidade produzida no período. Acompanham o crescimento do volume de produção na mesma proporção ou com a mesma intensidade. São também conhecidos como custos de atividade, isto é, aqueles cuja origem é consequência do funcionamento normal da empresa. Quanto maior o volume de atividade no período, maior será o custo variável *total* e, consequentemente, quanto menor o volume de atividade no período, menor será o custo variável *total*.

A Tabela 2.2 evidencia o comportamento do custo variável (*total* e *unitário*) quando ocorre mudança no volume de produção (aumento ou redução da quantidade produzida).

TABELA 2.2

Volume Tipo de Custo	1.000 Unidades		500 Unidades		2.000 Unidades	
	Unitário	Total (R$)	Unitário	Total (R$)	Unitário	Total (R$)
Matéria-prima	2,00	2.000,00	2,00	1.000,00	2,00	4.000,00
Mão de obra direta	1,00	1.000,00	1,00	500,00	1,00	2.000,00
Total	3,00	3.000,00	3,00	1.500,00	3,00	6.000,00

Como se pode observar, o valor *total* do custo variável, nas três situações de produção, sofreu alteração na mesma proporção do volume ocorrida na produção (por esse motivo é chamado de variável). Isso ocorre pelo fato de os custos de matéria-prima e de mão de obra direta[1] terem seu valor *total* determinado em função do volume de produção (quanto maior é a produção, maior é o gasto desses custos e vice-versa). Por outro lado, o valor *unitário* do custo variável se mantém o mesmo em qualquer situação (não muda se ocorrer a variação do volume de produção).

Diante disso, é importante considerar que, para determinar quais serão os custos fixos e variáveis (unitários e totais) quando ocorrer uma variação no volume de produção, é preciso identificar o custo variável *unitário* e o custo fixo *total* antes da ocorrência da variação do volume de produção. Uma vez identificados esses valores, eles devem ser repetidos, independentemente de qual será o novo

---

1. É importante observar que, em muitas empresas, principalmente as que apresentam alto índice de mecanização, a mão de obra direta é considerada custo fixo, já que essas empresas não reduzem o seu quadro de mão de obra direta quando ocorre queda na produção, preferindo assumir o custo da ociosidade. Isso se deve ao alto custo de treinamento e à dificuldade de conseguir e/ou recontratar um profissional.

volume de produção. Para encontrar o custo variável *total*, basta *multiplicar* o custo variável *unitário* (o mesmo que existia antes da variação) pelo novo volume de produção. Já para encontrar o custo fixo *unitário*, basta *dividir* o custo fixo *total* (o mesmo que existia antes da variação) pelo novo volume de produção.

2.2. CUSTOS DIRETOS E INDIRETOS

A separação dos custos entre diretos e indiretos é feita com o objetivo de apropriação, sendo os custos diretos apropriados diretamente aos produtos; já os indiretos, para serem alocados aos produtos, necessitam do uso do rateio.

2.2.1. Custos diretos

São, principalmente, os que incorrem em determinado produto, identificando-se como parte do respectivo custo. Um custo direto é aquele que pode ser especificamente atribuído a um produto. Nesse tipo de custo não há necessidade de utilizar distribuições proporcionais – a apropriação é feita de maneira direta.

Grande parte deles é representada por dois grupos: material direto e mão de obra direta. São todos os custos perfeitamente mensuráveis e identificáveis com o produto, não havendo necessidade de utilizar distribuições proporcionais; a apropriação é feita de maneira direta. Podem ser diretamente apropriados a cada tipo de bem ou órgão, no momento de sua ocorrência, isto é, estão ligados diretamente a cada tipo de bem ou função de custo.

Para Horngren, Foster e Datar (2004, p. 26), os custos diretos de um objeto de custo (bem ou serviço) são os gastos relativos ao objeto de custo em particular (pertencem ao bem ou serviço) e podem ser rastreados para aquele objeto de custo de forma economicamente viável (custo efetivo).

2.2.2. Custos indiretos

Referem-se a todos os custos que não são perfeitamente mensuráveis ou identificáveis ao produto; portanto, dependem do emprego de recursos para sua distribuição, tais como taxas de rateio ou critério de distribuição proporcional. Os custos indiretos são necessários à operação da fábrica, mas apresentam natureza genérica demais para lançar-se diretamente no custo do produto. São comuns a muitos tipos diferentes de bens, sem que se possa separar a parcela referente a cada um no momento de sua ocorrência. Tal separação é efetuada por meio de um critério especial denominado *rateio*.

Para Horngren, Foster e Datar (2004, p. 27), os custos indiretos de um objeto de custo (bem ou serviço) são os gastos relativos ao objeto de custo em particular, mas não podem ser identificados com ele de maneira economicamente viável (custo efetivo). Os custos indiretos são alocados ao objeto de custo por meio de um método de alocação e custo denominado "rateio".

2.3. CUSTOS CONTROLÁVEIS E CUSTOS NÃO CONTROLÁVEIS

De acordo com Iudícibus (1998, p. 267), os custos controláveis são os passíveis de ser influenciados diretamente por um supervisor ou gerente durante certo lapso de tempo, ou seja, podem variar de acordo com a decisão de um gestor dentro de um período de tempo. Esse período de tempo não pode ser longo, devendo limitar-se, no máximo, a alguns meses, pois a longo prazo todos os custos são influenciados por alguém dentro da organização. No caso de um departamento produtivo, os gastos com materiais aplicados nos produtos são exemplos clássicos desses custos por serem aqueles que a chefia do centro de custos pode influenciar, ou seja, controlar.

Os custos não controláveis, por sua vez, são fixos. Novamente, no caso de um centro de custo produtivo, a depreciação das máquinas por meio do método da linha reta – que é um gasto que não varia com o volume de produção – é uma despesa que não pode ser influenciada pelo responsável do centro de custo em curto prazo. Dessa forma, esses custos não são relevantes para auxiliaras decisões de curto prazo, pois, teoricamente, não são influenciáveis nesse horizonte de planejamento. Ou seja, nas decisões de curto prazo, apenas os custos controláveis devem ser considerados; os não controláveis são úteis somente para as decisões com horizontes de tempo maiores.

2.4. OBJETO DE CUSTEIO

O objeto de custeio pode ser um produto, um serviço, uma atividade ou um centro de custos. É o alvo definido para distribuir os custos que ocorrem durante o processo de fabricação de um produto ou de prestação de um serviço.

Segundo Horngren, Foster e Datar (1997, p. 26), para dirigir as suas decisões, os administradores querem saber quanto custa determinada coisa (como, por exemplo, um novo produto, uma máquina, um serviço ou um processo). Tal coisa chama-se "objeto de custo", sendo que, para definir o custo de produzi-lo, se faz necessário mensurar os custos envolvidos na sua produção.

capítulo · 3

Controle e registro contábil de custos

3.1. APURAÇÃO DO CUSTO DAS VENDAS

3.1.1. Apuração do custo dos produtos vendidos

A apuração do custo dos produtos vendidos ocorre por meio da determinação da baixa do estoque de produtos acabados (prontos) e do valor relativo às unidades que são vendidas. A definição do valor depende do tipo de controle de estoque que é utilizado, e pode ser: custo médio ponderado, média fixa ou móvel; primeiro a entrar, primeiro a sair (PEPS); último a entrar, primeiro a sair (UEPS); custo específico. O detalhamento de como cada um desses sistemas funciona será apresentado na Seção 3.5 – Métodos de controle de estoque.

É importante entender bem como funciona a fórmula básica utilizada para determinar o custo dos produtos vendidos quando os valores são apresentados de forma global (sem o uso do controle individual dos valores por produto). A apuração é feita da seguinte maneira: custo dos produtos vendidos = estoque inicial de produtos prontos + valor de produção pronta no período – estoque final de produtos prontos.

Os valores dos estoques iniciais e finais representam o custo relativo aos inventários dos produtos prontos que estavam no estoque (no início e no final do período). Já o valor da produção pronta no período corresponde ao custo das unidades que estavam em processo (produção em andamento) e que ficaram prontas. Se a questão não informar esse valor, é necessário determiná-lo através da seguinte fórmula: valor da produção pronta no período = estoque inicial do produto em elaboração + custo de produção do período – estoque final do produto em elaboração.

Aqui, também, os valores dos estoques iniciais e finais representam os custos relativos aos inventários dos produtos em elaboração que estavam no estoque (no início e no final do período). Já o valor do custo de produção do período corresponde ao valor dos custos incorridos no período (consumo de matéria-prima, mão de obra direta e gastos gerais de fabricação). É importante observar que o valor a ser considerado como custo de matéria-prima é o valor relativo ao consumo. Muitas questões em concursos não informam esse valor, apenas o das compras da matéria-prima. Nesse caso, a determinação do consumo deve ser feita com base na seguinte fórmula: consumo de matéria-prima = estoque inicial de matéria-prima + compras de matéria-prima − devoluções de compras de matéria-prima − estoque final de matéria-prima.

É importante ressaltar que, para determinar o valor das compras, deve ser considerado o valor total relativo a elas (matéria-prima, frete, seguro etc.), descontado dos créditos dos tributos sobre os gastos realizados na compra.

Em relação às matérias-primas, também os valores dos estoques iniciais e finais representam o gasto relativo aos inventários das matérias-primas que estavam no estoque (no início e no final do período). No que se refere ao valor da mão de obra direta, devem ser considerados todos os gastos que lhe são concernentes. Já em relação aos gastos gerais de fabricação, consideram-se todos os custos indiretos (gastos relativos ao processo produtivo), tais como: depreciação, aluguel, mão de obra indireta etc.

Outra forma de determinar o custo dos produtos vendidos (CPV) sem as informações relativas aos estoques é através da diferença entre a receita líquida e o lucro bruto, já que receita líquida − CPV = lucro bruto, podendo-se determinar o CPV através da diferença entre a receita líquida e o lucro bruto, ou seja: CPV = receita líquida − lucro bruto.

3.1.2. Apuração do custo das mercadorias vendidas

A apuração do custo das mercadorias vendidas ocorre de forma semelhante à informada em relação à apuração do custo dos produtos vendidos, quanto aos tipos de controle de estoque que podem ser usados (custo médio ponderado, média fixa ou móvel, PEPS, UEPS, específico). O detalhamento de como cada um desses sistemas funciona será apresentado na Seção 3.5 – Métodos de controle de estoque.

A fórmula básica utilizada para determinar o custo das mercadorias vendidas quando os valores são apresentados de forma global (sem o uso do controle individual dos valores por mercadoria) é a seguinte: custo das mercadorias vendidas (CMV) = estoque inicial de mercadorias + compras de mercadorias − devoluções de compras de mercadorias − estoque final de mercadorias.

É importante ressaltar que, no valor das compras (mercadorias, frete, seguro etc.), deve ser considerado o valor total, e devem ser descontados dos créditos dos tributos os gastos realizados na compra. Os valores dos estoques iniciais e finais representam os custos relativos aos inventários das mercadorias que estavam no estoque (no início e no final do período). Em relação ao valor das devoluções de compra, deve-se considerar o custo registrado na ocasião em que a referida mercadoria foi adquirida.

Outra forma de determinar o CMV sem as informações relativas aos estoques é por meio da diferença entre a receita líquida e o lucro bruto, já que receita líquida − CMV = lucro bruto, podendo-se determinar o CMV através da diferença entre a receita líquida e o lucro bruto, ou seja: CMV = receita líquida − lucro bruto.

3.1.3. Apuração do custo dos serviços vendidos

Na apuração do custo dos serviços vendidos, deve-se considerar todos os custos realizados com o objetivo de prestar os serviços. Esses custos podem ser referentes a materiais empregados, mão de obra utilizada ou qualquer outro gasto gerado durante o processo de execução do serviço (depreciação de equipamentos, aluguel, energia elétrica etc.).

A forma de alocação é semelhante à utilizada para apurar o custo do produto, com a diferença de que, no caso dos serviços, não existe estoque; todos os gastos realizados são alocados aos serviços prestados.

3.2. CUSTO DA MÃO DE OBRA

O custo da mão de obra se refere a todos os gastos (custos) relacionados ao pessoal que trabalha de forma direta ou indireta na fabricação dos produtos dentro da empresa. Esses custos são representados pelos salários, encargos sociais e outros custos ligados à mão de obra.

3.2.1. Custo da mão de obra direta

O custo da mão de obra direta é composto por todo o trabalho aplicado diretamente no produto ou em seus componentes, seja especializada ou não. Quando o tempo de trabalho do operário pode ser identificado com produto, lote de produto, processo fabril ou centro de custos, o salário e seus encargos sociais são considerados mão de obra direta. Para efeitos práticos, considera-se como mão de obra direta o salário do empregado cuja ocupação estiver diretamente relacionada ao produto que está sendo fabricado. Os demais operários empregados no departamento fabril, embora imprescindíveis à tarefa de produzir, não se encontram diretamente identificados com determinado produto. Nesse caso, serão considerados como mão de obra indireta.

A alocação da mão de obra direta, por ser possível a sua identificação de forma direta nos produtos que são fabricados, é facilmente feita, pois não depende de qualquer tipo de rateio. Seus custos são provenientes da utilização de mão de obra empregada diretamente na transformação do produto. Como exemplo, podemos citar a mão de obra do operador de máquina.

3.2.2. Custo da mão de obra indireta

O custo da mão de obra direta é o trabalho dedicado à supervisão, guarda, faxina, aprendizado, almoxarifado, preparação de máquinas, controle de qualidade, apontadores etc. Caracteriza-se pela participação auxiliar do processo produtivo e é ação desenvolvida em torno da fabricação, ajudando-a a atingir seus objetivos. A mão de obra indireta, por não ser um gasto identificável nos produtos fabricados, para ser alocada aos produtos necessita de uso de rateios (critérios de proporcionalidade). Seus custos são oriundos da utilização de mão de obra que não tenha atuação direta no produto. Como exemplo, podemos citar: mão de obra de gerente de produção, de chefe de setor, de pessoal de manutenção etc.

3.3. CUSTOS DOS MATERIAIS

São os gastos relacionados com os materiais utilizados no processo produtivo. Podem ser diretos (quando forem identificados, de forma direta, os produtos que os consumem) ou indiretos (quando os materiais são usados de forma genérica, em vários produtos, sem a identificação de quanto é gasto em cada um, de forma específica).

3.3.1. Custos dos materiais diretos

O material direto representa a parcela dos materiais usados no processo de fabricação, que é imediatamente identificável e mensurável nos produtos produzidos. Os materiais postos nesse processo que não atendem a esses dois critérios são geralmente tratados como material indireto, fazendo parte do custo indireto de fabricação.

Os materiais diretos também sofrem uma subdivisão e podem ser: matéria-prima, componentes e embalagem.

3.3.1.1. Matéria-prima

É o material cuja manipulação o transforma em produto. É tudo aquilo que passa por transformação ou beneficiamento. O que define a matéria-prima não é a sua natureza, mas o seu estado primitivo em relação ao objetivo da indústria. Um mesmo bem pode ser produto numa indústria e matéria-prima em outra. Como exemplo, podemos citar o lingote de aço, que ao mesmo tempo é produto da usina de fundição e matéria-prima da indústria de laminação de aço, da mesma forma que o fio é produto na fiação e matéria-prima na tecelagem.

3.3.1.2. Componentes

São peças adquiridas de terceiros e que integrarão o produto sem que haja qualquer alteração em sua propriedade inicial. Exemplos: cadarços de um par de sapatos, parafusos utilizados para fixar as partes de um móvel; qualquer peça utilizada na elaboração de um produto que não sofra nenhuma espécie de transformação por parte de quem o está produzindo.

3.3.1.3. Embalagem

São os materiais utilizados para acondicionar os produtos destinados à venda. Por serem facilmente identificados nos produtos que o utilizam, são considerados materiais diretos e, consequentemente, são custos diretos.

3.3.1.4. Outros materiais diretos

São materiais de pequeno valor que, por conveniência da empresa, são controlados e atribuídos ao custo específico de cada produto. Em muitas empresas, esses materiais não são controlados, sendo considerados materiais indiretos, apropriados aos produtos através de rateio. Como exemplos desses materiais, podemos citar: pregos, tintas etc.

3.3.1.5. Custos dos materiais indiretos

Material indireto é todo material não usado como parte imediata no produto que se fabrica. São elementos indispensáveis, mas não constituem o essencial. Como exemplos temos os suprimentos para a fábrica, como combustíveis, lubrificantes para máquinas, lixas, material de limpeza, material para manutenção, brocas, material de segurança etc.

3.4. ALOCAÇÃO DOS CUSTOS

Para alocação dos custos aos produtos e/ou serviços é necessário primeiro identificar e separar quais são os custos diretos e quais são os indiretos. Os custos diretos, por serem facilmente identificados nos produtos que os consomem, são alocados diretamente aos respectivos produtos, sem a necessidade de qualquer tipo de método de rateio (distribuição).

Já os custos indiretos, por não ser possível identificar qual parcela cada produto consumiude cada custo indireto, especificadamente, precisam de técnicas de distribuição proporcional (rateios) para serem atribuídos aos produtos que, de uma forma ou de outra, se beneficiaram dos respectivos custos. Para isso, torna-se necessário identificar uma relação de proporcionalidade (bases de rateio) entre o custo indireto e o produto. Normalmente, a base de rateio é representada por um custo direto.

3.4.1. Alocação dos custos com matéria-prima

A alocação da matéria-prima, por ser um custo direto, é feita de forma direta, através da identificação de quanto cada produto gastou de matéria-prima. As matérias-primas usadas para a elaboração de cada produto e sua respectiva quantidade são definidas por meio da estrutura do produto. Com as informações da estrutura do produto (tipo de matéria-prima e quantidade) e do valor do custo unitário (quilo, litro, unidade, caixa etc.) registrado no estoque (com base no valor das compras), é definido o custo de matéria-prima a ser atribuído a cada produto.

3.4.2. Alocação dos custos com materiais secundários

São materiais fisicamente acoplados de forma direta ao produto, mas, exatamente por sua irrelevância em termos econômicos ou pela dificuldade em se efetuar essa perfeita identificação, – e, muitas vezes, por ambas as hipóteses – são classificados como materiais indiretos. Exemplos: tintas, parafusos, pregos etc.

A sistemática de alocação é a mesma utilizada para a matéria-prima. No entanto, se, por questão de relevância, esses materiais não são controlados de forma direta e considerados como custos indiretos, a sua alocação será feita como se fossem materiais indiretos.

3.4.3. Alocação dos custos com embalagem

Os materiais de embalagem são os utilizados para acondicionar os produtos que são fabricados. Existem dois tipos: a) embalagem de acondicionamento: utilizada para embalar o produto com o objetivo de tornar possível a venda. Exemplos: garrafa para o vinho, caixa de papelão para os sapatos etc.; b) embalagem para transporte: utilizada para possibilitar o transporte do produto, mas não é entregue ao consumidor final. Exemplos: madeira utilizada para fazer caixas, plástico para proteger o produto no transporte etc. O primeiro tipo de embalagem é considerado custo; já o segundo é despesa. Tanto o custo como a despesa, por serem gastos facilmente identificados com os produtos que os consomem, são alocados de forma direta, sem a necessidade de qualquer tipo de rateio. A alocação, por ser um custo direto, é feita da mesma forma que a utilizada para a matéria-prima.

3.4.4. Alocação dos custos dos materiais indiretos

A alocação do material indireto, por ser um custo indireto, é feita de forma indireta, por meio do uso de bases de rateio. A base de rateio é um critério de distribuição de custos indiretos que se utiliza da proporcionalidade de um custo direto ou de outro fator. Pode ser identificada de forma direta junto aos produtos que devem receber os custos indiretos.

Os materiais indiretos podem ser classificados como custos com material auxiliar de produção ou como material de consumo. Material auxiliar de produção é o material secundário, também conhecido por material auxiliar, que se desgasta durante o processo produtivo, mas não se agrega ao produto. Exemplos: lixas, rebolos, brocas etc. Já o material de consumo é aquele utilizado nas atividades secundárias e auxiliares da produção, e não tem relação direta com o produto. Exemplos: vassouras, lubrificantes, material de limpeza, material de segurança etc.

A alocação dos custos dos materiais indiretos pode ser feita de duas formas: seccional e não seccional.

Seccional é a forma de distribuição dos custos indiretos cuja alocação é feita através da departamentalização, na qual os valores são distribuídos entre os centros de custos que se beneficiaram dos gastos indiretos para, só depois, serem distribuídos entre os produtos fabricados, com base em um índice (normalmente tempo) que identifique o quanto cada produto usou de cada centro de custo.

Não seccional é a forma de distribuição dos custos indiretos cuja alocação é feita sem o uso da departamentalização. O custo é alocado ao produto sem passar pelos centros de custos. Para isso são utilizados critérios de rateio, representados pela proporcionalidade em relação aos produtos que vão receber o custo, normalmente baseados em custos diretos (mão de obra direta, matéria-prima).

3.4.5. Alocação dos custos de mão de obra direta

A mão de obra direta, por ser um custo direto, é facilmente identificada no produto a que se refere e, portanto, sua alocação é feita de forma direta com base no volume de tempo que cada produto consome.

3.4.6. Alocação dos custos de mão de obra indireta

A mão de obra indireta é representada por funcionários que não atuam diretamente na fabricação do produto (referente à supervisão, à engenharia, ao almoxarifado etc.), sendo classificada como custo indireto e, por isso, sua alocação ocorre da mesma forma descrita para a alocação dos materiais indiretos.

3.4.7. Alocação dos demais custos indiretos de produção

Desse grupo fazem parte os custos relacionados à produção não descritos anteriormente, tais como depreciação e/ou aluguel de máquinas, equipamentos, prédios e outros bens utilizados no processo produtivo, energia elétrica etc. Esses custos, por serem considerados indiretos, são alocados da mesma forma que a descrita para os materiais indiretos.

3.5. MÉTODOS DE CONTROLE DE ESTOQUE

Métodos de controle de estoque são formas utilizadas para determinar que custo se deve considerar para as saídas (todos tratam da mesma forma as entradas) e, consequentemente, o valor do estoque final.

3.5.1. Custo médio ponderado, média fixa ou móvel

Antes de descrever como funcionam esses dois métodos, é necessário dar o significado de cada um dos termos:

Custo: é o valor apurado na compra ou produção e corresponde ao gasto despendido para se obter o bem a ser avaliado (mercadoria, matéria-prima, produto etc.).

Médio: quando existirem duas entradas (com valores diferentes), será necessário encontrar um valor único (médio) para todas as unidades no estoque (referentes ao estoque inicial e uma nova compra ou a mais de uma compra).

Ponderado: o valor do custo médio deve ser ponderado pela quantidade de cada movimentação. Exemplo: se tivermos uma compra de 12 unidades ao valor unitário de R$ 10,00 e uma segunda compra de oito unidades ao valor unitário de R$ 20,00, podemos dizer que a média simples das duas compras é de R$ 15,00 (média entre R$ 10,00 e R$ 20,00). No entanto, para fins de controle de estoque, exige-se o custo médio ponderado e não o médio simples. Considerando-se o mesmo exemplo, o custo médio ponderado é de R$ 14,00, sendo seu valor determinado pela divisão da soma dos totais, em reais, das duas ocorrências, pelo total, em unidades, das mesmas ocorrências.

- Total em reais → 12 × 10,00 = 120 + 8 × 20,00 = 160,00 = 280,00.
- Total em quantidade → 12 + 8 = 20 unidades.
- Custo médio ponderado = 280,00 ÷ 20 = 14,00.

Média fixa: todas as saídas que ocorrem durante o mês são baixadas pelo custo médio ponderado determinado, no final do mês, após o registro de todas as entradas. Esse método acaba por considerar que todas as saídas, realizadas durante o mês, sejam registradas como se tivesse ocorrido uma única saída (no último dia do mês). Ou seja, as saídas serão registradas considerando-se o custo médio, calculado após o registro de todas as entradas.

Média móvel: pelo custo médio ponderado, média móvel, todas as saídas que ocorrem durante o mês devem ser registradas à medida que sucedem, pois elas não devem ser influenciadas pelas entradas (compras) que ocorrem após a sua respectiva saída.

Os dois métodos (média fixa e média móvel) são aceitos. Caso não haja informação sobre qual deles usar, deverá ser empregado o custo médio ponderado, média móvel. A seguir, por meio de um exemplo retirado do exame para bacharel em ciências contábeis (questão n.º 2/2001), vemos como proceder para determinar o custo das saídas e do valor do estoque final, com base no método do custo médio ponderado, média móvel.

Considerando os dados abaixo, na ordem apresentada, apure, respectivamente, o custo das mercadorias vendidas e o valor do estoque, com base no Custo Médio Ponderado, sabendo-se que, no decorrer das operações, foram enviadas ao fornecedor, para conserto, 125 unidades:

- Saldo inicial de 100 unidades a R$ 11 cada.
- Aquisição de 300 unidades por R$ 3.200 + frete no valor de R$ 300.
- Venda de 200 unidades por R$ 5.000.
- Aquisição de 150 unidades por R$ 2.075.
- Aquisição de 50 unidades por R$ 825.
- Venda de 180 unidades por R$ 4.100 + frete no valor de R$ 200.

Embora a questão não informe, de forma explícita, qual média deverá ser usada (fixa ou móvel), pela expressão "na ordem apresentada" pode-se deduzir que deve ser a móvel. Não havendo nenhuma informação determinando qual das duas deve ser usada, ainda assim deve-se usar a móvel, por ser a mais adequada.

Como foi considerado anteriormente, o sistema de apuração do estoque, baseado no custo médio ponderado, média móvel, considera que toda entrada altera o custo médio do saldo (a não ser que exista coincidência entre o custo da entrada e do saldo) e, consequentemente, o valor da próxima saída será feito com base no novo custo médio apurado. Para apurar o custo da mercadoria vendida, calcula-se o custo de todas as unidades que foram vendidas e, para o valor do estoque, todas as que não foram vendidas deverão ser consideradas. Para isso, é preciso levar em conta que as 125 peças envidadas para conserto não deixam de ser da empresa e, portanto, devem ser computadas no estoque no final do período. O certo seria considerar dois estoques: um consideraria o saldo sem as 125 que estão no conserto; o outro consideraria apenas as 125 peças que foram para conserto (estoque em poder de terceiros). Como estoque total, essas 125 devem ser computadas, já que continuam sendo de propriedade da empresa.

Ao calcular o custo de entrada, todos os gastos realizados na aquisição (desde a compra até a entrada na empresa) devem ser considerados e também descontados os créditos dos tributos que geram crédito. Já, nas saídas, o valor utilizado para determinar a importância das saídas e atualizar o saldo do estoque deve ser o do custo médio registrado como valor unitário, no saldo, antes de cada saída. Sendo assim, para registrar a saída, os valores da venda e os impostos incidentes não devem ser considerados.

Na Tabela 3.1 estão evidenciados os cálculos realizados para chegar à resposta, sempre considerando a seguinte equação: estoque inicial + entradas – saídas = estoque final.

TABELA 3.1

Entradas			Saídas			Saldo		
Quantidade	Custo unitário	Custo total	Quantidade	Custo unitário	Custo total	Quantidade	Custo unitário	Custo total
...	...	...	...	...	...	100	11,00	1.100,00
300	11,67	3.500,00	...	...	...	400	11,50	4.600,00
...	...	...	200	11,50	2.300,00	200	11,50	2.300,00
150	13,83	2.075,00	...	...	...	350	12,50	4.375,00
50	16,50	825,00	...	...	...	400	13,00	5.200,00
			180	13,00	2.340,00	220	13,00	**2.860,00**
Total das entradas		**6.400,00**	**CMV**		**4.640,00**			

Com base no levantamento, chega-se ao valor de R$ 2.860,00 como estoque final e de R$ 4.640,00 como custo das mercadorias vendidas.

3.5.2. PEPS – primeiro a entrar, primeiro a sair

O método PEPS considera que a valorização das unidades, ao saírem do estoque, deverá ser determinada pelo custo das primeiras unidades que entraram e, se o volume da saída for superior ao da primeira entrada, após a baixa das unidades correspondentes à primeira entrada, deverá passar às unidades da segunda entrada, e assim por diante, até que o total da saída seja valorado. O PEPS considera que as saídas devem ser feitas pela ordem de entrada, ou seja, o primeiro a entrar é o primeiro a sair; por consequência, o que permanece em estoque é o último a entrar. Dessa forma, é possível determinar o estoque final de duas formas: a) registrando todas as baixas (seguindo o critério do primeiro a entrar, primeiro a sair), já que o saldo que restar será o estoque final. Essa forma é conhecida como "determinação com base no controle permanente de estoque pelo PEPS"; b) determinar o volume de unidades que ainda permanecem no estoque e valorá-las, considerando o custo das últimas entradas. Da mesma forma que as saídas, nesse caso, se o saldo final for superior à última entrada, deve-se valorar a quantidade correspondente à última entrada pelo seu respectivo custo e, depois, passar para a penúltima, e assim por diante, até o saldo total ser valorado. No exemplo a seguir (questão n.º 1 da prova de bacharel 2000-II), serão evidenciadas as duas formas de calcular o valor do estoque final.

A Comercial Pinheiro Ltda., que iniciou suas atividades em 01.12.1999, apresentou até 31.12.1999, data do primeiro balanço, a seguinte movimentação em relação a uma determinada mercadoria:

Data	Natureza da operação	Valor total (em R$)
08.12.1999	Compra de 30 unidades	2.400,00 (*)
16.12.1999	Venda de 05 unidades	500,00
23.12.1999	Compra de 40 unidades	3.600,00 (*)
31.12.1999	Venda de 20 unidades	2.200,00
(*) Valor líquido de ICMS		

Para responder a essa questão, é necessário saber como funciona o sistema PEPS. Esse sistema de controle de estoque estabelece que o primeiro produto a entrar será o primeiro produto a sair. Ou seja, o saldo que fica no estoque deve ser aquele que entra por último. Além disso, para determinar o custo de compra do produto, é preciso descontar os créditos dos tributos. Na questão, o custo de compra já está descontado do crédito do ICMS. Em relação à informação das vendas, o que interessa é a quantidade, já que o valor da baixa ocorre pelo custo de compra e não pelo valor de venda.

A tabela 3.2 mostra como ocorre o controle de estoque e a definição do saldo de estoque com base no PEPS, seguindo a forma que se baseia no controle permanente.

TABELA 3.2

Data	Entradas			Saídas			Saldo		
	Quantidade	Custo unitário	Custo total	Quantidade	Custo unitário	Custo total	Quantidade	Custo unitário	Custo total
8.12.1999	30	80,00	2.400,00	...	...	...	30	80,00	2.400,00
16.12.1999	...	...	...	5	80,00	400,00	25	80,00	2.000,00
23.12.1999	40	90,00	3.600,00	...	...	...	25	80,00	2.000,00
							40	90,00	3.600,00
Saldo existente em 23.12.1999							65		5.600,00
31.12.1999	...	...	...	20	80,00	1.600,00	5	80,00	400,00
							40	90,00	3.600,00
Saldo existente em 31.12.1999							45		4.000,00

Outra forma mais simples de encontrar a resposta é definir a quantidade de unidades que estão no estoque (30 − 5 + 40 − 20 = 45). Partindo dessa informação, basta somar os custos das últimas entradas até chegar a 45 unidades. A última entrada foi de 40 unidades, representando R$ 3.600,00, necessitando de mais cinco unidades para chegar às 45 que estão no estoque. Para isso, é necessário saber qual é o valor total dessas cinco unidades e somá-lo ao valor das 40 da última compra (R$ 3.600,00). O custo das cinco unidades será determinado dividindo-se o valor total da penúltima compra pela sua respectiva quantidade, apurando-se com isso o custo unitário, que, multiplicado pelas cinco unidades (R$ 2.400,00 ÷ 30 = R$ 80,00 × 5 = R$ 400,00), resultará no valor a ser somado ao correspondente à última compra, obtendo-se o valor total do estoque. Sendo assim, o saldo de estoque é R$ 3.600,00 + R$ 400,00 = R$ 4.000,00.

Determinação do valor do estoque, referente às 45 unidades que estão estocadas.

Última entrada →	40	× 90,00 =	3.600,00
Penúltima entrada →	5	α80,00 =	400,00
Total do estoque determinado com base no PEPS	45		4.000,00

3.5.3. UEPS – último a entrar, primeiro a sair

O sistema UEPS é o oposto do PEPS, já que ele determina que o último a entrar será o primeiro a sair. No entanto, diferentemente do que se pode atestar no PEPS, no UEPS os primeiros a entrar não permanecerão no estoque quando existirem saídas entre as entradas, já que, ao chegar ao final, parte das primeiras que entraram não estará mais no estoque. Sendo assim, existindo entradas e saídas intercaladas, utiliza-se o método do controle permanente para encontrar o valor do estoque final. Para fins de exemplificação, serão utilizados na tabela 3.3 os mesmos dados da tabela 3.2 (PEPS).

TABELA 3.3

Data	Entradas			Saídas			Saldo		
	Quanti-dade	Custo unitário	Custo total	Quanti-dade	Custo unitário	Custo total	Quanti-dade	Custo unitário	Custo total
8.12.1999	30	80,00	2.400,00	...	...	...	30	80,00	2.400,00
16.12.1999	...	...	...	5	80,00	400,00	25	80,00	2.000,00

Data	Entradas			Saídas			Saldo		
	Quantidade	Custo unitário	Custo total	Quantidade	Custo unitário	Custo total	Quantidade	Custo unitário	Custo total
23.12.1999	40	90,00	3.600,00	...	...	...	25	80,00	2.000,00
							40	90,00	3.600,00
Saldo existente em 23.12.1999							65		5.600,00
31.12.1999	...	...	...	20	90,00	1.800,00	25	80,00	2.000,00
							20	90,00	1.800,00
Saldo existente em 31.12.1999							45		3.800,00

Como se pode observar, das 45 unidades que estão em estoque, só 25 se referem às primeiras que entraram, já que cinco delas foram baixadas, no dia 16.12.1999, seguindo o que estabelece o UEPS, uma vez que, nesta data, elas representavam as últimas que entraram. Já no dia 31.12.1999, quando ocorreu a saída de 20, já existia uma nova entrada (que representa a última), sendo a primeira a ser considerada para a saída. Dessa forma, as 45 unidades não podem ser avaliadas considerando simplesmente a ordem de entrada. Para que isso fosse possível, o saldo final deveria ser, no máximo, de 25 unidades (quantidade da primeira entrada que não foi baixada).

3.6. CUSTOS INDIRETOS DE FABRICAÇÃO E SEUS CRITÉRIOS DE RATEIO

Os custos indiretos de fabricação não têm sua identificação relacionada, de forma direta, aos produtos fabricados. São realizados de forma genérica, para mais de um produto, sem haver uma medida que possa identificar o quanto cada produto deve receber. Diante disso, a distribuição desse tipo de custo é feita com base em critérios de proporcionalidade (rateios), de forma a atribuir uma parcela para cada produto, considerando-se um custo direto como parâmetro. Esse parâmetro poderá ser o volume ou o valor da matéria-prima utilizada ou da mão de obra direta aplicada. A distribuição dos custos indiretos de fabricação pode ser feita de duas formas: não seccional ou seccional.

Não seccional: distribui os custos indiretos aos produtos, sem passar pelos centros de custos (sem departamentalização). Por esse método, os produtos são considerados os consumidores dos recursos (custos) e, com base em critérios de proporcionalidade, os custos indiretos são distribuídos entre os produtos.

Seccional: distribui os custos indiretos, primeiro aos centros de custos que utilizaram os recursos, e, posteriormente, os valores acumulados em cada centro de custo são distribuídos aos produtos que utilizaram as atividades executadas pelos respectivos centros, considerando o tempo que cada produto usou de cada atividade.

3.7. DEPARTAMENTALIZAÇÃO

Segundo Martins (2003, p. 65), departamento é a unidade mínima administrativa para a contabilidade de custos, representada por homens e máquinas (na maioria dos casos) que desenvolvem atividades homogêneas. Diz-se unidade mínima administrativa porque sempre há um responsável para cada departamento ou pelo menos deveria haver. Na maioria das vezes, um departamento é um centro de custos. Nele são acumulados os custos indiretos para posterior alocação aos produtos (departamentos de produção) ou a outros departamentos (departamentos de serviços).

Em outras situações, podem existir diversos centros de custos dentro de um mesmo departamento ou, ainda, pode ocorrer a constituição de um desses centros baseado na reunião de atividades semelhantes entre si, localizadas em uma ou em diferentes áreas da empresa (departamentos).

3.7.1. Conceito de departamentalização

Departamentalização significa dividir a empresa em segmentos chamados "centros de custos", nos quais são debitados os gastos não identificáveis com o produto. Em cada centro são alocados seus respectivos recursos produtivos (máquinas, equipamentos, pessoas etc.) e os gastos por eles provocados, visando a apurar diversos parâmetros de desempenho (custos, tempo de produção, produtividade, resultado, eficiência, eficácia) para possibilitar, entre outras coisas, o cálculo do custo das atividades produtivas e dos produtos fabricados, e avaliar a gestão administrativa do responsável por cada um deles.

3.7.2. Objetivos da departamentalização

Vários são os objetivos que se procura alcançar por meio da departamentalização, entre eles podemos citar:

a) dividir a empresa em áreas administrativas (centros de custos);

b) descentralizar a administração, atribuindo autonomia e responsabilidade ao gestor de cada centro e, ao mesmo tempo, ter condições de avaliar a sua gestão;
c) possibilitar o controle de bens patrimoniais e atividades utilizadas por cada centro de custo;
d) registrar, levantar, controlar; analisar e avaliar os custos e/ou resultados por centro de responsabilidade;
e) eliminar o maior número possível de custos indiretos;
f) apurar o custo de cada centro de custo;
g) possibilitar o cálculo do custo da atividade prestada por cada centro;
h) responsabilizar as áreas por seus custos específicos;
i) permitir a adoção de taxas departamentais diferenciadas;
j) permitir melhor determinação de custos dos produtos;
k) constituir uma base para melhor controle de custos;
l) calcular o custo e o preço de venda dos produtos produzidos de forma mais adequada.

3.7.3. Etapas da departamentalização

Na implantação da departamentalização, algumas etapas devem ser seguidas:

a) dividir a empresa em áreas geográficas, observando que atividades e equipamentos diferentes devem estar em cada centro distinto;
b) fazer mapeamento, codificação, cadastro e identificação de todos os centros de custos;
c) alocar os recursos produtivos (máquinas, equipamento, pessoas etc.) em seu respectivo centro;
d) cadastrar as atividades identificando qual centro irá realizá-la;
e) alocar os custos em cada centro, seguindo o critério da causação, para o maior número possível de gastos de forma direta, e, para aqueles em que isso não for possível, usar um critério que tenha relação com a causa que gerou cada custo;
f) distribuir os gastos dos centros de custos auxiliares entre aqueles que utilizaram suas atividades;
g) distribuir os custos dos centos produtivos (incluindo-se os custos recebidos dos centros auxiliares) aos produtos fabricados.

3.8. CENTRO DE CUSTOS

É a unidade de controle em que debitamos exatamente os gastos ocorridos em determinado período, espécie por espécie. Centros de custos são estruturações instituídas, que praticamente subdividem as várias dependências de um patrimônio, para facilitar a alocação de custos nos respectivos centros consumidores.

Os gastos gerais de fabricação relacionam-se diretamente com a fábrica como um todo, com departamento de serviços ou com departamentos de produção. Sendo assim, é preciso que sejam distribuídos entre os departamentos que a compõe.

A departamentalização dos gastos gerais permite um controle mais detalhado dos custos de fabricação e, também, uma determinação mais precisa do custo dos serviços e produtos. O controle mais íntimo é possível porque a departamentalização implica responsabilidade de um chefe ou supervisor. As despesas originadas em um departamento são identificadas pela pessoa responsável.

Os custos de serviços podem ser relacionados com a operação desses departamentos, tais como escritório da fábrica, departamento de manutenção etc. O centro de custos, como afirmamos anteriormente, pode ser um departamento, parte de um departamento ou a combinação de diversos departamentos. A departamentalização se faz necessária sempre que encontramos dificuldades na apropriação dos custos indiretos. Eis as principais razões que dificultam a apropriação dos custos indiretos aos produtos e que recomendam, portanto, inicialmente, sua departamentalização:

a) produção de diferentes materiais e em diferentes quantidades;
b) fluxos operacionais diferentes para vários produtos;
c) participação diferenciada dos vários produtos na utilização dos custos de cada setor.

Na determinação dos departamentos ou centros de custos, as seguintes considerações devem ser lembradas:

a) estrutura organizacional da fábrica, ou seja, a função de cada departamento e a responsabilidade de cada gerente ou feitor;
b) variedade do equipamento e método de fabricação;
c) serviços prestados por cada setor de serviço e a base de alocação aos departamentos diretos ou centros de custos;
d) determinação das bases de medida do volume de produção e os pontos de pagamento da mão de obra;

e) grau de exatidão requerido na aplicação dos gastos ao custo dos produtos;
f) segregação básica dos diferentes processos de produção;
g) asseguração do fluxo uniforme da produção;
h) estabelecimento das linhas de responsabilidades para um controle físico da produção.

A delimitação dos centros de custos deve ser orientada não apenas pelas características já apresentadas, mas também por critérios técnicos. Entre estes, cabe citar a homogeneidade funcional, a unidade de responsabilidade e as técnicas de cálculo dos custos.

Pelo critério da homogeneidade funcional são reunidas sob um mesmo centro de custo as atividades ou máquinas semelhantes. A similaridade é encontrada em vários aspectos: operações, custos e a própria localização física, em certos casos. O critério da unidade de responsabilidade diz respeito à possibilidade de junção de atividades de um mesmo nível hierárquico sob um mesmo centro de custo. Os centros de custos são facilitadores na realização de cálculos e rateio dos gastos. Existem despesas que necessitam de métodos especiais de rateios e, por essa razão, podem formar um centro de custo independente.

3.8.1. Classificação dos centros de custos

O centro de custos é a menor fração de atividade ou área de responsabilidade para a qual é feita a acumulação de gastos. Esses centros, às vezes, coincidem com departamentos, mas, em alguns casos, estes podem conter vários centros de custos e aqueles podem ser formados por mais de um departamento. É recomendável que atividades com custos distintos sejam executadas por centros de custos diferentes, mesmo se realizadas por um departamento em comum. Os centros de custos são normalmente classificados nos seguintes grupos: auxiliares, produtivos e administrativos.

3.8.1.1. Centros de custos auxiliares

São considerados centros de apoio da empresa que não executam operações nos produtos diretamente, mas dão sustentação aos setores dedicados à produção. São os que, em torno dos centros produtivos, promovem assistência constante e ininterrupta. São centros destinados à produção de bens e serviços sem finalidade comercial, apenas fornecendo apoio à produção. Um centro de custo auxiliar é essencial ao funcionamento da organização, apesar de o produto não passar por ele. Sua função é servir aos centros de custos produtivos para, dessa forma, o produto receber o benefício de seu trabalho. São exemplos de centros de custos auxiliares: almoxarifados, setor de energia, manutenção industrial etc.

Os centros de custos auxiliares correspondem à parte especial da organização, não trabalhando, porém, na elaboração dos produtos ou dos serviços. Sua função consiste em atender às necessidades dos departamentos de produção ou de outros departamentos de serviços.

3.8.1.2. Centros de custos produtivos

São os centros destinados ao processamento dos produtos, ou seja, é onde se dá a transformação do material em produto; são também conhecidos como centros fabris. Os centros de custos produtivos são todos aqueles destinados à produção de bens e serviços que serão comercializados pela empresa. Eles recebem o benefício do trabalho executado pelos centros auxiliares; sendo assim, o custo total de produção deve incluir não somente os custos diretos dos centros de produção, mas também uma participação do custo operacional dos centros auxiliares. Por conseguinte, o produto deve suportar seu quinhão dos custos dos centros auxiliares. Um método de adicionar esses custos ao produto é incluí-los no trabalho executado nos centros de produção, pela distribuição dos custos do centro auxiliar pelos de produção, em alguma base de apropriação.

Como exemplos de centros de custos produtivos, podemos citar: corte, tornos, polimento, beneficiamento etc.

3.8.1.3. Centros de custos administrativos

São todos os centros de custos que reúnem as atividades de ordem administrativa da empresa. São comuns a todos, prestando serviços indistintamente entre si aos produtivos e aos auxiliares. Os centros de custos administrativos correspondem aos departamentos que executam atividades administrativas sem nenhuma relação com a produção. Os gastos neles registrados são classificados como despesas e não fazem parte do custo de fabricação dos produtos. Exemplos: assistência médica, pessoal, tesouraria, contadoria geral, compras etc.

capítulo · 4

Métodos de custeio

4.1. CUSTEIO POR ABSORÇÃO

É um sistema de apuração de custos que consiste na apropriação de todos os gastos de produção em relação aos bens elaborados, e só os de produção; os gastos relativos ao esforço de fabricação são distribuídos para todos os produtos feitos. Os custos diretos são alocados de forma direta (são identificados os produtos causadores dos custos); já os custos indiretos são atribuídos aos produtos através de rateio (critérios de proporcionalidades).

O custeio por absorção é o único sistema aceito para determinar o custo do produto para fins contábeis (e também fiscais). Sendo assim, sempre que uma questão solicitá-lo e não informar qual é o sistema a ser utilizado, deve-se usar o custeio por absorção. Nesse caso, para determinar o custo do produto, devem ser considerados todos os gastos de produção, sejam direto, sejam indiretos, fixos ou variáveis.

Para fins de apropriação é necessário, primeiro, separar as despesas dos custos, pois aquelas são desconsideradas para fins de determinação do valor do produto. Já os custos devem ser divididos em diretos (na sua grande maioria são também classificados como variáveis) e indiretos (na sua grande maioria são também classificados como fixos). Os diretos são relacionados diretamente com os produtos que os causam; sendo assim, sua alocação ocorre de forma direta, já que são identificados com os respectivos produtos. Já os custos indiretos precisam de bases de rateio (critérios de proporcionalidade) para serem alocados aos produtos, pois esses custos não possuem nenhuma relação direta com os produtos fabricados. São gastos comuns a mais de um produto.

É importante observar que, pelo fato de o custeio por absorção considerar, no cálculo do custo do produto, os custos variáveis e também os custos fixos, o custo do produto varia, tanto no valor unitário (na razão inversa à ocorrida na produção) como no valor total (na razão direta à ocorrida na produção). A alteração no custo variável (total) se dá de forma proporcional e direta à ocorrida no volume. Ou seja, se a produção dobrar, o custo variável total dobra; se for reduzido pela metade, o custo variável total também reduzirá pela metade. Já o custo variável unitário se manterá estável, independentemente das alterações no volume de produção. Por sua vez, o valor total do custo fixo, se ocorrer alteração no volume de produção, se manterá igual, e, consequentemente, o seu valor unitário variará de forma inversa àmodificação ocorrida no volume de produção. Isto é, se a produção dobrar, o custo fixo total não mudará; já o custo fixo unitário cairá pela metade. Por outro lado, se a produção cair pela metade, o custo fixo total continuará o mesmo; no entanto, o custo fixo unitário dobrará. A tabela 4.1 evidencia de forma prática essas situações.

TABELA 4.1

Quantidade produzida		100 unidades		50 unidades		200 unidades	
Tipo de custo	Tipo	Unitário	Total	Unitário	Total	Unitário	Total
Matéria-prima	Variável	2,00	200,00	2,00	100,00	2,00	400,00
Mão de obra direta	Variável	3,00	300,00	3,00	150,00	3,00	600,00
Embalagem	Variável	1,00	100,00	1,00	50,00	1,00	200,00
Subtotal	Variável	6,00	600,00	6,00	300,00	6,00	1.200,00
Aluguel da fábrica	Fixo	9,00	900,00	18,00	900,00	4,50	900,00
Mão de obra indireta	Fixo	4,00	400,00	8,00	400,00	2,00	400,00
Depreciação fábrica	Fixo	8,00	800,00	16,00	800,00	4,00	800,00
Subtotal	Fixo	21,00	2.100,00	42,00	2.100,00	10,5	2.100,00
Total custo do produto	Variável + fixo	27,00	2.700,00	48,00	2.400,00	16,50	3.300,00

As situações evidenciadas na tabela permitem observar que os custos variáveis unitários se mantiveram inalterados mesmo quando a produção aumentou ou reduziu. Já os seus totais acompanharam a variação da quantidade produzida. No caso dos custos fixos, foram os seus totais que se mantiveram inalterados, enquanto seus valores unitários variaram em relação inversa à ocorrida no volume de produção. Se for considerado o valor total de produção (soma de todos os custos variáveis e fixos), se observará que o seu valor unitário, semelhante ao que acontece com o custo unitário fixo, reduz quando ocorre aumento de produção e aumenta quanto há redução. No entanto, essa variação ocorre em proporção menor do que a registrada no custo fixo unitário, já que o custo unitário de produção é composto do custo unitário fixo (que varia) e do custo unitário variável, que não muda. O custo total de produção acompanha a alteração que ocorre no custo variável total, ou seja, se a produção aumentar, ele aumentará e, se a produção diminuir, ele também diminuirá. Porém, sua alteração não acompanha exatamente a variação ocorrida no volume (como ocorre no custo variável total), pois o custo total de produção é composto do custo variável total (que varia na mesma proporção da produção) e do custo fixo total (não varia quando ocorre mudança no volume de produção).

4.1.1. Componentes do custo de produção no custeio por absorção

Pelo custeio por absorção, o custo de produto é composto de todos os gastos relacionados à produção, gerados de forma direta ou indireta na fabricação dos produtos. Entre eles estão: matéria-prima; componentes e embalagens empregados diretamente nos produtos; materiais secundários aplicados aos produtos (tintas, cola); materiais auxiliares utilizados no processo de produção (lixas, brocas); materiais de higiene, limpeza, manutenção etc. utilizados e consumidos na fábrica; depreciação, aluguéis, manutenção de prédios, máquinas, equipamentos, ferramentas, móveis etc. relacionados com a fábrica; mão de obra direta e mão de obra indireta; trabalhadores contratados para prestar serviços relacionados com o processo produtivo. Enfim, todo o gasto realizado que tenha relação com o processo produtivo, de forma direta ou indireta, deve ser considerado na determinação do custo do produto, pelo custeio por absorção.

4.1.2. O que não compõe o custo de produção no custeio por absorção

Todo gasto que a empresa realiza e que está relacionado com a sua administração geral, com as atividades de venda e com o uso de capitais de terceiros deve ser tratado diretamente como despesa, não incorporando o custo do produto fabricado.

Assim, os honorários da diretoria, os gastos com os departamentos administrativos e comerciais (contabilidade geral, de finanças, orçamento, marketing, vendas, distribuição etc.) são diretamente descarregados para o período como despesas. As despesas financeiras (juros pagos, descontos de duplicatas concedidos e demais encargos financeiros) também são lançadas diretamente no resultado.

4.1.3. Apropriação dos custos (diretos e indiretos)

Os custos diretos são apropriados diretamente ao produto, pois se identificam como parte deste e são especificamente atribuídos a um produto sem que haja necessidade de serem utilizadas distribuições proporcionais (rateios). A apropriação é feita de maneira direta.

Os custos indiretos formam parte integrante do produto, da mesma forma que os custos da matéria-prima e da mão de obra direta. O cálculo desses custos, em uma unidade do produto, é assunto relativamente simples, por ser possível pesá-los ou medi-los. É assunto diferente, entretanto, quando se trata de custos indiretos, porque esse fator se compõe de muitos elementos diferentes que, às vezes, não podem ser distribuídos em separado para uma unidade do produto. Assim, é necessário criar alguma técnica para apropriar os custos indiretos ao trabalho como fator combinado. A distinção dos custos indiretos, como apropriação de qualquer espécie, precisa ser feita em uma base na qual possa haver determinação exata, tão equitativa quanto possível, constituindo parte do item a receber a apropriação. A apropriação dos custos indiretos é feita por meio de cálculos de rateio, tantos quantos forem os fatores de rateio adotados, e pelo interesse em obter maior ou menor precisão de cálculo.

As bases de rateio devem ser escolhidas em conformidade com a relação que possa existir entre cada item de custo indireto e cada produto, na proporção em que o produto considerado tenha sido causa do custo a ratear. Como são muitos itens, é comum fazer o seu agrupamento, para redução de cálculos de rateio; além disso, pode haver dificuldade em identificar a relação entre certos custos e produtos. Esses dois fatores prejudicam a exatidão dos cálculos, mas não constituem maior inconveniente quando as diferenças numéricas são desprezíveis. Em caso contrário, deve-se procurar a exatidão mediante utilização de maior número de bases e fatores de rateio.

Todos os custos indiretos só podem ser apropriados pela sua própria definição, de forma indireta aos produtos, isto é, mediante estimativas, critérios de rateio, previsão de comportamento de custos etc. Todas essas formas de distribuição contêm, em menor ou maior grau, certo subjetivismo; portanto, a arbitrariedade sempre vai existir nessas alocações. Às vezes, ela existirá em nível bastante aceitável e, em outras oportunidades, só a aceitaremos por não haver alternativas melhores.

O sistema de custeio por absorção, para a apropriação dos custos diretos e indiretos, pode ser obtido tanto pelo sistema de apropriação não seccional como pelo seccional. Esses dois sistemas já foram objeto de nossos estudos quando tratamos da apropriação dos custos.

Para termos uma noção mais clara de como é processada a apropriação dos custos pelo custeio por absorção, é interessante relacionarmos esse assunto com o que foi abordado no comentário da sistemática adotada nos sistemas de apropriação não seccional e seccional.

4.2. CUSTEIO VARIÁVEL

É o sistema de custos em que só são alocados aos produtos os custos variáveis; os custos fixos ficam separados e são considerados como despesas do período, indo diretamente para o resultado. Para os estoques só vão, como consequência, os custos variáveis. O uso do sistema variável não é aceito para fins contábeis; no entanto, tem sua grande aplicação na gestão, em especial na geração de informações para a tomada de decisão. Entre essas informações estão a margem de contribuição, o ponto de equilíbrio, a margem de segurança, o grau de alavancagem operacional, a análise do custo-volume-lucro, entre outras.

Em função de ele considerar só os custos variáveis na formação do custo de produção, uma vez determinado o custo do produto, e considerando-se certo volume de produção, esse valor unitário se manterá igual, independentemente do volume a ser produzido. Já o seu valor total varia em razão direta à alteração ocorrida no volume de produção.

A tabela 4.2 evidencia um exemplo de como ocorre a determinação do custo do produto pelo custeio variável quando ocorre variação no volume produzido.

TABELA 4.2

Quantidade produzida		100 unidades		50 unidades		200 unidades	
Tipo de custo	Tipo	Unitário	Total	Unitário	Total	Unitário	Total
Matéria-prima	Variável	2,00	200,00	2,00	100,00	2,00	400,00
Mão de obra direta	Variável	3,00	300,00	3,00	150,00	3,00	600,00
Embalagem	Variável	1,00	100,00	1,00	50,00	1,00	200,00

Quantidade produzida		100 unidades		50 unidades		200 unidades	
Tipo de custo	Tipo	Unitário	Total	Unitário	Total	Unitário	Total
Total dos custos	Variável	6,00	600,00	6,00	300,00	6,00	1.200,00

É importante observar que os valores unitários não sofreram alteração quando ocorreu modificação no volume produzido. Já o custo total variou na mesma proporção da ocorrida na quantidade produzida.

Quanto à forma de alocação, já que quase a totalidade dos custos variáveis (pelo menos em termos de valor) são diretos, segue a mesma regra aplicada no custeio por absorção, em relação aos custos diretos. Ou seja, identificando, de forma direta, o produto que causou o custo, esse produto deverá assumir o respectivo gasto.

4.3. CUSTEIO BASEADO EM ATIVIDADES (ABC)

O ABC (custo baseado em atividades – *Activity Based Costing*) é o sistema de custeio que tem por objetivo determinar o custo de cada atividade e, para isso, utilizam-se direcionadores de custo (*cost driver*) para alocar os gastos indiretos ligados às atividades que os consomem. Pelo ABC, o que gera os gastos não são os produtos, mas as atividades, sendo que os produtos consomem atividades. O custo do produto, por esse sistema, é determinado pela soma dos custos diretos (apropriados diretamente aos produtos consumidores) e indiretos, compostos pelo custo das atividades utilizadas para produzi-lo (apropriados aos produtos através do uso dos direcionadores de custos).

O sistema de custeio baseado em atividades tem vários objetivos, cabendo a cada empresa defini-los de acordo com o seu porte e suas metas. Dentre os propósitos mais adotados têm-se:

a) apurar o real custo dos produtos de forma correta e, como consequência, melhorar o processo de negócio;
b) identificar as atividades que agregam ou não valor e a possibilidade de eliminá-las;
c) determinar o custo dos produtos em empresas com grande diversidade de produtos e clientes;
d) distribuir os custos indiretos dos produtos de forma mais próxima à realidade de seus custos;
e) alavancar as atitudes das pessoas envolvidas no processo de mudança.

4.4. CUSTEIO PLENO (RKW)

O custeio pleno é um sistema que tem por objetivo determinar o valor gasto para produzir e vender. Ele é utilizado para estabelecer o preço de venda (considera todos os custos e despesas). Ou seja, o valor determinado pelo custeio pleno não serve para fins de estoque, já que ele contém, além dos custos, também as despesas. RKW é a abreviatura de um sistema de custeio alemão (*ReichskuratoriumfürWirtschaftlichtket*) usado para determinar o gasto para fixar preços, já que, além de atribuir os custos aos produtos, também são consideradas as despesas de venda. Com esse rateio, chega-se ao gasto de "produzir e vender" (incluindo administrar e financiar), que, se os rateios fossem perfeitos, nos daria o gasto de todo o processo empresarial de obtenção da receita (MARTINS, 2003, p. 220).

4.5. CUSTO POR PRODUTO

Esse sistema é usado nas empresas que produzem diferentes tipos de bens, independentemente de encomenda do cliente, isto é, a produção é inicialmente destinada para estoque e, posteriormente, comercializada. Normalmente, são produtos padronizados e produzidos em grande quantidade e em linha específica.

A acumulação de custo é feita para cada tipo diferente de produto, alocando os custos diretos aos respectivos produtos e rateando, no final do período, os custos indiretos. Os custos diretos, como o próprio nome informa, são alocados de forma direta aos respectivos produtos que os consomem (já que eles são perfeitamente identificáveis); já os custos indiretos, para serem alocados aos produtos, são distribuídos utilizando-se critérios de proporcionalidade (rateio).

4.6. CUSTO POR PROCESSO

O custeamento por processo destina-se a acumular os custos numa empresa em que a fabricação se caracteriza por produtos padronizados, produção contínua e demanda constante, ou seja, produção de unidades padronizadas que recebem, cada uma, quantidades equivalentes de material, mão de obra e custos indiretos, resultando em unidades idênticas produzidas em massa. Esse método consiste na divisão do custo do período pelas unidades produzidas, atribuindo-se ao quociente o custo médio unitário. Portanto, o custo unitário é determinado através da divisão do total de custos acumulados num processo, durante certo período de tempo, pelas unidades produzidas no mesmo período, nesse mesmo processo.

A produção é realizada em diversos centros de custos, separadamente, ocorrendo em cada um deles um processo específico. Por esse sistema, os custos são acumulados por centros produtivos (processos de fabricação) e atribuídos aos produtos que utilizam as atividades executadas em cada processo, respectivamente. O custo do produto será a soma dos materiais utilizados e dos custos recebidos dos centros produtivos por onde ele passar até chegar à fase final de fabricação. Esse tipo de produção também é conhecido como produção contínua, na qual o produto passa por vários processos (por exemplo, corte, montagem, pintura, embalagem), de forma ininterrupta, até ficar pronto. Existem vários tipos de produção por processo, e os mais distintos são os sequenciais, os paralelos e os seletivos.

4.6.1. Custo por processo sequencial

No tipo sequencial, o produto é continuamente transferido de um processo para outro, até o último, quando é considerado acabado e transferido para o depósito. É o tipo usado nas indústrias de móveis, calçados, televisores.

4.6.2. Custo por processo paralelo

No tipo paralelo, mais de um produto é elaborado através de uma ou mais de uma fase de processos independentes, que podem ser operados simultaneamente ou não. Pertencem a esse tipo as indústrias que, utilizando matéria-prima inicial ou mais de uma, obtêm, durante o processo, vários produtos diferentes. É o caso da indústria de destilação de petróleo, cuja matéria-prima (petróleo), após processamento, dá origem simultaneamente a vários produtos (gasolina, óleo diesel, óleo combustível, gás, asfalto etc.).

4.6.3. Custo por processo seletivo

No tipo seletivo, existem fases para vários produtos, mas nem todos passam, necessariamente, por todas elas. É o caso da indústria de beneficiamento do amendoim, em que toda a matéria-prima entra em processamento (remoção da casca), mas só parte dela entra no forno para torrar; desta, uma parcela é salgada, outra não, tendo em vista a existência de mercado, tanto para o amendoim só torrado como para o amendoim torrado e salgado ou, ainda, apenas descascado.

4.7. CUSTO POR ATIVIDADE

O custo por atividade é muito semelhante ao custo por processo. A diferença é que aquele tem uma identificação mais detalhada em relação a cada atividade, enquanto neste o custo é determinado em função do processo como um todo (custo de pintar). O custo por atividade atribui o gasto de cada atividade que compõe o processo (custo da limpeza do material que vai ser utilizado, custo de preparação do material a ser usado na pintura, custo da pintura propriamente dita, custo para secar o material pintado etc.). A determinação do custo por atividade é muito mais adequado, já que dois produtos podem até levar o mesmo tempo para serem pintados, mas terem tempos diferentes entre as atividades que fazem parte da pintura. Se essas atividades tiverem gastos diferentes, o custo com base nas atividades será diferente daquele determinado pelo processo (custo calculado pela média de todas as atividades).

capítulo · 5

Sistemas de acumulação de custos

5.1. ACUMULAÇÃO DE CUSTOS

5.1.1. Acumulação de custos por ordem de produção ou encomenda

A acumulação de custos por ordem de produção é um sistema no qual cada elemento que compõe o custo é acumulado separadamente, segundo ordens específicas de produção emitidas pela seção de fabricação. Esse método é conhecido, também, como sistema por encomenda. Nesse sistema, o custo é computado tendo por base a apropriação de cada ordem de produção e, consequentemente, o custo de determinado período de fabricação será a soma das ordens desse mesmo período. No sistema por ordem de produção, cada ordem de produção emanada do cliente é considerada uma encomenda particular, e ganha um número assim que o pedido é recebido. Geralmente, os produtos fabricados para cada encomenda têm características especiais que os diferenciam prontamente de todas as outras no departamento de produção.

Nesse sistema, nenhum trabalho poderá ser iniciado sem que seja devidamente autorizado. Dar-se-á essa autorização pela emissão de uma ordem de produção no início da execução do serviço.

Os custos, geralmente, são controlados numa ficha ou na própria requisição em que se pede a elaboração do produto. Através desse sistema, os valores oriundos do consumo e de outros gastos também são registrados numa ficha de controle. Essa ficha de controle é emitida de acordo com a quantidade de produto a ser produzido, constante no pedido do cliente. A ordem de fabricação ou requisição encerra-se quando for completada a quantidade produzida, nela prevista. A determinação do custo unitário por produto sai da divisão do somatório dos valores gastos pela quantidade produzida. Esse sistema permite que a empresa relacione a renda obtida numa ordem de produção com os custos realizados para a produção.

5.1.2. Acumulação de custos por processo

O custeamento por processo destina-se a acumular os custos numa empresa em que a fabricação se caracteriza por produtos padronizados, produção contínua e demanda constante. Ou seja, a produção de unidades padronizadas que recebem, cada uma, quantidades equivalentes de material, mão de obra e custos indiretos, resulta em unidades idênticas produzidas em massa. Esse método consiste na divisão do custo do período pelas unidades produzidas, atribuindo-se ao quociente o custo médio unitário. Portanto, é por meio da divisão do total de custos acumulados num processo, durante certo período de tempo, pelas unidades produzidas no mesmo período, nesse mesmo processo, que o custo unitário é determinado.

5.2. CUSTO DOS PRODUTOS

O custo dos produtos corresponde aos valores gastos referentes a todos os bens e esforços despendidos para obtê-los.

5.2.1. Custos dos produtos em elaboração

No processo de fabricação, o produto, antes de ficar pronto, passa por uma fase denominada de produtos em elaboração, também chamada de produtos semiacabados, produtos semiprontos etc. Todas essas expressões identificam os produtos que ainda não estão totalmente acabados (prontos) e que, no final de cada mês, devem ser valorados. A valoração deve ser feita com base nos custos (materiais diretos, mão de obra direta e custos gerais de fabricação) já incorporados a esses produtos até o momento do levantamento. Diante disso, para a determinação do estoque final de produtos em elaboração, é necessário considerar, além dos custos realizados no período, também o valor do estoque inicial dos produtos em elaboração (estoque final do período anterior) e o valor da produção que ficou pronta. Sendo assim, a fórmula para determinar o valor do estoque final de produtos em elaboração é a seguinte: estoque final de produtos em elaboração = estoque inicial de produtos em elaboração + custos de produção do período − produção concluída no período, sendo:

- estoque inicial = valor do estoque final do período anterior;
- custos de produção do período = matéria-prima consumida + mão de obra direta + custos gerais de fabricação;
- produção concluída no período = produção que ficou pronta e que passou a ser considerada produtos acabados (corresponde à entrada no estoque de produtos prontos).

Em relação ao consumo de matéria-prima, é importante considerar que não se refere ao valor da matéria-prima comprada, mas da consumida (requisitada pela produção). Se a questão não informar o valor do consumo, será necessário determiná-lo através da seguinte fórmula: consumo de matéria-prima = estoque inicial de matéria-prima + compras de matéria-prima – devolução de matéria-prima – estoque final de matéria-prima.

Também é importante observar que o custo de compra deve corresponder a todos os gastos realizados na compra (matéria-prima, frete, seguro etc.) deduzido dos créditos dos tributos, quando informados. Em relação à devolução, deve-se considerar sempre o valor que foi registrado como entrada (valor de custo) da matéria-prima que está sendo devolvida.

5.2.2. Custo dos produtos acabados

Produtos acabados são os que foram fabricados pela empresa e estão prontos para ser vendidos. Seu custo é determinado pela soma de todos os gastos (materiais diretos, mão de obra direta e custos gerais de fabricação) despendidos para ter o produto em condições de ser vendido (pronto). Para determinar o custo a ser considerado para os produtos prontos, deve-se utilizar a seguinte fórmula: estoque final de produtos pontos = estoque inicial de produtos prontos + custo da produção pronta no período – custo dos produtos vendidos, em que:

- estoque inicial = estoque final do período anterior;
- custo da produção pronta no período = produção que ficou pronta e que faz parte da fórmula dos produtos em elaboração;
- custo dos produtos vendidos = custo das unidades que estavam prontas e que foram vendidas.

Observação: é importante considerar que muitas questões podem solicitar o valor de qualquer uma das variáveis que compõem a fórmula e não, necessariamente, a variável informada na fórmula (valor a ser determinado). No entanto, as fórmulas são as mesmas, necessitando-se apenas isolar a variável solicitada. Isso é válido para qualquer uma das fórmulas apresentadas.

5.3. EQUIVALENTE DE PRODUÇÃO

O sistema de acumulação de custo com base na produção equivalente considera que os custos serão atribuídos aos produtos à proporção que eles ficarem prontos. Ou seja, se um produto estiver 50% acabado, deverá ser avaliado considerando-se 50% do custo de uma unidade pronta; se estiver 40% acabado, considerar-se-á 40% do custo de uma unidade pronta, e, assim, consecutivamente. Diante disso, primeiro é necessário determinar o custo de uma unidade pronta para depois atribuir 100% desse valor às unidades realmente prontas, e às demais (ainda não prontas) atribuir um valor proporcional à fase em que se encontram. É como se tivéssemos quatro maçãs inteiras e seis meias maçãs, todas custando R$ 14,00. Para atribuir o custo para as maçãs inteiras e para as meias maçãs, basta considerar que cada duas meias maças correspondem a uma inteira. Dessa forma, pode-se dizer que teríamos sete maçãs inteiras e que cada uma custaria R$ 2,00 (2,00 × 100% = 2,00) e, consequentemente, as meias maçãs custariam R$ 1,00 (2,00 × 50% = 1,00). Sendo assim, teríamos: 4 × R$ 2,00 + 6 × R$ 1,00 = R$ 14,00.

Para um exemplo mais complexo, consideremos que uma empresa iniciou, em determinado mês, 4.000 unidades: 1.500 estão totalmente prontas; 1.200, na fase de elaboração, num estágio que corresponde a 80% de uma unidade pronta; 1.300 também se encontram em elaboração, mas num estágio correspondente a 40% de uma unidade pronta. O total dos gastos realizados para que as 4.000 estivessem nos estágios atuais foi de R$ 59.600,00. Com base nessas informações, é necessário identificar o custo de uma unidade pronta. Não é possível dividir o valor de R$ 59.600,00 por 4.000 unidades porque, se assim fosse feito, estaríamos considerando todas as 4.000 unidades prontas. Por outro lado, para achar o valor de uma unidade pronta é necessário dividir o total dos custos por um número que represente a quantidade de unidades equivalente às prontas (ver a tabela 5.1).

TABELA 5.1

Fase	Quantidade real	Fase de acabamento (%)	Quantidade equivalente às unidades prontas
Pronta	1.500	100	1.500
Em elaboração	1.200	80	960
Em elaboração	1.300	40	520
Total	4.000	...	2.980

Com a determinação da produção equivalente, chega-se à conclusão de que as 4.000 unidades em diferentes estágios de conclusão equivalem a 2.980 unidades prontas; consequentemente, os custos de uma unidade pronta correspondem à divisão do total dos custos realizados por esse total, resultando em R$ 20,00 (59.600,00 ÷ 2.980,00 = 20,00). Logo, as 1.500 prontas devem ser avaliadas a R$ 20,00 por unidade; já as 1.200 que estão 80% prontas devem ser avaliadas com 80% do valor de uma unidade pronta (R$ 20,00 × 80% = 16,00), e as 1.300 unidades que estão 40% prontas devem ser avaliadas com 40% do valor atribuído para as unidades prontas (R$ 20,00 × 40% = 8,00). A valoração ficaria determinada como mostra a tabela 5.2.

TABELA 5.2

Fase	Quantidade real	Porcentagem de acabamento	Custo unitário	Custo total
Pronta	1.500	100%	20,00	30.000,00
Em elaboração	1.200	80%	16,00	19.200,00
Em elaboração	1.300	40%	8,00	10.400,00
Total	4.000	...	...	59.600,00

É importante observar que o total dos custos foi distribuído integralmente nas 4.000 unidades e que o custo unitário corresponde, proporcionalmente, à fase de conclusão em que cada uma se encontra.

5.4. CUSTOS CONJUNTOS

Custos conjuntos ocorrem quando, de um único processo de produção, decorre a fabricação de mais de um tipo de produto. Nesses casos, produtos diferentes têm sua procedência gerada de forma simultânea, sendo necessário definir um procedimento para distribuir os custos comuns. Exemplo: na moagem do milho surge a farinha de milho e o farelo. São dois produtos que têm a mesma matéria-prima e surgem do mesmo processo (moagem), mas que, pela sua importância e preço de venda, devem ser avaliados com valores diferentes.

5.4.1. Apropriação dos custos conjuntos aos coprodutos e subprodutos

Antes de descrever os procedimentos de como devem ser distribuídos os custos conjuntos aos coprodutos e aos subprodutos, faz-se necessário definir o que é um coproduto e um subproduto.

Produtos são, de forma geral, todos os bens produzidos/fabricados por meio de um processo produtivo. Produtos conjuntos são os produzidos de uma mesma matéria-prima e por meio de um processo único, podendo ser coprodutos ou subprodutos.

O **subproduto** tem pouca representatividade no faturamento da empresa, mas apresenta valor de venda e condições de comercialização normais, relativamente tão asseguradas quanto os produtos principais da empresa. Surgem em decorrência do processo normal de produção e só não são considerados coprodutos por possuírem uma relevância muito pequena dentro do faturamento total da empresa. A sua avaliação é feita a partir do preço de venda, descontando-se um valor relativo às despesas fixas e às variáveis; também se pode descontar um valor relativo à margem de lucro. O valor apurado como custo é descontado do valor total de produção, que será depois distribuído entre os demais produtos.

Coprodutos são considerados produtos principais (como qualquer outro produzido de forma não conjunta) e possuem boa relevância dentro do faturamento, semelhante aos demais produtos comercializados, com a diferença de que os coprodutos surgem de uma mesma matéria-prima e processo produtivo. O custo deles é estabelecido por meio de processos de alocação, que identificam a quantidade de gastos que cada produto gerou.

Sucatas podem ou não ser decorrentes do processo normal de produção. Não possuem valor de venda ou condições de negociabilidade boas e, em função disso, não são inventariadas (não fazem parte do estoque), mesmo que sejam inerentes ao processo normal de produção; quando vendidas, é registrado apenas o valor da receita. Exemplo: um açougue, ao comprar um boi de um frigorífico, paga um valor único por quilo (mesma matéria-prima); porém, do boi comprado existem vários produtos (coprodutos) e "sucata". Ao separar os diversos tipos de carne (mesmo processo produtivo), surgem diversos coprodutos, subprodutos e "sucata". Coprodutos: picanha, costela; subprodutos: miúdos, bucho; sucata: ossos, sebo. Esse exemplo pode não ser o mais ideal, mas certamente é do conhecimento de todos. Outros exemplos: o petróleo é uma matéria-prima que, por meio de um mesmo processo (refino), faz surgir vários coprodutos ou produtos conjuntos, subprodutos e "sucatas". Em uma serraria, por exemplo, de uma mesma tora saem tábuas de várias qualificações (coprodutos), retalhos de madeira (subprodutos) e serragem (sucata). A apropriação dos custos às sucatas, aos subprodutos e aos coprodutos é procedida da seguinte forma:

- **Sucatas:** por não haver preço definido para a sua venda, não devem ser valoradas. Sendo assim, não existirão estoques de sucatas e, quando vendidas, o valor cobrado será considerado como outras receitas operacionais. Não haverá nenhum registro referente aos custos de produção (já que a empresa não tem por objetivo produzir sucatas).

- **Subprodutos:** a literatura considera que, em função de sua pouca representatividade em termos de valor, não se faz necessário estabelecer controle sobre seus custos de produção, a fim de saber quanto custou. Seu valor de custo, para fins de estoque, pode ser determinadoa partir de seu preço de venda, ao descontar todas as despesas variáveis (tributos, comissões sobre venda), além de uma parcela estimada para cobrir as despesas fixas, por conta do lucro previsto para esse tipo de produto. O saldo é considerado custo de produção, sendo esse valor descontado do total dos custos, que, posteriormente a esse ajuste, é distribuído entre os coprodutos. Em muitas empresas, a determinação desse tipo de produto é procedida da mesma forma que a utilizada para os coprodutos, ou seja, o custo é atribuído através de controles de produção.

- **Coprodutos:** para a determinação do custo dos coprodutos, além de manter um controle de produção quanto ao processo produtivo, também é necessário definir um processo de distribuição dos custos conjuntos (comuns). Para exemplificar, vamos considerar que um açougue compre um boi de 200 kg e pague por ele o valor de R$ 2.000,00. Nesse caso, o custo único por quilo foi de R$ 10,00 (R$ 2.000,00 ÷ 200 = R$ 10,00). No entanto, os diferentes tipos de carne (costela, picanha, filé, sebo, ossos etc.) que serão separados representarão custos diferentes para o açougue, já que não seria adequado atribuir R$ 10,00 para o quilo da picanha e R$ 10,00 para o da costela. Para atribuir diferentes custos a cada coproduto, de forma que representem um valor proporcional ao seu tipo, é necessário o uso de um método de distribuição proporcional. Existem vários, entre os quais podem ser citados o método das quantidades, o método das quantidades ponderadas, o método do lucro, o método da proporcionalidade da receita gerada etc. O melhor, a nosso ver, é o método da proporcionalidade da receita gerada; o pior é o método das quantidades.

Vamos considerar que, dos 200 kg do boi, foram gerados 30 kg de filé, 20 kg de picanha e 150 kg de costela, sendo os respectivos preços de venda R$ 20,00, R$ 18,00 e R$ 12,00 (quantidades e valores meramente ilustrativos para o exemplo) mais o custo de R$ 200,00 para separar os coprodutos:

Pelo método das quantidades, o custo dos três coprodutos seria igual e definido pela divisão do total dos custos comuns pela soma das quantidades dos três coprodutos, sendo R$ 11,00 para os três (2.000,00 + 200,00 = 2.200,00 ÷ 200 = 11,00).

Pelo método das quantidades ponderadas, a divisão do total dos custos (R$ 2.200,00) não seria feita pela soma simples das quantidades, mas pela soma ponderada. Para isso, é necessário atribuir um peso para cada coproduto. Se considerarmos a costela como produto-base (o mais representativo), então o seu volume (150 kg) é multiplicado por 1; já a picanha, por ser um produto de maior valor, teria um peso maior, por exemplo, 1,5 vez o da costela, e o filé, duas vezes. Sendo assim, o total da quantidade ponderada seria de 280 (150 × 1 + 20 × 1,5 + 30 × 2 = 240), e o custo por quantidade ponderada seria de R$ 9,17 (2.200,00 ÷ 240 = 9,17). Nesse caso, o custo da costela seria de R$ 9,17 (1 × 9,17 = 9,17), o da picanha seria R$ 13,76 (1,5 × 9,17 = 13,76) e o do filé seria de R$ 18,34 (2 × 9,17 = 18,34).

Pelo método da distribuição do lucro, primeiro seria necessário projetar o lucro obtido na venda dos três coprodutos e, depois, dividir entre os três de forma igualitária. Nesse exemplo, seria necessário somar as receitas totais geradas pelos três coprodutos e deduzir os custos totais. A receita total gerada seria de R$ 2.760,00 (150 × 12,00 + 20 × 18,00 + 30 × 20,00 = 1.800,00 + 360,00 + 600,00 = 2.760,00). Considerando que o custo total é de R$ 2.200,00, o lucro total seria de R$ 560,00, que, dividido entre os 200 kg (total dos três coprodutos), daria um lucro unitário por quilo de R$ 2,80, e o custo de cada coproduto seria determinado diminuindo-se esse valor de lucro do respectivo preço de venda. Assim, o custo da costela seria de R$ 9,20 (12,00 – 2,80), o da picanha seria de R$ 15,20 (18,00 – 2,80) e o do filé seria de R$ 17,20 (20,00 – 2,80).

Esse método pode fazer com que determinado coproduto tenha lucro igual ou superior ao valor do seu custo quando outros podem ter um lucro muito baixo se considerados ao valor do custo. Pode-se até chegar ao absurdo de um coproduto apresentar custo negativo. Para isso bastaria considerar a existência de coproduto com preço de venda de R$ 2,50; ao descontarmos R$ 2,80 do lucro, o custo ficaria R$ 0,30.

O método da proporcionalidade da receita atribui o custo comum de forma proporcional ao volume de receita que cada coproduto gera, de forma que, em vez de gerar o mesmo lucro em reais considere a margem de lucro, em percentual, igual. Por esse método, o custo comum é distribuído com base na participação de cada coproduto na receita total projetada (tabela 5.3).

TABELA 5.3

Tipo de produto	Quantidade (kg)	Preço de venda	Receita total	Porcentagem/ participação. s/receita total	Custo comum			Margem de lucro*	
					Total	Unitário	R$	Percentual s/preço de venda	
Costela	150	12,00	1.800,00	65,22	1.434,84	9,57	2,43	20,25%	
Picanha	20	18,00	360,00	13,04	286,88	14,34	3,66	20,33%	
Filé	30	20,00	600,00	21,74	478,28	15,94	4,06	20,30%	
Total	200		2.760,00	100,00	2.200,00				

* A pequena variação no percentual da margem sobre o preço de venda se deve ao arredondamento feito na determinação do custo variável, já que esse sistema acaba por determinar o mesmo percentual de margem de lucro para todos os coprodutos.

Existindo custos específicos referentes aos processos que apenas alguns produtos utilizam, eles devem ser atribuídos de forma peculiar aos produtos que os causarem. Exemplo: se a picanha será vendida embalada, e para embalar os 20 kg fossem gastos R$ 20,00, esse valor só deverá ser alocado aos produtos que causaram esse gasto (a picanha). Nesse caso, se houver custos específicos para a determinação da proporcionalidade da receita, para fins de distribuição dos custos comuns é necessário considerar a receita gerada com base nos preços, antes da incorporação dos custos específicos. Nesse exemplo, para fins de distribuição dos custos comuns, o preço de venda da picanha deverá ser o atribuído sem a embalagem; não existindo preço nessa condição, deve-se descontar uma parcela do preço de venda, destinada a cobrir o custo da embalagem, de forma a encontrar o preço sem o custo da embalagem.

capítulo · 6

Custos para controle

6.1. CUSTOS REAIS (HISTÓRICOS)

Custos reais (históricos) significam que os valores atribuídos aos custos são apurados pelos valores históricos, ou seja, pela importância que a empresa desembolsou no momento de sua realização. Assim, podemos dizer que os custos históricos correspondem aos valores de aquisição (valor da nota fiscal). Dessa forma, a matéria-prima utilizada, independentemente de quando ocorreu a sua compra, terá seu valor considerado no custo de produção com base no seu valor de aquisição (sem qualquer tipo de atualização). Essa regra segue o princípio contábil do valor histórico/valor original.

6.2. CUSTOS ESTIMADOS / PROJETADOS

Custos estimados/projetados são os estabelecidos de forma antecipada (antes que sejam realizados) e são definidos através de projeções que levem em consideração experiências passadas, avaliações técnicas e previsões de produções e variações que possam ocorrer. Além de servirem como base para orçamento, previsão de retorno/resultado, também são usados para comparar com os custos realizados (estimado × realizado).

6.3. CUSTO-PADRÃO

A determinação do custo de um produto, utilizando-se o sistema com base em valores-padrão, é efetuada por meio da obtenção de custos predeterminados. Os valores dos gastos necessários à fabricação de um produto são determinados por meio de estimativas de custos (custos predeterminados), levando-se em conta o conhecimento e a experiência. Esses custos passam a ser padrão e servem para conceber o custo de todas as unidades produzidas de um mesmo produto. As possíveis diferenças que surgirem entre os custos predeterminados e os reais, devido à utilização do custeio-padrão, deverão ser distribuídas, posteriormente, entre os produtos fabricados.

6.3.1. Componentes do custo-padrão

Os componentes do custo padrão são materiais, mão de obra e despesas indiretas de fabricação.

6.3.1.1. Padrão para os materiais

Para se estabelecer o custo-padrão dos materiais, temos de considerar todos os "fatores possíveis de modificações", tais como: espécie, quantidade, percentual de perda ou refugo e preço. A soma da quantidade útil acrescida da desperdiçável é igual à quantidade requerida de material para elaboração do produto. As variações poderão, assim, ocorrer em dois campos distintos: da quantidade e do valor. As quantidades são estabelecidas com certo rigor e exatidão, o que não ocorre com o preço. Devemos ter muito cuidado na valorização dos materiais (valores praticados pelo mercado) porque só assim teremos um valor-padrão adequado e não causaremos a deformação do custo de produção.

6.3.1.2. Padrão para mão de obra

Como nos materiais, dois fenômenos podem alterar, para mais ou para menos, o custo de mão de obra: o resultante de mais ou menos tempo que o previsto e o custo unitário maior ou menor. O primeiro depende da eficiência, e o segundo resulta de uma série de fenômenos que ocorrem no mercado de trabalho.Toda variação entre o custo-padrão e o histórico, em termos relativos, denuncia irregularidades: erros de cálculos no padrão ou no histórico, ineficiência na produção, tempo improdutivo incontrolável etc.

6.3.1.3. Padrão para gastos (custos) gerais de fabricação

Se é relativamente fácil qualificar o material ou a mão de obra direta, o mesmo não ocorre com os custos indiretos. A variedade qualitativa dos elementos, bem como a maior ou menor intensidade de consumo, nem sempre controlável, faz dos custos indiretos um complexo de problemas para imputação correta nos custos de produção. Há custos indiretos fixos, variáveis, variáveis simples e custos variáveis ponderados.

Quanto maior o período de observação, maior a equidade do coeficiente de custo-unidade.

a) *Bases para taxas:* as bases de relação dos custos indiretos podem ser, entre outras: horas ou valor da mão de obra direta, quantidade ou valor de material direto ou, ainda, uma combinação desses itens (por exemplo: custo direto de produção).
b) *Outros:* são de grande valia os dados orçamentais na predeterminação do custo indireto padrão.

Outra fonte não menos importante na predeterminação do custo indireto padrão é a experiência de períodos anteriores de custos. Quanto maior o período de observação numa estrutura constante, maior a probabilidade de equidade na estimativa.

6.3.1.4. Padrões físicos

Os padrões físicos representam valores não monetários, referentes a volume (quilo, hora, unidade, caixas, litro) de cada tipo de custo (materiais diretos, mão de obra direta, gastos gerais de fabricação) que são considerados como necessários (padrões) para a fabricação dos produtos.

6.3.1.5. Padrões financeiros

São os valores monetários atribuídos para cada padrão físico dos custos. Ou seja, é o valor entendido como aquele que se deve gastar (valor esperado) para cada quilo, hora, litro etc.

6.3.2. Variações de custo-padrão

6.3.2.1. Significado de variação

As diferenças entre o real e o padrão, chamadas de variações, são as características essenciais do custeio-padrão. A variação total é a diferença entre o lucro que seria obtido se todos os padrões tivessem sido alcançados e o lucro (ou perda) que realmente se conseguiu. Essa diferença pode, na realidade, ser lograda em qualquer sistema que compare o resultado real com um orçamento, porém não é a variação total que é realmente importante ou significativa para a gerência. O custeio-padrão permite a separação das variações oriundas de cada fator que afeta o custo. Tais variações são apresentadas na demonstração de lucros e perdas na linha de custeio-padrão, que indicará, assim, não somente o que aconteceu, mas também por que aconteceu. Adicionalmente, uma subdivisão dessas variações permitirá o estabelecimento dos responsáveis por elas.

6.3.2.2. Variações no custo-padrão

O fato de o custo-padrão ser calculado antes da produção dá margem a que apresente diferenças em relação ao custo efetivo. Até certo limite, essas diferenças ou variações são admissíveis. Quando, porém, são excessivas, torna-se indispensável proceder à revisão dos cálculos, nos componentes em que há maior variação, para fins de ajustamento. É da máxima importância a pesquisa em torno das variações entre os custos-padrão e histórico. A expansão da pesquisa deve ser programada com objetividade, desprezando as variações de baixo percentual e intensificando as de maior expressão.

6.3.2.3. Análise das variações

A eficiência somente é aferida a partir do momento em que temos algum parâmetro de comparação ou, mais propriamente, custos-padrão. Na realidade, esses padrões são custos que deveriam ser atingidos dentro de operações eficazes. À medida que as operações são concluídas, os custos incorridos são comparados aos padrões para fins de apuração das variações, que deverão ser explicadas pelas causas prováveis, a fim de alimentar o processo de ação corretiva e a tomada de decisão.

Variações dos materiais diretos: as variações nos materiais podem ocorrer por causa da diferença de preços e de uso. Podem ser favoráveis (custo real abaixo do padrão) ou desfavoráveis.

Variações da mão de obra direta: podem ocorrer também de duas formas, na variação salarial (taxa) e/ou de eficiência e, da mesma maneira, ser favoráveis ou desfavoráveis.

Variações de custos indiretos de fabricação: podem ocorrer de três formas diferentes – variações de volume, de custos e de eficiência.

a) *Variação de volume:* ocorre sempre que houver diferença entre o volume de produção estabelecido no padrão e a produção real. Tem sua maior repercussão nos custos fixos, uma vez que, nos variáveis, a tendência é de não ocorrer alteração, pois o valor dos custos variáveis mantém estrita relação com o volume produzido, mas pode, em certos momentos, acusar mudanças.

b) *Variação de custo:* ocorre quando o valor dos custos indiretos de fabricação no padrão não é o mesmo valor obtido por meio dos levantamentos dos custos reais. Exemplo: foi definido um valor "x" para o custo mensal de manutenção como padrão; no entanto, o valor real no final do mês foi "y".

c) *Variação de eficiência:* ocorre quando existir diferença entre os padrões de eficiência estabelecidos e os obtidos. A eficiência pode ser medida em diversos itens que influenciam os custos indiretos de fabricação, tais como: horas-máquina, quilo de matéria-prima processada etc. Exemplo: a empresa estabelece como tempo necessário de produção de cada peça "x" tempo; no entanto, o processo de fabricação acaba consumindo "y".

capítulo · 7

Questões de exames de suficiência

Com o objetivo de complementar o entendimento dos conceitos apresentados e, principalmente, visando à familiarização do candidato com a forma como são elaboradas e aplicadas as questões, a seguir será apresentada uma coletânea de questões (182) relacionadas com a contabilidade de custos e disciplinas correlatas, que fizeram parte dos diversos exames de suficiência aplicados pelo Conselho Federal de Contabilidade (CFC). As questões estão agrupadas por exame; as respostas e os comentários serão apresentados no capítulo 8. O critério de não apresentar as respostas e os comentários junto com a questão tem por objetivo fazer com que o candidato reflita e tente resolvê-las antes de saber qual é a resposta correta. Entende-se que esse é o melhor método de aprendizagem; além disso, permite ao candidato fazer uma prova simulada e testar seus conhecimentos.

As 182 questões desenvolvidas foram selecionadas entre as questões apresentadas em 24 provas aplicadas pelo CFC (12 para bacharel e 12 para técnico em contabilidade) entre os anos de 2000 e 2011. Elas estão distribuídas conforme evidenciado a seguir.

Ano da prova	Bacharel	Técnico em contabilidade	Total
2000-I	4	3	7
2000-II	6	8	14
2001-I	4	6	10
2001-II	7	8	15
2002-I	10	6	16
2002-II	9	8	17

Ano da prova	Bacharel	Técnico em contabilidade	Total
2003-I	7	6	13
2003-II	10	9	19
2004-I	5	8	13
2004-I, Criciúma	7	10	17
2004-II	8	8	16
2011-I	14	11	25
Total	**91**	**91**	**182**

É importante considerar que, nos comentários, procurou-se não apenas discutir e apresentar a resposta correta, mas, em muitas delas, aproveitar as informações dadas no enunciado da questão e utilizá-las para explicar o conteúdo que envolve o tema que deu base para sua formulação. Sendo assim, alguns temas que não foram abordados com profundidade na revisão teórica apresentada nos capítulos anteriores estão desenvolvidos na apresentação dos comentários das questões. Além disso, em várias questões, os comentários apresentam dicas de como o candidato pode encontrar a resposta certa sem fazer todos os cálculos ou como eliminar algumas alternativas sem a necessidade de fazer os cálculos necessários para encontrar a resposta certa.

As questões estão identificadas com duas numerações: a primeira indica o número sequencial da questão estabelecida pela seleção, reiniciando sempre que muda a prova; a segunda (que está entre parênteses) representa o número original da respectiva questão, na prova do Exame de Suficiência do CFC.

Diante disso, sugere-se que o candidato, mesmo conseguindo resolvê-las sem consultar a resolução apresentada, faça a leitura dos comentários apresentados junto à resposta da respectiva pergunta.

7.1. EXAME BACHAREL 2000-I

01. (7) O conceito de "custo-padrão" é:
a) não é baseado em princípios científicos, uma vez que ele se utiliza de experiências simuladas, que são realizadas dentro de condições normais de fabricação, registradas e controladas por medições de natureza operacional e relacionadas à estatística;
b) é um custo planejado para determinado período, analisado cada fator de produção em condições normais de fabricação;

c) é baseado na indexação do Custo Histórico, atualizando o mesmo apenas para indexar o preço de venda do produto;
d) não observa cada fator de produção, a fim de verificar os desvios resultantes de sua comparação com o Custo Histórico.

02. (8) Para apropriar corretamente os custos indiretos de fabricação é necessário:
a) conhecer a quantidade de produtos elaborados;
b) quantificar os produtos em processo e elaborados;
c) estabelecer alguma relação causal entre eles e os produtos em elaboração;
d) determinar os totais dos custos indiretos do mês.

03. (9) Na previsão dos custos indiretos de fabricação, o único procedimento que está incorreto é:
a) previsão do volume de produção;
b) previsão dos custos indiretos de fabricação variáveis, a partir da análise dos custos diretos fixos de fabricação;
c) previsão dos custos indiretos de fabricação variáveis, a partir da previsão do volume de produção;
d) previsão dos custos indiretos de fabricação fixos para o período.

04. (10) O resultado do inventário físico de estoques da Cia. Brasil em 30-06-1999 apontou a existência de mercadorias no valor de R$ 890.000,00. Ao verificar a contabilidade, observou-se que a conta dos estoques acusava o saldo de R$ 930.000,00 na mesma data. O contabilista concluiu que, devido à natureza dos produtos que comercializa, a diferença encontrada teria que ser ajustada na contabilidade, na qual deverá ser procedido o lançamento:
a) débito da conta estoques a crédito da conta custo das mercadorias vendidas no montante de R$ 40.000,00;
b) débito da conta custo das mercadorias vendidas a crédito da conta estoques no montante de R$ 40.000,00;
c) débito da conta custo extraordinário e crédito de estoques no montante de R$ 40.000,00;
d) débito da conta custo de estoque a débito da conta de ajustes do exercício no montante de R$ 40.000,00.

7.2. EXAME TÉCNICO EM CONTABILIDADE 2000-I

01. (26) Compõe o custo de fabricação:
a) a remuneração de pessoal administrativo;
b) a depreciação de móveis e utensílios do gabinete da presidência;
c) os honorários contábeis;
d) a mão de obra aplicada na produção.

02. (27) Corresponde a um exemplo de custo de fabricação:
a) manutenção do parque fabril;
b) comissão de vendas;
c) despesas financeiras;
d) retirada dos sócios.

03. (28) Dentre os exemplos abaixo, qual configura-se como custo fixo:
a) mão de obra direta;
b) depreciações calculadas de forma linear;
c) matéria-prima;
d) comissões sobre vendas.

7.3. EXAME BACHAREL 2000-II

01. (1) A Comercial Pinheiro Ltda., que iniciou suas atividades em 01.12.1999, apresentou até 31.12.1999, data do primeiro balanço, a seguinte movimentação em relação a uma determinada mercadoria:

Data	Natureza da operação	Valor total (em R$)
08.12.1999	Compra de 30 unidades	2.400,00 (*)
16.12.1999	Venda de 05 unidades	500,00
23.12.1999	Compra de 40 unidades	3.600,00 (*)
31.12.1999	Venda de 20 unidades	2.200,00
(*) Valor líquido de ICMS		

O valor do estoque final, avaliado pelo método PEPS, atingiu o montante de:
a) 3.300,00.
b) 4.050,00.

c) 4.000,00.
d) 3.600,00.

02. (6) Uma indústria produz e vende apenas dois tipos de lancheira. A do tipo exportação apresenta uma contribuição unitária de R$ 30,00, e a do tipo nacional, de R$ 50,00. Os custos fixos totalizam R$ 2.100.000,00 por mês, rateados de acordo com a margem de contribuição total de cada tipo de produto. A indústria tem vendido seus produtos conjuntamente, nas seguintes quantidades mensais:

- lancheira tipo exportação 70.000 unidades.
- lancheira tipo nacional 42.000 unidades.

Considerando os dados acima, o ponto de equilíbrio de cada produto é:
a) lancheira tipo exportação   14.000 unidades
    lancheira tipo nacional   14.000 unidades
    total   28.000 unidades
b) lancheira tipo exportação   8.750 unidades
    lancheira tipo nacional   14.000 unidades
    total   22.750 unidades
c) lancheira tipo exportação   21.000 unidades
    lancheira tipo nacional   21.000 unidades
    total   42.000 unidades
d) lancheira tipo exportação   35.000 unidades
    lancheira tipo nacional   21.000 unidades
    total   56.000 unidades

03. (7) Na produção de dois tipos de máquinas são utilizados os centros de custos C1 e C2 com a inocorrência[sic] dos seguintes custos indiretos:

	Máquina A	**Máquina B**
Matéria-prima	R$ 100.000,00	R$ 60.000,00
Mão de obra direta	R$ 50.000,00	R$ 40.000,00
Soma	R$ 150.000,00	R$ 100.000,00

Os custos indiretos de fabricação totalizaram R$ 50.000,00 e foram alocados nos centros de custos C1 e C2, no montante de R$ 32.000,00 e R$ 18.000,00, respectivamente. Os custos do C1 são rateados proporcionalmente à matéria-prima consumida, enquanto os do C2, à mão de obra direta aplicada. Considerando que todos os produtos foram concluídos, informe os custos dos produtos acabados:

a) C1 = R$ 170.000,00   C2 = R$ 130.000,00
b) C1 = R$ 180.000,00   C2 = R$ 120.000,00
c) C1 = R$ 200.000,00   C2 = R$ 100.000,00
d) C1 = R$ 182.000,00   C2 = R$ 118.000,00

04. (8) Uma empresa produziu, no mesmo período, 100 unidades de um produto A, 200 unidades de um produto B e 300 unidades de um produto C. Considerando R$ 176,25 de custos indiretos e que os custos diretos unitários de matérias-primas foram, respectivamente, R$ 1,50, R$ 0,90 e R$ 0,60 e os custos unitários de mão de obra direta, R$ 0,60, R$ 0,30 e R$ 0,25, o custo final indireto unitário de cada produto, proporcional ao custo direto total de cada produto, será, respectivamente:

a) R$ 52,00; R$ 60,00; R$ 63,75.
b) R$ 210,00; R$ 240,00; R$ 255,00.
c) R$ 3,86; R$ 2,08; R$ 1,44.
d) R$ 0,52; R$ 0,30; R$ 0,21.

05. (9) Na produção de 100.000 unidades de um produto X, são incorridos custos variáveis de R$ 1.500.000,00, sendo os custos fixos de R$ 900.000,00 e o preço unitário de venda de R$ 25,00. Indique o ponto de equilíbrio:

a) 120.000 unidades;
b) 90.000 unidades;
c) 60.000 unidades;
d) 50.000 unidades;

06. (17) Considere uma empresa que fabrica 5.000 unidades mensais do produto X e que apresenta os seguintes custos unitários para esta produção:

- Custos variáveis = R$ 18,00.
- Custos fixos = R$ 10,00.
- Custo total = R$ 28,00.
- O preço de venda unitário é de R$ 35,00.

Essa empresa, no início de março, recebe um pedido de 1.000 unidades desse produto de um cliente no exterior. No entanto, sua capacidade ociosa é de 800 unidades. Para atender a esse pedido, teria que reduzir, temporariamente, para 4.800 unidades as vendas no mercado interno, o que não lhe comprometeria futuramente. O preço de venda que o cliente está disposto a pagar por esse pedido é de R$ 25,00 a unidade. Caso aceite o pedido, o lucro do mês será:

a) R$ 35.000.00.
b) R$ 45.600.00.
c) R$ 38.600.00.
d) R$ 31.200.00.

7.4. EXAME TÉCNICO EM CONTABILIDADE 2000-II

Considerando os dados abaixo, responda às questões 1 (1), 2 (2) e 3 (3).

Empresa Magnus Comércio S.A.		
Balancete de verificação em 31.12.1999 (em R$)		
Contas	Saldos finais	
	Devedores	Credores
Caixa	1.400,00	...
Móveis e utensílios	2.300,00	...
Depreciação acumulada de móveis e utensílios	...	400,00
Estoque inicial de mercadorias para venda	1.500,00	...
Clientes	3.000,00	...
Capital social	...	4.000,00
Fornecedores	...	3.000,00
Despesa com salários	1.000,00	...
Despesa com viagens	500,00	...
Compra de mercadorias para venda	2.000,00	...
Venda de mercadorias	...	5.000,00
Despesa com depreciação	400,00	...
Despesa com aluguéis	300,00	...
Total	12.400,00	12.400,00

Sabendo-se que o estoque final de mercadorias, em 31.12.1999, é de R$ 1.700,00, marque a alternativa CORRETA nas questões abaixo:

01. (1) O custo das mercadorias vendidas é de:
a) 1.500,00.
b) 1.800,00.
c) 2.000,00.
d) 1.700,00.

02. (2) O Ativo corresponde ao montante de:
a) 6.100,00.
b) 5.000,00.
c) 8.000,00.
d) 4.000,00.

03. (3) O lucro líquido é de:
a) 1.800,00.
b) 1.000,00.
c) 3.200,00.
d) 5.000,00.

04. (19) Considerando os saldos contábeis abaixo, calcule o valor das vendas líquidas:
- Estoque inicial de produtos em elaboração......... R$ 60.000,00.
- Estoque inicial de produtos acabados................. R$ 63.000,00.
- Estoque final de produtos em elaboração............ R$ 85.000,00.
- Estoque final de produtos acabados.................... R$ 65.000,00.
- Estoque final de materiais de produção............... R$ 18.000,00.
- Custos indiretos de produção do período............ R$ 12.000,00.
- Custos dos produtos fabricados no período......... R$ 450.000,00.
- Resultado bruto apurado no período.................... R$ 250.000,00.

a) R$ 798.000,00.
b) R$ 698.000,00.
c) R$ 518.000,00.
d) R$ 750.000,00.

Capítulo 7 – Questões de exames de suficiência 85

05. (20) Considerando os elementos abaixo, marque a fórmula que define o cálculo do custo das mercadorias vendidas:
- CMV = Custos das mercadorias vendidas.
- EI = Estoque inicial.
- EF = Estoque final.
- C = Aquisição de mercadorias no período.
- CD = Custos diretos.
- CI = Custos indiretos.
- CF = Custos fixos.
- CV = Custos variáveis.

a) CMV = (CD + CI) – C + EF.
b) CMV = EI + C – EF.
c) CMV = EI + C + EF.
d) CMV = (CD + CF) – (CI + CV).

06. (21) Indique o método de avaliação em que o estoque final de mercadorias é avaliado pelo custo das primeiras compras, sendo que as últimas correspondem às primeiras vendas:

a) PEPS;
b) valor de mercado;
c) custo médio ponderado;
d) UEPS.

07. (22) Marque a alternativa CORRETA, que determina os elementos básicos do custo de fabricação:

a) matéria-prima, custos diretos fixos e custos diretos variáveis;
b) matéria-prima, custos diretos fixos e custos indiretos fixos;
c) matéria-prima, gastos gerais de fabricação e custos finais;
d) matéria-prima, mão de obra direta e gastos gerais de fabricação.

08. (23) Considerando os dados abaixo, calcule o custo unitário da matéria-prima para uma produção de 10.000 unidades.

- Custo de produção: R$ 200.000,00;
- Custo da mão de obra: R$ 80.000,00;
- Gastos gerais de fabricação (custo unitário): R$ 3,00.

a) R$ 31,00.
b) R$ 28,00.
c) R$ 9,00.
d) R$ 3,00.

7.5. EXAME BACHAREL 2001-I

01. (9) No conjunto das operações abaixo, pertinentes a uma empresa industrial, assinale aquela que NÃO tem a sua origem no processamento de custos:

a) O lançamento diz respeito ao detalhamento da quantidade e custo unitário.
Materiais a fornecedores.
b) O lançamento diz respeito ao registro dos custos de produtos vendidos.
Custo de produtos vendidos a estoques de produtos acabados.
c) O lançamento diz respeito ao fechamento de ordens de produção com todos os seus custos acumulados.
Estoques de produtos acabados a produção em processo.
d) O lançamento diz respeito ao débito de custos nas ordens de produção.
Produção em processo a estoque de materiais.

02. (10) Considerando os dados abaixo na ordem apresentada, apure, respectivamente, o custo das mercadorias vendidas e o valor do estoque, com base no Custo Médio Ponderado, sabendo-se que no decorrer das operações foram enviadas ao fornecedor, para conserto, 125 unidades:

- Saldo inicial de 100 unidades a R$ 11,00 cada;
- Aquisição de 300 unidades por R$ 3.200,00 + frete no valor de R$ 300,00;
- Venda de 200 unidades por R$ 5.000,00;
- Aquisição de 150 unidades por R$ 2.075,00;
- Aquisição de 50 unidades por R$ 825,00;
- Venda de 180 unidades por R$ 4.100,00 + frete no valor de R$ 200,00.

a) R$ 4.340,00 e R$ 2.560,00.
b) R$ 4.640,00 e R$ 2.860,00.
c) R$ 6.100,00 e R$ 2.560,00.
d) R$ 6.400,00 e R$ 2.860,00.

03. (11) A Empresa Tauru's S.A. produz e vende 40 unidades mensais de um determinado produto, apurando os dados abaixo:

Preço de venda unitário	R$ 32.000,00
Custos e despesas variáveis unitários	R$ 16.000,00
Custos e despesas fixas	R$ 80.000,00
Demonstração de resultados	
Receita de vendas	R$ 1.280.000,00
(−) Custos e despesas variáveis	R$ 640.000,00
(=) Margem de contribuição	R$ 640.000,00
(−) Custos e despesas fixas	R$ 80.000,00
(=) Resultado operacional	R$ 560.000,00

Com base nesses dados, indique, respectivamente:

- o ponto de equilíbrio, em unidades; e
- o valor da receita necessária para se obter um lucro líquido de 10% sobre a receita de vendas.

a) 5 unidades e R$ 640.000,00.
b) 40 unidades e R$ 1.280.000,00.
c) 5 unidades e R$ 200.000,00.
d) 40 unidades e R$ 640.000,00.

04. (12) Considerando o quadro abaixo, calcule os custos indiretos e os custos unitários dos produtos "A", "B" e "C", respectivamente:

- Os custos de mão de obra direta foram apropriados com base na quantidade de unidades produzidas.
- Os custos indiretos foram rateados com base no custo direto total de cada produto.

Custos	Produto "A"	Produto "B"	Produto "C"	Total
Matéria-prima	R$177.750,00	R$118.500,00	R$98.750,00	
Mão de obra direta				R$ 355.500,00

Custos	Produto "A"	Produto "B"	Produto "C"	Total
Subtotal				
Custos indiretos				R$ 262.675,00
Total				
Unidades	125	275	350	750
Custo unitário				

a) Custos indiretos: R$ 43.779,17   R$ 96.314,17   R$ 122.581,66
    Custo unitário: R$ 2.246,23   R$ 1.255,14   R$ 1.106,38
b) Custos indiretos: R$ 82.950,00   R$ 87.097,50   R$ 92.627,50
    Custo unitário: R$ 2.559,60   R$ 1.221,63   R$ 1.020,79
c) Custos indiretos: R$ 118.203,75   R$ 78.802,50   R$ 65.668,75
    Custo unitário: R$ 4.559,29   R$ 1.519,76   R$ 723,70
d) Custos indiretos: R$ 237.000,00   R$ 248.850,00   R$ 264.650,00
    Custo unitário: R$ 2.559,60   R$ 1.221,63   R$ 1.020,79

7.6. EXAME TÉCNICO EM CONTABILIDADE 2001-I

01. (18) As afirmativas abaixo estão corretas, **EXCETO**:

a) Produtos conjuntos são aqueles decorrentes de um único processo produtivo.

b) Os valores residuais de mercado configuram a base mais usual da diferenciação dos custos conjuntos para os coprodutos.

c) Um produto é definido como subproduto por causa de seu grande valor comercial comparado com o produto de pequeno valor, que é classificado como coproduto.

d) Produtos conjuntos são definidos como coproduto ou subproduto, segundo a sua relevância, em termos de valor de comercialização.

02. (19) Uma empresa registrava em seu Balancete de 31 de janeiro 2001, a seguinte posição:

Aluguel de fábrica	R$ 20.000,00
Compra de matéria-prima	R$ 60.000,00
Consumo de matéria-prima	R$ 50.000,00

Custos diversos	R$ 30.000,00
Despesas administrativas	R$ 60.000,00
Despesas de vendas	R$ 40.000,00
Mão de obra da fábrica	R$ 40.000,00

No mês de fevereiro de 2001 foram fabricadas 200 unidades do produto Ômega e vendidas 160 unidades por R$ 3.250,00 cada. Indique, respectivamente, o custo dos produtos vendidos e o saldo de estoques de produtos acabados.

a) R$ 112.000,00 e R$ 10.000,00.
b) R$ 112.000,00 e R$ 28.000,00.
c) R$ 140.000,00 e R$ 10.000,00.
d) R$ 140.000,00 e R$ 28.000,00.

03. (20) Uma empresa, ao adquirir 10 t de soja ao preço total de R$ 100.000,00, incorre nos seguintes gastos por tonelada:

- Frete = R$ 4.000,00;
- Seguro = R$ 1.600,00;
- IPI = Isento;
- ICMS = Zero.

O valor a ser debitado no estoque é:

a) R$ 100.000,00.
b) R$ 116.000,00.
c) R$ 140.000,00.
d) R$ 156.000,00.

04. (21) Considerando que os custos abaixo referem-se à produção de 20 unidades, qual é o custo unitário na produção de 20 e 25 unidades do produto?

Aluguel do prédio	R$ 14.000,00
Depreciação dos equipamentos	R$ 3.000,00
Energia elétrica	R$ 4.000,00
Mãodeobra direta	R$ 40.000,00
Matéria-prima direta	R$ 30.000,00

Telefone	R$ 1.000,00
Os custos diretos são variáveis proporcionais.	

a) R$ 4.600,00 e R$ 3.680,00.
b) R$ 4.600,00 e R$ 4.380,00.
c) R$ 3.500,00 e R$ 2.800,00.
d) R$ 3.500,00 e R$ 3.500,00.

05. (22) Considerando os dados abaixo, calcule o custo unitário de produção e o custo da matéria-prima na produção total do mês:

Estoque inicial de matéria-prima	R$ 300.000,00
Estoque final de matéria-prima	R$ 360.000,00
Produção em andamento inicial	R$ 0,00
Produção em andamento final	R$ 0,00
Produtos acabados inicial	R$ 160.000,00
Produtos acabados final	R$ 1.200.000,00
Custo dos produtos vendidos	R$ 320.000,00
Custos de mão de obra direta	R$ 400.000,00
Custos indiretos de fabricação	R$ 360.000,00
Produção do mês	32 unidades

a) R$ 42.500,00 e R$ 600.000,00.
b) R$ 40.625,00 e R$ 540.000,00.
c) R$ 10.000,00 e R$ 600.000,00.
d) R$ 10.000,00 e R$ 540.000,00.

06. (23) Com base nos dados abaixo, calcule o custo das mercadorias vendidas:

Compra de material de escritório	R$ 12.115,00
Compras de material para revenda	R$ 342.000,00
Devoluções de compras	R$ 33.700,00
Devoluções de vendas	R$ 29.760,00

Estoque final	R$ 78.550,00
Estoque inicial	R$ 62.200,00
Fretes sobre compras	R$ 15.800,00
Fretes sobre vendas	R$ 14.290,00
ICMS sobre compras	R$ 23.940,00
ICMS sobre vendas	R$ 46.200,00
Vendas	R$ 385.000,00
Compra de material de limpeza	R$ 9.550,00
Outros impostos incidentes sobre vendas	R$ 14.052,00

a) R$ 250.110,00.
b) R$ 259.870,00.
c) R$ 269.758,00.
d) R$ 283.810,00.

7.7. EXAME BACHAREL 2001-II

Considere as informações abaixo e responda às questões 1 (9), 2 (10) e 3 (11).
A empresa apresentou os seguintes saldos no mês de agosto:

Materiais diretos	R$ 400.000,00
Depreciação de equipamentos administrativos	R$ 15.000,00
Vendas	R$ 650.000,00
Depreciação de equipamentos de fábrica	R$ 25.000,00
Energia elétrica consumida na fábrica	R$ 80.000,00
Mão de obra direta	R$ 15.000,00
Salário da equipe de vendas	R$ 6.000,00
Materiais indiretos	R$ 3.000,00
Salário da equipe de administração	R$ 3.000,00
Mão de obra indireta	R$ 70.000,00
Seguro das instalações fabris	R$ 2.000,00
Total	R$ 1.269.000,00

Posição dos estoques		
Estoques	Julho 2001	Agosto 2001
Matéria-prima	R$ 50.000,00	R$ 20.000,00
Produtos em elaboração	R$ 40.000,00	R$ 20.000,00
Produtos acabados	R$ 40.000,00	R$ 20.000,00

01. (9) Indique, respectivamente, a alternativa que concentra os custos apropriados à produção e os custos dos produtos vendidos:
a) R$ 589.000,00 e R$ 615.000,00.
b) R$ 592.000,00 e R$ 655.000,00.
c) R$ 593.000,00 e R$ 635.000,00.
d) R$ 595.000,00 e R$ 635.000,00.

02. (10) Indique o total dos custos dos produtos fabricados:
a) R$ 535.000,00.
b) R$ 615.000,00.
c) R$ 635.000,00.
d) R$ 655.000,00.

03. (11) Indique o lucro bruto da empresa:
a) R$ 5.000,00.
b) R$ 15.000,00.
c) R$ 35.000,00.
d) R$ 55.000,00.

04. (12) Uma empresa previu que gastaria 15 quilos de matéria-prima, a um custo de R$ 45.000,00 o quilo, para produzir uma unidade de determinado produto. Ao final do período, constatou que, embora tivesse economizado 20% no preço do material, havia um gasto de 20% a mais de material que o previsto. A variação do custo-padrão da empresa é:
a) Desfavorável em R$ 5.000,00.
b) Desfavorável em R$ 27.000,00.
c) Favorável em R$ 27.000,00.
d) Favorável em R$ 45.000,00.

Considerando as informações abaixo responda às questões 5 (17), 6 (18) e 7 (19).

Uma determinada empresa recebe um pedido de 2.600 unidades do produto "P", no mês de agosto de 2000, de um cliente tradicional. Sua capacidade ociosa é de 2.080 unidades. Para atender a esse pedido, a empresa teria de reduzir para 12.480 unidades as vendas no mercado interno, o que não lhe compromete no futuro. O preço de venda que o cliente está disposto a pagar por este pedido é de R$ 65,00 a unidade. A empresa fabrica 13.000 unidades por mês e apresenta os seguintes custos unitários de produção:

Custos variáveis proporcionais	R$ 46,80
Custos fixos	R$ 26,00
Custo total	R$ 72,80
Preço de venda unitário	R$ 91,00

05. (17) O lucro do mês, caso a empresa aceite o pedido de encomenda especial, será de:
   a) R$ 132.496.000,00 valor original → valor a ser considerado R$ 132.496,00.
   b) R$ 260.936.000,00 valor original → valor a ser considerado R$ 260.936,00.
   c) R$ 308.256.000,00 valor original → valor a ser considerado R$ 308.256,00.
   d) R$ 328.536.000,00 valor original → valor a ser considerado R$ 328.536,00.

06. (18) O lucro do mês, caso a empresa não aceite o pedido de encomenda especial, será de:
   a) R$ 213.616.000,00 valor original → valor a ser considerado R$ 213.616,00.
   b) R$ 236.600.000,00 valor original → valor a ser considerado R$ 236.600,00.
   c) R$ 551.616.000,00 valor original → valor a ser considerado R$ 551.616,00.
   d) R$ 574.600.000,00 valor original → valor a ser considerado R$ 574.600,00.

07. (19) O lucro do mês, caso a empresa venda toda a capacidade de produção a preços normais, será de:
a) R$ 260.936.000,00 valor original → valor a ser considerado R$ 260.936,00.
b) R$ 283.920.000,00 valor original → valor a ser considerado R$ 283.920,00.
c) R$ 328.536.000,00 valor original → valor a ser considerado R$ 328.536,00.
d) R$ 351.520.000,00 valor original → valor a ser considerado R$ 351.520,00

7.8. EXAME TÉCNICO EM CONTABILIDADE 2001-II

01. (13) A conta custo dos produtos vendidos é debitada pela:
a) Baixa, da conta de estoque, do produto em processo, pela formação do produto acabado.
b) Apuração final da estrutura dos custos de produção.
c) Apuração final do balanço patrimonial.
d) Baixa, da conta de estoque, do produto acabado, por venda.

02. (16) Os estoques são avaliados pelo:
a) Custo de aquisição ou valor de mercado, quando este for menor.
b) Custo de aquisição ou valor de mercado, dos dois o maior.
c) Custo de aquisição ou valor de mercado, calculado pela média aritmética simples.
d) Custo de aquisição ou valor de mercado, calculado pela média aritmética ponderada.

03. (21) Com base nos dados abaixo, indique o custo das mercadorias vendidas com base no método PEPS.

Evento	Quantidade	Valor unitário
Saldo inicial	18	R$ 1,80
Compras	20	R$ 2,00
Compras	12	R$ 1,90

Evento	Quantidade	Valor unitário
Vendas	25	R$ 3,50
Compras	10	R$ 2,10
Vendas	20	R$ 3,60

a) R$ 83,80.
b) R$ 85,70.
c) R$ 86,70.
d) R$ 89,20.

04. (22) Com base nos dados abaixo, indique o estoque final:
- Compra de mercadorias para revenda R$ 250.000,00.
- Devoluções de compras R$ 18.500,00.
- Fretes sobre compras R$ 5.500,00.
- Vendas de mercadorias R$ 350.000,00.
- Estoque inicial R$ 85.000,00.
- Custo das mercadorias vendidas R$ 217.000,00.

a) R$ 105.000,00.
b) R$ 235.500,00.
c) R$ 245.000,00.
d) R$ 268.500,00.

05. (23) Numa ordem de produção utilizaram-se R$ 90.000,00 de matéria-prima e R$ 60.000,00 de mão de obra direta. Sabendo-se que os custos indiretos de produção foram aplicados a uma taxa de 35% sobre os custos diretos, o custo da ordem de produção foi de:
a) R$ 52.500,00.
b) R$ 97.500,00.
c) R$ 121.500,00.
d) R$ 202.500,00.

06. (24) Independente do método utilizado, no controle de estoque, não se altera o:
a) Valor de saída.

b) Valor final do estoque.
c) Preço de compra.
d) Custo do produto.

07. (25) Considerando a existência de estoques de mercadorias e uma realidade de preços crescentes durante o exercício social, podemos afirmar, quanto aos métodos de controle de estoques utilizados, que:
a) Se comparado com o método UEPS, a média ponderada móvel geraria um resultado maior.
b) Se comparado com o método PEPS, a média ponderada móvel geraria um resultado maior.
c) Se comparado com o método UEPS, o PEPS geraria um resultado equivalente.
d) Se comparado com o método UEPS, o PEPS geraria um resultado menor.

08. (26) A contabilidade de custos exige, inicialmente:
a) Levantamento de estoque, levantamento dos custos diretos e dos custos indiretos.
b) Apropriação dos custos diretos, dos custos indiretos e despesas alusivas à produção.
c) A separação entre custos e despesas, apropriação dos custos diretos e dos custos indiretos.
d) Apropriação de todos os custos, apropriação das despesas diretas ou indiretas e apropriação das perdas.

7.9. EXAME BACHAREL 2002-I

01. (4) Uma determinada empresa apresenta a conta Móveis e Utensílios com um saldo inicial de R$ 15.000,00. Durante o exercício adquiriu mesas e cadeiras no valor de R$ 18.000,00, sendo 50% à vista e o restante no prazo de 30 dias. Vendeu cadeiras usadas a prazo por R$ 4.000,00, sendo este o preço de custo, e adquiriu à vista prateleiras por R$ 5.000,00. O saldo final da conta é:
a) R$ 25.000,00.
b) R$ 33.000,00.

c) R$ 34.000,00.
d) R$ 38.000,00.

02. (5) Uma empresa adquiriu um lote de mercadorias para revenda por R$ 250.000,00. No encerramento do exercício, este lote, a preço de mercado, estava avaliado em R$ 200.000,00. No balanço patrimonial final do exercício, essa mercadoria tem o valor correspondente ao custo de aquisição subtraído da provisão para ajuste de estoque ao preço de mercado de:
a) R$ 250.000,00, mas com redução de R$ 50.000,00.
b) R$ 250.000,00, sem qualquer redução.
c) R$ 200.000,00, mas com ágio de R$ 50.000,00.
d) R$ 250.000,00, mas com redução de R$ 200.000,00.

03. (7) Uma empresa comercial mantém controle permanente de estoque e o avalia pelo método do custo médio ponderado. O estoque final de mercadorias, em 28 de fevereiro de 2002, era de 200 unidades avaliadas ao custo unitário de R$ 10,00. As compras e as vendas dessas mercadorias estão isentas de tributações. Em março de 2002, a empresa realizou os seguintes movimentos de compra e venda de mercadorias: 02/03/2002 – compra a prazo de 400 unidades pelo valor total de R$ 5.200,00. 03/03/2002 – venda a prazo de 500 unidades pelo valor total de R$ 6.000,00. 04/03/2002 – compra à vista de 400 unidades ao preço unitário de R$ 15,00. 05/03/2002 – venda à vista de 200 unidades ao preço unitário de R$ 18,00. Com base nas informações, é CORRETO afirmar que:
a) O custo total das vendas do dia 3 de março foi de R$ 5.900,00.
b) O lucro bruto total das operações alcançou a cifra de R$ 3.900,00.
c) O lucro bruto alcançado nas vendas do dia 5 de março foi de R$ 3,00 por unidade.
d) O estoque final existente após a venda do dia 5 de março é de 300 unidades ao custo médio de R$ 14,40.

04. (9) Uma empresa apresenta, no sistema de controle de estoque, no item matéria-prima, em quilos:

Data	Entrada	Saída	Saldo
31/03/2001	...	...	250

Data	Entrada	Saída	Saldo
06/04/2001	200	...	450
09/04/2001	90	...	540
17/04/2001	30	...	570
18/04/2001	...	230	340
22/04/2001	...	170	170

O estoque inicial foi comprado a R$ 1,50 o quilo. As demais compras foram a R$ 1,70, R$ 1,90 e R$ 2,10 o quilo, respectivamente. Pelo método PEPS o estoque final é de:

a) R$ 255,00.
b) R$ 289,00.
c) R$ 319,00.
d) R$ 357,00.

05. (10) O custo dos produtos acabados e o custo dos produtos vendidos em 31/03/2002 de uma companhia, tendo em vista as informações abaixo mencionadas, são:

Registros contábeis do primeiro trimestre de 2002	
Aquisições de matérias-primas	R$ 2.625,00
Custo de mão de obra direta	R$ 525,00
Custos com água e luz da fábrica	R$ 126,00
Depreciação da fábrica	R$ 567,00
Despesas administrativas	R$ 945,00
Despesas de vendas	R$ 490,00
Estoque de matéria-prima em 01/01/2002	R$ 315,00
Estoque de matéria-prima em 31/03/2002	R$ 210,00
Estoque de produtos acabados em 01/01/2002	R$ 910,00
Estoque de produtos acabados em 31/03/2002	R$ 735,00
Estoque de produtos semiacabados em 01/01/2002	R$ 630,00
Estoque de produtos semiacabados em 31/03/2002	R$ 350,00

Registros contábeis do primeiro trimestre de 2002	
Manutenção da fábrica	R$ 304,50
Mão de obra indireta	R$ 1.050,00
Seguro da fábrica	R$ 140,00
Suprimentos da fábrica	R$ 52,50
Vendas	R$ 8.750,00

a) R$ 3.150,00 e R$ 3.325,00.
b) R$ 5.775,00 e R$ 5.950,00.
c) R$ 7.420,00 e R$ 7.420,00.
d) R$ 8.540,00 e R$ 7.315,00.

06. (11) A conta matéria-prima ficará INCORRETA quando:

a) Creditada pelos materiais indiretos adicionados a custos indiretos de fabricação.
b) Debitada pelo custo de aquisição dos materiais.
c) Creditada pelos materiais diretos adicionados a produtos semiacabados.
d) Debitada pelo custo de produtos acabados.

07. (12) O estoque inicial de produtos acabados e o estoque de produtos em elaboração, em unidades, era de zero. Foram produzidas 7.200 unidades e 60% foram vendidas.

Considerando as informações abaixo, o custo dos produtos vendidos e o estoque final de produtos acabados, de um determinado período, são:

Custo-padrão por unidade de produto:	
Custos indiretos de fabricação	R$ 2,50
Mão de obra direta	R$ 2,80
Material direto	R$ 3,70
Custo real apurado no final do período:	
Custos indiretos de fabricação	R$ 18.000,00
Mão de obra direta	R$ 22.600,00
Material direto	R$ 28.800,00

a) R$ 38.880,00 e R$ 25.920,00.
b) R$ 41.640,00 e R$ 27.760,00.
c) R$ 32.360,00 e R$ 37.040,00.
d) R$ 44.400,00 e R$ 29.600,00.

08. (17) Uma empresa apresenta duas propostas de orçamento para o segundo semestre de 2002.

	Orçamento 1	%	Orçamento 2	%
Vendas	R$ 5.700.000,00	100	R$ 7.200.000,00	100
Custos variáveis	R$ 3.500.000,00	61	R$ 4.200.000,00	58
Margem de contribuição	R$ 2.200.000,00	39	R$ 3.000.000,00	42
Custos fixos	R$ 1.000.000,00	18	R$ 1.800.000,00	25
Lucro líquido	R$ 1.200.000,00	21	R$ 1.200.000,00	17

Os pontos de equilíbrio dos respectivos orçamentos, em valores monetários, são:

a) R$ 1.754.385,00 e R$ 2.500.000,00.
b) R$ 1.639.344,30 e R$ 3.103.448,30.
c) R$ 2.564.102,60 e R$ 4.285.714,30.
d) R$ 2.857.142,00 e R$ 4.285.714,00.

09. (18) Uma empresa apresentou em 31/12/2001 as informações gerenciais para o ano de 2002:

	Orçamento	%
Vendas	R$ 9.800.000,00	100
Custos variáveis	R$ 5.096.000,00	52
Margem de contribuição	R$ 4.704.000,00	48
Custos e despesas fixas	R$ 3.332.000,00	34
Lucro líquido	R$ 1.372.000,00	14

Considerando as informações acima, indique o Grau de Alavancagem Operacional, a Margem de Segurança e o Percentual da Margem de Segurança da previsão feita pela empresa:

a) 3,43; R$ 2.858.333,34; 29,17%.
b) 3,43; R$ 6.941.666,66; 70,83%.
c) 4,80; R$ 2.858.333,34; 48,00%.
d) 4,80; R$ 6.941.666,66; 70,83%.

10. (19) Uma empresa apresenta uma proposta para manter o mesmo nível de estoque no início e no final do mês. Os custos fixos estimados para o mês são de R$ 720.000,00 e os custos variáveis unitários estimados são R$ 35,00 a unidade. A empresa espera que 150.000 unidades sejam vendidas ao preço de R$ 50,00 por unidade. A quantidade máxima de vendas, dentro do mês, é de 175.000 unidades.

O índice de margem de contribuição e a margem de contribuição unitária esperada, são:

a) 18% e R$ 10,89.
b) 18% e R$ 15,00.
c) 30% e R$ 10,20.
d) 30% e R$ 15,00.

7.10. EXAME TÉCNICO EM CONTABILIDADE 2002-I

01. (21) Considerando os dados abaixo, indique o custo das mercadorias vendidas na apuração do resultado:

Compras de mercadorias para revenda	R$ 25.000,00
Estoque inicial	R$ 12.500,00
Estoque final	R$ 18.700,00
Fretes sobre compras	R$ 5.600,00
Devoluções de compras	R$ 8.000,00

a) R$ 10.800,00.
b) R$ 16.400.00.
c) R$ 18.800,00.
d) R$ 24.400,00.

02. (22) Com base na ficha de controle de estoques abaixo, podemos afirmar que o método utilizado foi:

Operação	Entradas			Saídas			Saldo		
	Quantidade	Valor unitário	Valor total	Quantidade	Valor unitário	Valor total	Quantidade	Valor unitário	Valor total
Estoque inicial	...	...	...	...	...	...	12	90,00	1.080,00
Compras	10	100,00	1.000,00	...	...	...	22	94,55	2.080,00
Compras	20	150,00	3.000,00	...	...	...	42	120,95	1.209,60
Vendas	...	...	...	32	120,95	3.870,40	10	120,95	1.209,60
Compras	40	160,00	6.400,00	...	...	...	50	152,19	7.609,50
Vendas	...	...	...	45	152,19	6.848,55	5	152,19	760,95
Total	70	...	10.400,00	77	...	...	5	152,19	760,95

a) Média ponderada móvel.
b) Primeiro a entrar, primeiro a sair.
c) Último a entrar, primeiro a sair.
d) Controle rotativo dos produtos.

03. (23) Foram produzidas 2.700 unidades, sendo 200 defeituosas. As 200 unidades defeituosas foram vendidas pelo valor líquido total de R$ 32.000,00, considerando apenas os custos de fabricação. Os custos totais de fabricação no período foram de R$ 308.000,00. O custo unitário de cada peça perfeita foi de:

a) R$ 102,22.
b) R$ 110,40.
c) R$ 114,07.
d) R$ 123,20.

04. (24) Um departamento de produção de uma indústria, no mês de março de 2002 enviou para a contabilidade os seguintes dados relativos a seus gastos:

Matéria-prima	R$ 3.280,00
Energia elétrica da fábrica	R$ 230,00
Mão de obra direta (paga por tarefa)	R$ 1.210,00
Custos indiretos fixos de fabricação	R$ 460,00

Sabendo-se que a indústria avalia seus estoques pelo método do custeio por absorção e que a quantidade produzida no período foi de 350 quilos, é CORRETO afirmar que o custo de produção unitário no período foi de:
a) R$ 15,10.
b) R$ 15,20.
c) R$ 14,25.
d) R$ 14,80.

05. (25) A aquisição de matéria-prima, o pagamento de fornecedor de matéria-prima e o consumo de matéria-prima na produção são, respectivamente:
a) Custo, despesa e gasto/investimento.
b) Gasto/investimento, desembolso e custo.
c) Despesa, custo e gasto/investimento.
d) Gasto/investimento, custo e desembolso.

06. (26) Numa ordem de produção utilizaram-se R$ 120.000,00 de matéria-prima e R$ 80.000,00 de mão de obra direta. Sabendo-se que os custos gerais de produção foram aplicados a uma taxa de 0,25 sobre os custos diretos básicos (MP + MOD), o custo da ordem de produção foi de:
a) R$ 50.000,00.
b) R$ 100.000,00.
c) R$ 200.000,00.
d) R$ 250.000,00.

7.11. EXAME BACHAREL 2002-II

01. (6) De acordo com os dados abaixo e sabendo-se que o estoque final totaliza R$ 400.000,00 em 31/12/2001, pode-se afirmar que o resultado líquido do exercício é de:

Capital social	R$ 25.000,00
Depreciações acumuladas	R$ 50.000,00
Juros ativos	R$ 60.000,00
Caixa	R$ 75.000,00
Móveis e utensílios	R$ 80.000,00

Juros passivos	R$ 105.000,00
Duplicatas a receber	R$ 120.000,00
Estoque inicial	R$ 220.000,00
Despesas gerais	R$ 330.000,00
Fornecedores	R$ 420.000,00
Compras de mercadorias	R$ 750.000,00
Venda de mercadorias	R$ 1.125.000,00

a) R$ 930.000,00.
b) R$ 570.000,00.
c) R$ 555.000,00.
d) R$ 180.000,00.

02. (7) Uma empresa que trabalhava com um único tipo de mercadoria realizou, na ordem abaixo, as seguintes operações:

- 1.ª) Compra de 20 unidades a R$ 20,00 cada e com destaque de 17% de ICMS.
- 2.ª) Compra de 30 unidades a R$ 25,00 cada e com destaque de 17% de ICMS.
- 3.ª) Venda de 15 unidades a R$ 50,00 cada e com destaque de 17% de ICMS.

Tendo em vista que essa empresa adota o método do custo médio ponderado variável, podemos afirmar que o custo das mercadorias vendidas relativo à 3.ª operação é de:

a) R$ 286,35.
b) R$ 337,50.
c) R$ 345,00.
d) R$ 403,65.

03. (11) A Uma empresa produz apenas um tipo de produto e possuía 125 unidades no estoque de produtos acabados em 31/12/2001 no montante de R$ 375,00. No primeiro semestre de 2002 foram produzidas 3.750 unidades deste produto e foram vendidas 3.125 unidades a R$ 4,50 cada. Nesse mesmo primeiro semestre de 2002 os custos totalizaram R$ 11.250,00 e as despesas, R$ 2.375,00.

O custo dos produtos vendidos, o saldo do estoque de produtos acabados em unidades e o resultado bruto no primeiro semestre de 2002 foram, respectivamente:

a) R$ 9.375,00; 750 unidades; R$ 2.312,50.
b) R$ 9.375,00; 750 unidades; R$ 4.687,50.
c) R$ 11.625,00; 875 unidades; R$ 62,50.
d) R$ 11.625,00; 875 unidades; R$ 2.437,50.

04. (12) Uma empresa tinha zerado seus estoques em 01/08/2002. Durante o mês de agosto realizou as seguintes operações: **de entradas:** no dia 5 um montante de 1.500 unidades ao custo de R$ 11,00 cada; no dia 12 um montante de 1.800 unidades ao custo de R$ 12,00 cada e no dia 19 um montante de 600 unidades ao custo de R$ 13,00 cada; **de saídas:** no dia 9 um montante de 800 unidades; no dia 16 um montante de 1.300 unidades e no dia 23 um montante de 200 unidades. Considerando o método PEPS os saldos iniciais dos dias 06/08, 17/08 e 20/08, eram, respectivamente:

a) R$ 16.500,00; R$ 13.700,00; R$ 21.500,00.
b) R$ 16.500,00; R$ 14.400,00; R$ 19.800,00.
c) R$ 16.500,00; R$ 14.064,00; R$ 21.864,00.
d) R$ 16.500,00; R$ 14.400,00; R$ 22.200,00.

05. (13) Uma empresa orçou para o mês de agosto o gasto de 20 toneladas de matéria-prima, a um custo de R$ 600,00 cada, para produzir uma unidade de determinado produto. Ao final de agosto, constatou que, embora tivesse economizado 10% no preço do material, havia um gasto de 10% a mais de material que o orçado. A variação desses custos levou a empresa a ter:

a) Um custo real de R$ 12.120,00, apresentando assim um comprometimento de R$ 120,00 em relação ao custo padrão para ser investido em outras operações na empresa.
b) Um custo padrão de R$ 11.880,00, apresentando assim uma sobra de R$ 120,00 em relação ao custo real para ser investido em outras operações na empresa.

c) Um custo real de R$ 11.880,00, apresentando assim uma sobra de R$ 120,00 em relação ao custo padrão para ser investido em outras operações na empresa.

d) Um custo padrão de R$ 12.120,00, apresentando assim um comprometimento de R$ 120,00 em relação ao custo real para ser investido em outras operações da empresa.

06. (14) Uma empresa vende 40 unidades de produtos. O preço unitário de venda é de R$ 12.000,00, os custos e despesas variáveis unitários de R$ 3.000,00 e os custos e despesas fixas mensais totais de R$ 36.000,00.

O ponto de equilíbrio em unidades e o resultado operacional líquido das operações normais na empresa são, respectivamente:

a) 4 unidades; R$ 48.000,00.
b) 4 unidades; R$ 324.000,00.
c) 30 unidades; R$ 270.000,00.
d) 30 unidades; R$ 360.000,00.

07. (20) Uma empresa obteve, no primeiro semestre de 2002, uma receita com vendas no montante de R$ 1.650.000,00, um custo variável de fabricação de R$ 720.000,00, uma despesa variável de vendas de R$ 135.000,00 e um custo fixo de fabricação de R$ 320.000,00. A margem de contribuição pelo custeio direto e o resultado bruto pelo custeio por absorção no semestre são, respectivamente:

a) R$ 475.000,00; R$ 610.000,00.
b) R$ 610.000,00; R$ 795.000,00.
c) R$ 795.000,00; R$ 475.000,00.
d) R$ 795.000,00; R$ 610.000,00.

08. (21) Uma empresa apresenta seu orçamento de produção estimado para 2003, com um total de receita de 495.000 unidades, um estoque estimado no início do ano de 82.500 unidades e um estoque desejado no final do ano de 49.000 unidades. A produção anual total, indicada no orçamento de produção, em unidades, será de:

a) 363.500 unidades.
b) 461.500 unidades.
c) 528.500 unidades.
d) 544.000 unidades.

09. (22) Uma empresa investiu R$ 150.000,00 num empreendimento novo e deseja um lucro correspondente a 6% ao mês. Os dados projetados são os seguintes: preço de venda unitário R$ 7,00, custo variável unitário R$ 4,00, despesas variáveis 20% do preço de venda e custos fixos e despesas fixas num total de R$ 5.000,00 por mês. Diante destes fatos, o ponto de equilíbrio econômico esperado é de:

a) 2.500 unidades.
b) 3.182 unidades.
c) 4.667 unidades.
d) 8.750 unidades.

7.12. EXAME TÉCNICO EM CONTABILIDADE 2002-II

01. (5) De acordo com os dados abaixo e sabendo-se que o estoque final totaliza R$ 100.000,00 em 31/12/2001, pode-se afirmar que o custo das mercadorias vendidas é:

Venda de mercadorias	R$ 280.000,00
Compras de mercadorias	R$ 187.500,00
Depreciações acumuladas	R$ 12.500,00
Fornecedores	R$ 105.000,00
Despesas gerais	R$ 82.500,00
Estoque inicial	R$ 55.000,00
Duplicatas a receber	R$ 30.000,00
Juros passivos	R$ 26.000,00
Caixa	R$ 25.000,00
Capital social	R$ 25.000,00
Móveis e utensílios	R$ 20.000,00
Juros ativos	R$ 15.000,00

a) R$ 44.000,00.
b) R$ 137.500,00.
c) R$ 142.500,00.
d) R$ 242.500,00.

02. (6) Uma empresa que trabalhava com um único tipo de mercadoria realizou, na ordem abaixo, as seguintes operações:

1.ª) Compra de 10 unidades a R$ 30,00 cada e com destaque de 17% de ICMS.

2.ª) Compra de 15 unidades a R$ 35,00 cada e com destaque de 17% de ICMS.

3.ª) Venda de 8 unidades a R$ 70,00 cada e com destaque de 17% de ICMS.

Tendo em vista que essa empresa adota o método do custo médio ponderado variável, podemos afirmar que o custo das mercadorias vendidas relativo à 3.ª operação é de:

a) R$ 403,65.
b) R$ 345,00.
c) R$ 249,00.
d) R$ 219,12.

03. (21) Numa empresa, uma ordem de produção utiliza-se de R$ 550.000,00 de matéria-prima direta e R$ 350.000,00 de mão de obra direta. Os custos indiretos de fabricação são aplicados a uma taxa de 30% sobre os custos diretos. O custo da ordem de produção é:

a) R$ 300.000,00.
b) R$ 630.000,00.
c) R$ 1.120.000,00.
d) R$ 1.170.000,00.

04. (22) Uma empresa possui capacidade de produção de 300.000 unidades/mês. Os dados estimados de custos de produção para 125.000 unidades no mês de outubro de 2002 são apresentados abaixo. Caso a empresa queira produzir 125.000 ou 200.000 unidades do produto, o custo unitário de produção, considerando os custos diretos variáveis proporcionais, será, respectivamente:

Água	R$ 6.000,00
Aluguel do prédio	R$ 90.000,00
Depreciação dos equipamentos	R$ 29.000,00
Energia elétrica	R$ 15.000,00

Mão de obra direta	R$ 210.000,00
Matéria-prima	R$ 150.000,00

a) R$ 4,00; R$ 2,95.
b) R$ 4,00; R$ 3,37.
c) R$ 4,00; R$ 3,58.
d) R$ 4,00; R$ 4,00.

05. (23) Uma empresa industrial fabricou no mês de agosto 18.000 unidades de um determinado produto realizando os seguintes gastos:

Custos fixos	R$ 90.000,00
Mão de obra direta	R$ 49.500,00
Mão de obra indireta	R$ 9.000,00
Matéria-prima	R$ 99.000,00

Se a empresa tivesse produzido 25.000 unidades desse produto, no mês de agosto, com as mesmas instalações e com a mesma mão de obra indireta, o custo por unidade produzida seria de:

a) R$ 11,44.
b) R$ 12,21.
c) R$ 13,75.
d) R$ 14,52.

06. (24) O custo de mercadorias vendidas de uma empresa que apresenta os saldos contábeis em 31/08/2002 é:

Compras de produtos acabados	R$ 16.000,00
Despesas administrativas	R$ 8.000,00
Despesas financeiras	R$ 9.000,00
Devolução de compras	R$ 2.000,00
Devolução de vendas	R$ 3.000,00
Estoque final de produtos acabados	R$ 6.000,00
Estoque inicial de produtos acabados	R$ 28.000,00
Receita com vendas	R$ 54.000,00

a) R$ 43.000,00.
b) R$ 39.000,00.
c) R$ 36.000,00.
d) R$ 33.000,00.

07. (25) Considerando os dados abaixo, indique o custo dos produtos vendidos na apuração do resultado:

Compra de produtos acabados para venda	R$ 62.500,00
Devoluções de compras de produtos acabados	R$ 20.000,00
Estoque final de produtos acabados	R$ 46.750,00
Estoque inicial de produtos acabados	R$ 31.250,00
Fretes sobre compras	R$ 14.000,00

a) R$ 14.250,00.
b) R$ 41.000,00.
c) R$ 61.000,00.
d) R$ 87.750,00.

08. (26) No mês de agosto de 2002 foram fabricadas 690 unidades de um determinado produto e vendidas 552 unidades por R$ 942,50 cada. O saldo de estoques de produtos acabados e o custo dos produtos vendidos, considerando os saldos em 31/07/2002, são respectivamente:

Aluguel de fábrica	R$ 45.000,00
Compra de matéria-prima	R$ 150.000,00
Consumo de matéria-prima	R$ 125.000,00
Custos diversos	R$ 75.000,00
Despesas administrativas	R$ 70.000,00
Despesas com vendas	R$ 50.000,00
Mão de obra da fábrica	R$ 100.000,00

a) R$ 60.001,00; R$ 239.999,00.
b) R$ 69.000,00; R$ 276.000,00.
c) R$ 69.000,00; R$ 396.000,00.
d) R$ 84.000,00; R$ 336.000,00.

7.13. EXAME BACHAREL 2003-I

01. (1) Uma determinada empresa comercial encerra seu exercício em 31 de dezembro de cada ano. Em 31.12.2002, as deduções da receita operacional bruta da empresa em questão foram de R$ 4.800,00 e representavam 10% da receita operacional bruta; o custo das mercadorias vendidas foi de 70% da receita operacional líquida; o valor do estoque de mercadorias existente era de R$ 6.600,00.

Tendo em vista as informações, podemos afirmar que o lucro operacional bruto, a receita operacional líquida e o custo das mercadorias vendidas foram, respectivamente:

a) R$ 12.960,00; R$ 43.200,00 e R$ 30.240,00.
b) R$ 12.960,00; R$ 48.000,00 e R$ 30.240,00.
c) R$ 17.760,00; R$ 43.200,00 e R$ 48.000,00.
d) R$ 17.760,00; R$ 48.000,00 e R$ 43.200,00.

02. (5) Considerando as informações abaixo, assinale a alternativa CORRETA:

Balancete de verificação em 31.12.2002		
Contas	Saldos finais	
	Devedores	Credores
Caixa	R$ 1.000,00	...
Capital social	...	R$ 10.000,00
Clientes	R$ 8.000,00	...
Compra de mercadorias para revenda	R$ 3.400,00	...
Depreciação acumulada: móveis e utensílios	...	R$ 600,00
Despesas com aluguéis	R$ 400,00	
Despesas com depreciação	R$ 600,00	...
Despesas com salários	R$ 1.200,00	...
Despesas com viagens	R$ 600,00	...

Balancete de verificação em 31.12.2002		
Contas	Saldos finais	
	Devedores	Credores
Estoque inicial de mercadorias para revenda	R$ 2.500,00	...
Fornecedores	...	R$ 2.800,00
Móveis e utensílios	R$ 5.300,00	...
Venda de mercadorias	...	R$ 9.600,00
Total	R$ 23.000,00	R$ 23.000,00

Sabendo-se que o estoque final de mercadorias, em 31.12.2002 é de R$ 1.200,00, os valores, respectivamente, do custo de mercadorias vendidas, do total do ativo e do resultado operacional líquido serão:

a) R$ 5.900,00; R$ 13.900,00 e R$ 900,00.
b) R$ 4.700,00; R$ 18.600,00 e R$ 2.100,00.
c) R$ 4.700,00; R$ 14.900,00 e R$ 2.100,00.
d) R$ 5.900,00; R$ 18.600,00 e R$ 3.100,00.

03. (8) A contabilidade de determinada empresa apresentava, em 31.12.2002, os saldos:

Compras	R$ 85.000,00
Despesas com propaganda	R$ 4.100,00
Despesas de aluguel	R$ 1.200,00
Despesas de salários	R$ 9.300,00
Devolução de compras	R$ 2.000,00
Devolução de vendas	R$ 1.600,00
Estoque final	R$ 18.000,00
Estoque inicial	R$ 25.000,00
Fretes sobre compras	R$ 500,00
Receitas financeiras	R$ 4.000,00

Seguro sobre compras	R$ 200,00
Vendas	R$ 120.000,00

Considerando apenas os saldos das contas acima, pode-se dizer que o valor das compras líquidas, do custo das mercadorias vendidas e o resultado líquido do período são, respectivamente:

a) R$ 83.000,00; R$ 94.700,00 e R$ 17.800,00.
b) R$ 83.700,00; R$ 90.700,00 e R$ 17.100,00.
c) R$ 85.000,00; R$ 90.000,00 e R$ 13.100,00.
d) R$ 85.700,00; R$ 112.000,00 e R$ 18.700,00.

04. (11) A empresa apresentou os seguintes saldos no mês de fevereiro de 2003:

Depreciação de equipamentos administrativos	R$ 38.000,00
Depreciação de equipamentos de fábrica	R$ 64.000,00
Energia elétrica consumida na fábrica	R$ 160.000,00
Mão de obra direta	R$ 40.000,00
Mão de obra indireta	R$ 140.000,00
Materiais diretos	R$ 560.000,00
Materiais indiretos	R$ 18.000,00
Receita líquida de vendas	R$ 1.365.000,00
Salário da equipe de administração	R$ 18.000,00
Salário da equipe de vendas	R$ 28.000,00
Seguro das instalações fabris	R$ 8.000,00

Posição dos estoques		
Estoques	**31.01.2003**	**28.02.2003**
Matéria-prima	R$ 120.000,00	R$ 75.000,00
Produtos em elaboração	R$ 180.000,00	R$ 65.000,00
Produtos acabados	R$ 220.000,00	R$ 90.000,00

Indique, respectivamente, a alternativa que concentra os custos de produção, os custos dos produtos vendidos e o lucro operacional bruto:

a) R$ 900.000,00; R$ 1.030.000,00 e R$ 335.000,00.
b) R$ 990.000,00; R$ 1.235.000,00 e R$ 130.000,00.
c) R$ 1.018.000,00; R$ 1.105.000,00 e R$ 260.000,00.
d) R$ 1.074.000,00; R$ 1.204.000,00 e R$ 161.000,00.

05. (12) O valor das despesas indiretas de fabricação numa empresa industrial que teve os seguintes saldos no mês de fevereiro de 2003 é:

Compras de materiais diretos	R$ 135.000,00
Estoque final da conta materiais diretos	R$ 130.000,00
Estoque final de produtos em processamento	R$ 300.000,00
Estoque inicial da conta materiais diretos	R$ 105.000,00
Estoque inicial de produtos em processamento	R$ 0,00
Mão de obra direta	R$ 145.000,00

a) R$ 165.000,00.
b) R$ 155.000,00.
c) R$ 45.000,00.
d) R$ 20.000,00.

06. (13) Uma empresa possui um custo fixo mensal predeterminado no montante de R$ 297.000,00. No mês de fevereiro de 2003 produziu 99.000 unidades de seu produto, incorrendo em R$ 693.000,00 de custo variável. Se a produção tivesse sido de 74.250 unidades, o valor do custo unitário da produção seria de:
a) R$ 10,00.
b) R$ 11,00.
c) R$ 12,33.
d) R$ 13,33.

07. (14) Uma empresa fabrica um produto que utiliza dois tipos de matérias-primas pesando 2,50 kg, sendo 1,40 kg de matéria-prima A e 1,10 kg de matéria-prima B. O método utilizado pela empresa para valorar seus estoques é o do custo médio ponderado móvel. Em agosto de 2002, os custos unitários das requisições foram matéria-prima A = R$ 276,00/kg e matéria-prima B = R$ 632,00/kg. Durante o processo de fabricação existe uma perda de 8% na quantidade requisitada de matéria-prima. O custo da matéria-prima para cada unidade é de:

a) R$ 454,00.
b) R$ 587,83.
c) R$ 908,00.
d) R$ 1.175,65.

7.14. EXAME TÉCNICO EM CONTABILIDADE 2003-I

01. (20) Desconsiderando a incidência de impostos, determine o valor das vendas e do custo de mercadorias vendidas, utilizando-se dos saldos abaixo:

Estoque final	R$ 30.000,00
Lucro bruto	R$ 90.000,00
Estoque inicial	R$ 20.000,00
Compras	R$ 60.000,00
Fretes e carretos nas compras	R$ 5.000,00

a) R$ 90.000,00 e R$ 105.000,00.
b) R$ 120.000,00 e R$ 115.000,00.
c) R$ 145.000,00 e R$ 55.000,00.
d) R$ 175.000,00 e R$ 50.000,00.

02. (22) Uma indústria fabricou, no mês de fevereiro, 36.000 unidades de um determinado produto e obteve as seguintes informações:

Custos fixos	R$ 90.000,00
Mão de obra direta	R$ 54.000,00
Mão de obra indireta	R$ 9.000,00
Matéria-prima	R$ 99.000,00

Se a empresa tivesse produzido 45.000 unidades desse produto, no mesmo mês, com as mesmas instalações e com a mesma mãode obra indireta, considerando o custo variável e o custo fixo, o custo por unidade produzida seria de:
a) R$ 6,15.
b) R$ 6,45.
c) R$ 6,50.
d) R$ 7,00.

03. (23) O valor do estoque final de produtos acabados de uma empresa em 31/01/2003 é de:

Compras de produtos acabados	R$ 450.000,00
Despesas comerciais e administrativas	R$ 28.000,00
Estoque inicial de produtos acabados	R$ 200.000,00
Receita de vendas de produtos acabados	R$ 630.000,00
Resultado líquido	R$ 8.000,00

a) R$ 12.000,00.
b) R$ 20.000,00.
c) R$ 56.000,00.
d) R$ 72.000,00.

04. (24) Considerando que uma empresa adquiriu 100 toneladas de aço ao preço total de R$ 750.000,00, com os seguintes gastos por tonelada:

- Frete: R$ 2.500,00.
- Seguros: R$ 1.100,00.
- IPI isento.
- ICMS zero.

O valor a ser debitado na conta estoque é:

a) R$ 390.000,00.
b) R$ 860.000,00.
c) R$ 1.000.000,00.
d) R$ 1.110.000,00.

05. (25) Uma empresa apresenta os seguintes saldos contábeis:

Estoque inicial	R$ 3.000,00
Compras	R$ 2.000,00
Devolução de vendas	R$ 300,00
Estoque final	R$ 2.500,00
Devolução de compras	R$ 200,00
Vendas	R$ 3.500,00

Despesas administrativas	R$ 150,00
Despesas gerais	R$ 100,00

O custo de mercadorias vendidas e o lucro operacional líquido são, respectivamente:

a) R$ 2.100,00 e R$ 900,00.
b) R$ 2.200,00 e R$ 750,00.
c) R$ 2.300,00 e R$ 650,00.
d) R$ 2.300,00 e R$ 800,00.

06. (26) A aquisição de matéria-prima, pagamento de fornecedor de matéria-prima e o consumo de matéria-prima na produção são, respectivamente:

a) Gasto/investimento, despesa e custo.
b) Gasto/investimento, desembolso e custo.
c) Gasto/investimento, desembolso e despesa.
d) Gasto/investimento, custo e perda.

7.15. EXAME BACHAREL 2003-II

01. (3) As informações abaixo destacadas projetam um resultado com mercadorias de:

Devolução de vendas de mercadorias	R$ 7.000,00
Estoque final de mercadorias	R$ 8.000,00
Estoque inicial de mercadorias0	R$ 12.000,00
Fretes pagos sobre compras de mercadorias	R$ 5.000,00
ICMS incidente sobre as compras de mercadorias	R$ 15.000,00
ICMS incidente sobre as vendas de mercadorias	R$ 33.000,00
Total das compras de mercadorias	R$ 180.000,00
Total das vendas de mercadorias	R$ 240.000,00

a) R$ 33.000,00.
b) R$ 31.000,00.
c) R$ 26.000,00.
d) R$ 11.000,00.

02. (6) Considerando os saldos apresentados abaixo e sabendo-se que o estoque final de mercadorias em 31.12.2002 era de R$ 1.800,00, podemos afirmar que o custo de mercadorias vendidas, o total do ativo e o resultado operacional líquido são, respectivamente:

Balancete de verificação em 31.12.2002		
Contas	Saldos finais	
	Devedores	Credores
Caixa	R$ 1.500,00	...
Capital social	...	R$ 15.000,00
Clientes	R$ 12.000,00	...
Compra de mercadorias para revenda	R$ 5.100,00	...
Depreciação acumulada de móveis e utensílios	...	R$ 900,00
Despesas com aluguéis	R$ 600,00	...
Despesas com depreciação	R$ 900,00	...
Despesas com salários	R$ 1.800,00	...
Despesas com viagens	R$ 900,00	...
Estoque inicial de mercadorias para revenda	R$ 3.750,00	...
Fornecedores	...	R$ 4.200,00
Móveis e utensílios	R$ 7.950,00	...
Venda de mercadorias	...	R$ 14.400,00
Total	R$ 34.500,00	R$ 34.500,00

a) R$ 3.300,00, R$ 24.150,00 e R$ 4.050,00.
b) R$ 7.050,00, R$ 22.350,00 e R$ 3.150,00.
c) R$ 8.850,00, R$ 20.550,00 e R$ 7.350,00.
d) R$ 8.850,00, R$ 23.250,00 e R$ 4.950,00.

03. (10) Uma empresa comercial encerra seu exercício social em 31 de dezembro de cada ano. Em 31.12.2002, as deduções da receita operacional bruta da empresa foram de R$ 7.680,00 e representaram 10% da receita operacional bruta. Em 31.12.2002, o custo das mercadorias vendidas foi de 70% da receita operacional líquida. O valor do estoque de mercadorias existente em 31.12.2002 foi de R$ 10.560,00.

Em 31.12.2002, o lucro operacional bruto, a receita operacional líquida e o custo das mercadorias vendidas foram, respectivamente:
a) R$ 20.736,00, R$ 69.120,00 e R$ 48.384,00.
b) R$ 20.736,00, R$ 76.800,00 e R$ 48.384,00.
c) R$ 28.416,00, R$ 69.120,00 e R$ 76.800,00.
d) R$ 28.416,00, R$ 76.800,00 e R$ 69.120,00.

04. (11) No mês de agosto de 2003 uma indústria apresentou as seguintes informações:

Aquisição de novo equipamento industrial	R$ 98.100,00
Compras de matéria-prima	R$ 3.600,00
Depreciação de máquinas industriais	R$ 27.000,00
Depreciação de móveis e utensílios do escritório	R$ 22.500,00
Energia elétrica da fábrica	R$ 112.500,00
Mão de obra direta	R$ 9.000,00
Mão de obra indireta	R$ 180.000,00
Materiais indiretos consumidos na fábrica	R$ 810.000,00
Receita de vendas	R$ 1.666.500,00
Salário de vendedores	R$ 18.000,00
Salários administrativos	R$ 900,00
Seguros da fábrica	R$ 1.800,00

Estoques finais	Julho	Agosto
Matéria-prima	R$ 90.000,00	R$ 72.000,00
Produtos em processo	R$ 54.000,00	R$ 72.000,00
Produtos acabados	R$ 54.000,00	R$ 72.000,00

O custo com materiais diretos, o custo fabril e o custo de produtos vendidos de uma indústria são respectivamente:
a) R$ 33.600,00; R$ 1.137.900,00 e R$ 1.113.900,00.
b) R$ 25.200,00; R$ 1.165.500,00 e R$ 1.129.500,00.
c) R$ 21.600,00; R$ 1.161.900,00 e R$ 1.125.900,00.
d) R$ 18.000,00; R$ 1.143.900,00 e R$ 1.215.900,00.

05. (12) Uma empresa constrói um edifício comercial composto de 10 unidades, sendo 4 unidades de metragem igual e o restante das unidades com o dobro da metragem. Durante a construção foram registrados os seguintes custos: terreno R$ 30.000,00, projetos R$ 5.000,00, materiais aplicados R$ 105.000,00, mão de obra direta R$ 44.000,00 e outros custos R$ 16.000,00. O custo total das quatro unidades iguais de metragem menor é de:

a) R$ 25.000,00.
b) R$ 50.000,00.
c) R$ 75.000,00.
d) R$ 80.000,00.

06. (13) Uma empresa elabora apenas dois produtos: A e B. No mês de agosto de 2003 foram produzidas 400 unidades de A e 360 unidades de B. Os critérios de rateio adotados pela empresa para apropriação dos custos indiretos são: horas-máquina e a mão de obra direta. Face às informações retro, a alternativa **CORRETA** é:

	Produto A	Produto B	Total
Materiais diretos	R$ 96.000,00	R$ 74.000,00	R$ 170.000,00
Mão de obra direta	R$ 42.000,00	R$ 24.000,00	R$ 66.000,00
Custo primário direto	R$ 138.000,00	R$ 98.000,00	R$ 236.000,00
Custos indiretos de fabricação	...	...	R$ 100.000,00
Total	R$ 138.000,00	R$ 98.000,00	R$ 336.000,00
Horas-máquina empregadas	630	920	1.550

a) O produto A tem um custo unitário de produção mais alto considerando o critério de rateio-base mão de obra direta no montante de R$ 57,50 devido ao montante de mão de obra direta utilizada na fabricação; o produto B tem um custo unitário de produção mais alto considerando o critério-base horas-máquina no montante de R$ 63,89 devido ao volume de horas trabalhadas na fabricação do produto.

b) O produto A tem um custo unitário de produção mais baixo considerando o critério horas-máquina no montante de R$ 132,78 devido ao volume de horas trabalhadas na fabricação do produto; o produto B tem um custo unitário de produção mais baixo considerando o critério de rateio mão de obra direta no montante de R$ 11,39 devido ao montante de mão de obra direta utilizada na fabricação.

c) O produto A tem um custo unitário de produção mais alto considerando o critério horas-máquina no montante de R$ 68,89 devido ao montante de mão de obra direta do produto; o produto B tem um custo unitário de produção mais alto considerando o critério de rateio mão de obra direta no montante de R$ 75,28 devido ao volume de horas-máquina na fabricação.

d) O produto A tem um custo unitário de produção mais alto considerando o critério de rateio mão de obra direta no montante de R$ 57,50 devido ao volume de horas-máquina utilizadas na fabricação; o produto B tem um custo unitário de produção mais alto considerando o critério mão de obra direta no montante de R$ 63,89 devido ao volume de horas trabalhadas na fabricação do produto.

07. (14) Uma empresa tem um custo fixo mensal predeterminado no montante de R$ 297.000,00. No mês de julho de 2003 produziu 99.000 unidades de seu produto, incorrendo em R$ 693.000,00 de custo variável. Considerando, alternativamente, uma produção de 74.250 unidades o custo unitário da produção seria de:
a) R$ 10,00.
b) R$ 11,00.
c) R$ 12,33.
d) R$ 13,33.

08. (20) Uma empresa apresenta os seguintes dados no orçamento do primeiro semestre de 2004:

Preço de venda unitário	R$ 66,80
Custo variável unitário	R$ 57,60
Custo fixo	R$ 768.000,00

Para gerar um lucro operacional de R$ 60.000,00 no primeiro semestre de 2004 serão necessários:
a) Produzir e obter margem de contribuição no mínimo de 45.000 unidades.
b) Produzir e obter margem de contribuição no mínimo de 76.957 unidades.

c) Produzir e vender no mínimo 83.478 unidades.
d) Produzir e vender no mínimo 90.000 unidades.

09. (21) A administração de uma empresa apresentou em 01.09.2003 as informações gerenciais para o ano de 2004. A alternativa **CORRETA**, que indica o grau de alavancagem operacional, a margem de segurança e o percentual da margem de segurança da previsão feita pela empresa para a tomada de decisão sobre 2004, é:

Orçamento 2004		
Vendas	R$ 45.000.000,00	100%
Custos variáveis	R$ 20.384.000,00	45%
Margem de contribuição	R$ 24.616.000,00	55%
Custos e despesas fixas	R$ 13.316.000,00	30%
Lucro líquido	R$ 11.300.000,00	25%

a) 2,18; R$ 20.789.090,91; 46,20%.
b) 2,18; R$ 24.210.909,09; 53,80%.
c) 3,98; R$ 44.386.666,67; 98,64%.
d) 3,98; R$ 24.616.000,00; 54,70%.

10. (22) No primeiro semestre de 2003 uma empresa produziu e vendeu 5.500 unidades de um determinado produto, apresentando o seguinte resultado:

Receita total	R$ 99.000.000,00
(−) Custos e despesas variáveis de produtos vendidos	R$ 60.500.000,00
Margem de contribuição	R$ 38.500.000,00
Custos e despesas fixas	R$ 11.000.000,00
Resultado operacional	R$ 27.500.000,00

A alternativa **INCORRETA** baseada nos dados acima é:
a) O ponto de equilíbrio contábil demonstra que a empresa precisa vender 1.571 unidades para cobrir seus custos fixos e despesas.
b) O ponto de equilíbrio financeiro demonstra que a empresa precisa vender 1.550 unidades para cobrir uma dívida total de R$ 13.000.000,00 pagável em 5 parcelas, vencendo a primeira neste ano e uma depreciação no montante de 25% dos custos e despesas fixas.

c) O ponto de equilíbrio econômico demonstra que a empresa precisa vender 3.235 unidades para cobrir um lucro desejado de 25% numa política sobre os custos além de levar em conta o custo de oportunidade.
d) O ponto de equilíbrio econômico demonstra que a empresa precisa vender 1.335 unidades para obter um lucro desejado de 30%, numa política sobre os custos e não levando em conta o custo de oportunidade.

7.16. EXAME TÉCNICO EM CONTABILIDADE 2003-II

01. (3) Considerando os saldos apresentados abaixo e sabendo-se que o estoque final de mercadorias em 31.12.2002 era de R$ 7.200,00, podemos afirmar que o custo de mercadorias vendidas, o total do ativo e o resultado operacional líquido são, respectivamente:

Balancete de verificação em 31.12.200	
Contas	**Saldos**
Caixa	R$ 6.000,00
Capital social	R$ 45.000,00
Clientes	R$ 45.000,00
Compra de mercadorias para revenda	R$ 20.400,00
Depreciação acumulada de móveis e utensílios	R$ 6.360,00
Despesas com aluguéis	R$ 2.400,00
Despesas com depreciação	R$ 3.600,00
Despesas com salários	R$ 7.200,00
Despesas com viagens	R$ 3.600,00
Estoque inicial de mercadorias para revenda	R$ 15.000,00
Fornecedores	R$ 11.040,00
Lucros acumulados	R$ 15.000,00
Móveis e utensílios	R$ 31.800,00
Venda de mercadorias	R$ 57.600,00

a) R$ 28.200,00; R$ 76.440,00 e R$ 16.200,00.
b) R$ 28.200,00; R$ 83.640,00 e R$ 12.600,00.
c) R$ 35.400,00; R$ 76.440,00 e R$ 16.200,00.
d) R$ 35.400,00; R$ 83.640,00 e R$ 6.240,00.

02. (18) Uma indústria mantém um controle individual de seu imobilizado. Em 31.12.2001, os saldos das contas abaixo destacadas eram os seguintes:

Itens	Máquinas e equipamentos	Depreciação acumulada
Máquina A	R$ 35.990,00	R$ 28.640,00
Máquina B	R$ 52.800,00	R$ 44.300,00

As máquinas foram utilizadas em três turnos de 8 horas, em todo o período de 2002. A empresa adota o método das quotas constantes de depreciação, sendo sua vida útil de 10 anos. No balanço de 31.12.2002, considerando-se que o coeficiente adotado é de dois para três turnos de 8 horas, o valor da depreciação no período, de tais máquinas, a ser contabilizado pela empresa, é de:

a) R$ 17.758,00.
b) R$ 15.850,00.
c) R$ 15.698,00.
d) R$ 8.879,00.

03. (20) As informações abaixo destacadas evidenciam um resultado com mercadorias de:

Devolução de vendas de mercadorias	R$ 5.000,00
Estoque final de mercadorias	R$ 12.000,00
Estoque inicial de mercadorias	R$ 8.000,00
Fretes pagos sobre compras de mercadorias	R$ 3.500,00
ICMs incidente sobre as compras de mercadorias	R$ 10.500,00
ICMs incidente sobre as vendas de mercadorias	R$ 22.800,00
Total das compras de mercadorias	R$ 150.000,00
Total das vendas de mercadorias	R$ 190.000,00

a) R$ 12.700,00.
b) R$ 23.200,00.
c) R$ 26.700,00.
d) R$ 28.200,00.

04. (21) Uma empresa comercial adquiriu para revenda, em 02.10.2002, 50 computadores ao preço unitário de R$ 1.500,00 com alíquota de ICMs de 17%, assumindo uma dívida, representada por duas duplicatas vencíveis em 30 e 60 dias. Da data de recebimento da mercadoria até 31.12.2002 ocorreram as seguintes operações:

- Vendeu 15 unidades em 29.10.2002 ao preço unitário de R$ 2.500,00.
- Devolveu 5 unidades em 15.11.2002, por defeito de fabricação.
- Pagou no vencimento, sem qualquer abatimento, a primeira duplicata.
- Em 31.12.2002 transferiu para uso próprio 3 unidades para o departamento de contabilidade.

Considerando o uso do método da média ponderada, o valor do estoque final dessa mercadoria demonstrado no balanço patrimonial em 30.11.2002, é de:

a) R$ 33.615,00.
b) R$ 37.350,00.
c) R$ 40.500,00.
d) R$ 45.000,00.

05. (22) Uma empresa apresentou em sua contabilidade em 31.01.2003 os seguintes dados:

Aluguel de fábrica	R$ 40.000,00
Compra de matéria-prima	R$ 120.000,00
Consumo de matéria-prima	R$ 100.000,00
Custos diversos	R$ 60.000,00
Despesas administrativas	R$ 120.000,00
Despesas de vendas	R$ 80.000,00
Mão de obra da fábrica	R$ 80.000,00

No mês de fevereiro de 2003 foram fabricadas 800 unidades do produto e vendidas 540 unidades a R$ 650,00 cada. O saldo de estoques de produtos acabados e o custo dos produtos vendidos, respectivamente, são:

a) R$ 91.000,00 e R$ 189.000,00.
b) R$ 280.000,00 e R$ 351.000,00.
c) R$ 189.000,00 e R$ 260.000,00.
d) R$ 192.000,00 e R$ 162.000,00.

06. (23) Em determinado período, foram produzidas 5.400 unidades, das quais 400 defeituosas, que foram vendidas pelo valor líquido de

R$ 64.000,00, incluídas as despesas diretas com vendas. Sabendo-se que os custos de fabricação do período importaram em R$ 616.000,00, o custo de cada unidade de peça perfeita foi de:
a) R$ 102,22.
b) R$ 110,40.
c) R$ 114,07.
d) R$ 123,20.

07. (24) Numa ordem de produção foram utilizados R$ 280.000,00 de mão de obra direta e R$ 420.000,00 de matéria-prima. Os custos gerais de produção foram aplicadosa uma taxa de 16% sobre os custos diretos básicos. O custo da ordem de produção é de:
a) R$ 252.000,00.
b) R$ 588.000,00.
c) R$ 812.000,00.
d) R$ 1.288.000,00.

08. (25) Uma empresa tinha zerado seus estoques em 01/08/2002. Durante este mesmo mês realizou as seguintes operações: **de entradas:** no dia 5 um montante de 1.500 unidades ao custo unitário de R$ 11,00, no dia 12 um montante de 1.800 unidades ao custo unitário de R$ 12,00 e no dia 19 um montante de 600 unidades ao custo unitário de R$ 13,00, **de saídas:** no dia 9 um montante de 800 unidades, no dia 16 um montante de 1.300 unidades e no dia 23 um montante de 200 unidades. Considerando o método PEPS os saldos iniciais dos dias 06.08, 17.08 e 20.08, são, respectivamente:
a) R$ 16.500,00; R$ 14.400,00 e R$ 19.800,00.
b) R$ 16.500,00; R$ 13.700,00 e R$ 21.500,00.
c) R$ 16.500,00; R$ 14.064,00 e R$ 21.864,00.
d) R$ 16.500,00; R$ 14.400,00 e R$ 22.200,00

09. (26) Uma empresa apresentava as seguintes informações no sistema de controle de estoque, referentes a um item de matéria-prima, em unidades:

Data	Entrada	Saída	Saldo
31/01/2003	...	...	450

Data	Entrada	Saída	Saldo
08/02/2003	390	...	840
10/02/2003	170	...	1.010
17/02/2003	140	...	1.150
18/02/2003	...	840	310
25/02/2003	...	160	150

Considerando que o estoque inicial foi comprado a R$ 5,10 a unidade e as compras a R$ 6,00, R$ 7,50 e R$ 8,90, respectivamente, o estoque final, apurado pelo método PEPS, é de:

a) R$ 765,00.
b) R$ 1.125,00.
c) R$ 1.321,00.
d) R$ 1.335,00.

7.17. EXAME BACHAREL 2004-I

01. (11) Na produção de dois tipos de tratores, incorreram os seguintes custos:

	Trator A	Trator B
Matéria-prima	R$ 250.000,00	R$ 150.000,00
Mão de obra direta	R$ 125.000,00	R$ 100.000,00

Os custos indiretos de fabricação totalizaram R$ 125.000,00 e foram alocados nos centros de custos Ca e Cb, no montante de R$ 80.000,00 e R$ 45.000,00, respectivamente. Os custos de R$ 80.000,00 pertencentes ao Ca foram rateados proporcionalmente à mão de obra direta aplicada para cada produto, enquanto os de R$ 45.000,00 pertencentes ao Cb foram rateados proporcionalmente à matéria-prima consumida para cada produto. Todos os produtos foram concluídos. Os custos dos produtos acabados – trator A e trator B – foram, respectivamente:

a) Trator A = R$ 375.000,00 e trator B = R$ 250.000,00.
b) Trator A = R$ 427.427,00 e trator B = R$ 322.573,00.
c) Trator A = R$ 447.573,00 e trator B = R$ 302.427,00.
d) Trator A = R$ 455.000,00 e trator B = R$ 295.000,00.

02. (12) Numa ordem de produção, utilizaram-se R$ 280.000,00 de mão de obra direta e R$ 420.000,00 de matéria-prima. Os custos gerais de produção foram aplicados a uma taxa de 16% sobre os custos diretos básicos. O custo da ordem de produção foi de:

a) R$ 252.000,00.
b) R$ 588.000,00.
c) R$ 812.000,00.
d) R$ 1.288.000,00.

03. (13) Uma empresa apresentou, em sua contabilidade em 31.01.2004, os seguintes dados:

Aluguel de fábrica	R$ 40.000,00
Compra de matéria-prima	R$ 120.000,00
Consumo de matéria-prima	R$ 100.000,00
Custos diversos	R$ 60.000,00
Despesas administrativas	R$ 120.000,00
Despesas de vendas	R$ 80.000,00
Mão de obra da fábrica	R$ 80.000,00

No mês de fevereiro de 2004, foram fabricadas 800 unidades do produto e vendidas 540 unidades por R$ 650,00 cada uma. O saldo de estoques de produtos acabados e o custo dos produtos vendidos foram, respectivamente:

a) R$ 91.000,00 e R$ 189.000,00.
b) R$ 189.000,00 e R$ 260.000,00.
c) R$ 192.000,00 e R$ 162.000,00.
d) R$ 280.000,00 e R$ 351.000,00.

04. (14) Em determinado período, foram produzidas 5.400 unidades, das quais 400 unidades defeituosas, que foram vendidas pelo valor líquido de R$ 64.000,00, incluídas as despesas diretas com vendas. Sabendo-se que os custos de fabricação do período importaram em R$ 616.000,00, o custo de cada unidade perfeita foi de:

a) R$ 102,22.
b) R$ 110,40.
c) R$ 114,07.
d) R$ 123,20.

05. (20) A direção de uma empresa apresentou as informações gerenciais para o 2.º semestre de 2004.

Orçamento 2.º semestre de 2004		
Receitas de vendas	R$ 18.000.000,00	100,00%
Custos variáveis	R$ 8.153.600,00	45,30%
Margem de contribuição	R$ 9.846.400,00	54,70%
Custos e despesas fixas	R$ 7.989.600,00	44,39%
Lucro líquido do exercício	R$ 1.856.800,00	10,31%

Sobre o grau de alavancagem operacional e o percentual da margem de segurança da previsão feita pela empresa, para a tomada de decisão sobre o 2.º semestre de 2004, é **CORRETO** afirmar que:

a) A empresa apresentará, no 2.º semestre de 2004, um percentual de margem de segurança da ordem de 80,70%, devido ao grau de alavancagem operacional encontrado, da ordem de 5,30.

b) A empresa apresentará, no 2.º semestre de 2004, um percentual de margem de segurança da ordem de 18,86%, devido ao ponto de equilíbrio encontrado, da ordem de R$ 14.605.622,36.

c) A empresa apresentará, no 2.º semestre de 2004, um grau de alavancagem operacional da ordem de 5,30, devido à proporcionalidade da receita com vendas, em relação à margem de contribuição.

d) A empresa apresentará, no 2.º semestre de 2004, uma margem de segurança da ordem de R$ 3.394.377,64, devido à aplicação do grau de alavancagem ao lucro líquido do exercício esperado.

7.18. EXAME TÉCNICO EM CONTABILIDADE 2004-I

01. (13) A conta custo dos produtos vendidos é debitada pela:
a) Apuração final da estrutura dos custos de produção.
b) Apuração final do Balanço Patrimonial.
c) Baixa das contas de estoque, de produto acabado e pela venda.
d) Baixa das contas de estoque, de produto em processo e pela formação do produto acabado.

02. (18) O balancete de verificação de uma empresa, levantado para fins de apuração do resultado, apresentou, em 31.12.2003, os seguintes dados:

Compras de mercadorias	R$ 420.000,00
Estoque inicial	R$ 150.000,00
ICMS sobre vendas	R$ 95.000,00
Vendas de mercadorias	R$ 700.000,00

O estoque final, segundo o livro de inventário, foi avaliado em R$ 105.000,00. Com base nos elementos acima, é **CORRETO** afirmar que o custo das mercadorias vendidas foi de:

a) R$ 255.000,00.
b) R$ 375.000,00.
c) R$ 420.000,00.
d) R$ 465.000,00.

03. (20) Uma empresa apresenta os seguintes saldos contábeis em seu balancete de verificação:

Compras	R$ 1.600,00
Despesas administrativas	R$ 80,00
Despesas financeiras	R$ 90,00
Devolução de compras	R$ 150,00
Devolução de vendas	R$ 300,00
Estoque final	R$ 600,00
Estoque inicial	R$ 2.800,00
Vendas	R$ 5.400,00

O resultado operacional líquido e o custo das mercadorias vendidas são, respectivamente:

a) R$ 1.280,00 e R$ 3.650,00.
b) R$ 1.430,00 e R$ 3.500,00.
c) R$ 1.580,00 e R$ 3.800,00.
d) R$ 5.230,00 e R$ 3.350,00.

04. (21) O estoque inicial de mercadorias de uma empresa era de R$ 10.000,00 e o final de R$ 20.000,00. O custo das mercadorias vendidas durante o exercício foi de R$ 75.000,00. Do total das compras efetuadas, 60% foram a prazo, correspondendo, portanto, ao valor de:

a) R$ 34.000,00.
b) R$ 45.000,00.
c) R$ 51.000,00.
d) R$ 65.000,00.

05. (22) Analise os dados que se seguem:

Compras de mercadorias para revenda	R$ 280.000,00
Custo de mercadorias vendidas	R$ 232.000,00
Devolução de compras	R$ 21.000,00
Duplicatas a receber	R$ 5.000,00
Empréstimos a pagar	R$ 13.000,00
Estoque inicial	R$ 105.000,00
Fretes sobre compras	R$ 8.200,00
PIS sobre receita operacional	R$ 10.000,00
Vendas de mercadorias	R$ 380.000,00

De acordo com os dados, o estoque final é de:
a) R$ 123.800,00.
b) R$ 140.200,00.
c) R$ 148.400,00.
d) R$ 153.000,00.

06. (24) A conta matéria-prima estará **INCORRETA** quando for:
a) Creditada pelos materiais diretos adicionados a produtos semiacabados.
b) Creditada pelos materiais indiretos adicionados a custos indiretos de fabricação.
c) Debitada pelo custo de aquisição dos materiais.
d) Debitada pelo custo de produtos acabados.

07. (25) Uma empresa tem custo fixo mensal predeterminado no montante de R$ 297.000,00. No mês de fevereiro de 2003, produziu 99.000 unidades de seu produto, incorrendo em R$ 693.000,00 de custo variável. Caso a produção tivesse sido de 74.250 unidades, o valor do custo unitário da produção seria de:

a) R$ 10,00.
b) R$ 11,00.
c) R$ 12,33.
d) R$ 13,33.

08. (26) Examine os dados seguintes.

Compras de mercadorias para revenda	R$ 61.600,00
Devolução de compras	R$ 4.600,00
Estoque inicial	R$ 23.100,00
Fretes sobre compras	R$ 1.800,00
Vendas de mercadorias	R$ 84.000,00

Considerando a margem de lucro de 40% sobre as vendas, o estoque final é de:

a) R$ 20.100,00.
b) R$ 21.900,00.
c) R$ 24.700,00.
d) R$ 26.500,00.

7.19. EXAME BACHAREL 2004-I – CRICIÚMA

01. (4) Analise os saldos contábeis dados a seguir.

Compra de mercadorias para revenda	R$ 280.000,00
Custo de mercadorias vendidas	R$ 232.000,00
Devolução de compras	R$ 21.000,00
Duplicatas a receber	R$ 5.000,00
Empréstimos a pagar	R$ 13.000,00
Estoque final	R$ 140.200,00
Fretes sobre compras	R$ 8.200,00
PIS sobre receita operacional	R$ 10.000,00
Venda de mercadorias	R$ 380.000,00

Com base nestes dados, indique o valor do estoque inicial.

a) R$ 153.000,00.
b) R$ 148.400,00.

c) R$ 123.800,00.
d) R$ 105.000,00.

02. (11) Numa ordem de produção, utilizaram-se R$ 310.000,00 de mão de obra direta e R$ 430.000,00 de matéria-prima. Os custos gerais de produção foram aplicados a uma taxa de 16% sobre os custos diretos básicos. O custo da ordem de produção é de
a) R$ 621.600,00.
b) R$ 740.000,00.
c) R$ 808.800,00.
d) R$ 858.400,00.

03. (12) Uma empresa apresentava as seguintes informações no sistema de controle de estoque, referentes a um item de matéria-prima, em unidades:

Data	Entrada	Saída	Saldo
31/01/2003	...	...	450
08/02/2003	390	...	840
10/02/2003	170	...	1.010
17/02/2003	140	...	.1.150
18/02/2003	...	840	310
25/02/2003	...	160	150

Considere que o estoque inicial foi comprado a R$ 5,10 a unidade e as compras a R$ 6,00, R$ 7,80 e R$ 9,10, respectivamente.

O estoque final, apurado pelo método PEPS é:
a) R$ 1.125,00.
b) R$ 1.321,00.
c) R$ 1.335,00.
d) R$ 1.352,00.

04. (13) Na produção de dois tipos de máquinas industriais, incorreram os seguintes custos:

	Máquina industrial A	Máquina industrial B
Matéria-prima	R$ 220.000,00	R$ 180.000,00

	Máquina industrial A	Máquina industrial B
Mão de obra direta	R$ 100.000,00	R$ 125.000,00

Os custos indiretos de fabricação totalizaram R$ 140.000,00 e foram alocados nos centros de custos C1 e C2, no montante de R$ 90.000,00 e R$ 50.000,00, respectivamente. Os custos do C1 foram rateados proporcionalmente à mão de obra direta aplicada, enquanto os do C2 à matéria-prima consumida. Todos os produtos foram concluídos. Os custos dos produtos acabados foram, respectivamente:

a) Máquina industrial A = R$ 320.000,00 e máquina industrial B = R$ 305.000,00.
b) Máquina industrial A = R$ 347.500,00 e máquina industrial B = R$ 327.500,00.
c) Máquina industrial A = R$ 387.496,00 e máquina industrial B = R$ 377.504,00.
d) Máquina industrial A = R$ 410.000,00 e máquina industrial B = R$ 355.000,00.

05. (14) Uma empresa apresentou, em sua contabilidade em 31.01.2004, os seguintes dados:

Aluguel de fábrica	R$ 50.000,00
Compra de matéria-prima	R$ 110.000,00
Consumo de matéria-prima	R$ 90.000,00
Custos diversos	R$ 80.000,00
Despesas administrativas	R$ 120.000,00
Despesas de vendas	R$ 80.000,00
Mão de obra da fábrica	R$ 80.000,00

No mês de fevereiro de 2004, foram fabricadas 750 unidades do produto e vendidas 480 unidades por R$ 650,00 cada uma. O saldo de estoques de produtos acabados e o custo dos produtos vendidos foram, respectivamente:

a) R$ 108.000,00 e R$ 192.000,00.
b) R$ 147.600,00 e R$ 262.400,00.
c) R$ 192.000,00 e R$ 108.000,00.
d) R$ 238.000,00 e R$ 162.000,00.

06. (20) A direção de uma empresa apresentou em 01.03.2004 as informações gerenciais para o 2.º semestre de 2004.

Orçamento 2.º semestre de 2004		
Receitas de vendas	R$ 35.000.000,00	100,00%
Custos variáveis	R$ 15.680.000,00	44,80%
Margem de contribuição	R$ 19.320.000,00	55,20%
Custos e despesas fixas	R$ 13.790.000,00	39,40%
Lucro líquido do exercício	R$ 5.530.000,00	15,80%

Sobre o grau de alavancagem operacional e o percentual da margem de segurança da previsão feita pela empresa, para a tomada de decisão sobre o 2.º semestre de 2004, é CORRETO afirmar que:

a) A empresa apresentará, no 2.º semestre de 2004, um grau de alavancagem operacional da ordem de 3,49, devido à proporcionalidade da receita com vendas, em relação à margem de contribuição.

b) A empresa apresentará, no 2.º semestre de 2004, uma margem de segurança da ordem de R$ 10.018.115,94, devido à aplicação do grau de alavancagem ao lucro líquido do exercício esperado.

c) A empresa apresentará, no 2.º semestre de 2004, um percentual de margem de segurança da ordem de 28,62%, devido ao ponto de equilíbrio encontrado, da ordem de R$ 24.981.884,06.

d) A empresa apresentará, no 2.º semestre de 2004, um percentual de margem de segurança da ordem de 80,70%, devido ao grau de alavancagem operacional encontrado, da ordem de 3,49.

07. (22) Uma companhia irá investir R$ 375.000,00 no 2.º semestre de 2004 em seus ativos e deseja um lucro correspondente a 8% ao mês. Os dados estimados são: preço de venda unitário R$ 17,50; custo variável unitário R$ 10,00; despesas variáveis 30% do preço de venda e custos fixos e despesas fixas num total de R$ 12.500,00 por mês.

A alternativa CORRETA em relação ao ponto de equilíbrio econômico esperado é:

a) A empresa terá que vender 5.667 unidades para obter R$ 30.000,00 de lucro por mês.

b) A empresa terá que vender 5.556 unidades para obter R$ 30.000,00 de lucro por mês.

c) A empresa terá que vender 8.095 unidades para obter R$ 30.000,00 de lucro por mês.
d) A empresa terá que vender 18.889 unidades para obter R$ 30.000,00 de lucro por mês.

7.20. EXAME TÉCNICO EM CONTABILIDADE 2004-I – CRICIÚMA

01. (8) Considere os dados a seguir.

Compras	R$ 20.000,00
Despesas operacionais	R$ 40.000,00
Devolução de compras	R$ 1.000,00
Devolução de vendas	R$ 4.000,00
Estoque inicial	R$ 8.000,00
Impostos sobre vendas	R$ 8.000,00
Resultado do exercício	R$ 14.000,00
Receita operacional bruta	R$ 80.000,00
Receita não operacionial	R$ 8.000,00

Com base exclusivamente nestas informações, o valor do estoque final é de
a) R$ 2.000,00.
b) R$ 3.000,00.
c) R$ 5.000,00.
d) R$ 6.000,00.

02. (11) A conta custo dos produtos vendidos é debitada pela:
a) Apuração final da estrutura dos custos de produção.
b) Apuração final do balanço patrimonial.
c) Baixa, da conta de estoque, do produto acabado, por venda.
d) Baixa, da conta de estoque, do produto em processo, pela formação do produto acabado.

03. (17) O balancete de verificação de uma empresa, levantado para fins de apuração do resultado, apresentava, em 31.12.2003, os seguintes dados:

Contas	Valores
Compras de mercadorias	R$ 580.000,00

Contas	Valores
Estoque inicial	R$ 250.000,00
ICMS sobre vendas	R$ 144.500,00
Vendas de mercadorias	R$ 850.000,00

O estoque final, segundo o livro de inventário, foi avaliado em R$ 150.000,00. Com base nos elementos acima, é CORRETO afirmar que o custo das mercadorias vendidas foi de:
   a)   R$ 465.000,00.
   b)   R$ 480.000,00.
   c)   R$ 655.000,00.
   d)   R$ 680.000,00.

04. (20) Uma empresa apresenta os seguintes saldos contábeis em seu balancete de verificação:

Contas	Saldos
Compras	R$ 2.600,00
Despesas administrativas	R$ 800,00
Despesas financeiras	R$ 150,00
Devolução de compras	R$ 200,00
Devolução de vendas	R$ 500,00
Estoque final	R$ 1.000,00
Estoque inicial	R$ 3.500,00
Vendas	R$ 8.000,00

O resultado operacional líquido e o custo das mercadorias vendidas são, respectivamente:
   a)   R$ 1.280,00 e R$ 3.650,00.
   b)   R$ 1.430,00 e R$ 3.500,00.
   c)   R$ 1.580,00 e R$ 3.800,00.
   d)   R$ 5.230,00 e R$ 3.350,00.

05. (21) O estoque inicial de mercadorias de uma empresa era de R$ 20.000,00 e o final de R$ 15.000,00. O custo das mercadorias vendidas

durante o exercício foi de R$ 95.000,00. Do total das compras efetuadas, 75% foram a prazo, correspondendo, portanto, ao valor de:
a) R$ 60.000,00.
b) R$ 65.000,00.
c) R$ 67.500,00.
d) R$ 85.000,00.

06. (22) Analise os dados que se seguem.

Compra de mercadorias para revenda	R$ 400.000,00
Custo de mercadorias vendidas	R$ 350.000,00
Devolução de compras	R$ 12.000,00
Duplicatas a receber	R$ 15.000,00
Empréstimos a pagar	R$ 120.000,00
Estoque inicial	R$ 85.000,00
Fretes sobre compras	R$ 6.500,00
PIS sobre receita operacional	R$ 3.250,00
Vendas de mercadorias	R$ 500.000,00

De acordo com os dados, o estoque final é de:
a) R$ 123.000,00.
b) R$ 129.500,00.
c) R$ 135.000,00.
d) R$ 141.500,00.

07. (23) O fluxo básico de atividades de um sistema de contabilidade de custos ocorre na seguinte ordem:
a) Apropriação dos custos indiretos, dos custos diretos aos produtos, apuração do resultado.
b) Apuração dos custos e receitas dos produtos, apuração das margens dos produtos, apuração dos custos diretos.
c) Apuração dos custos indiretos, apuração das margens dos produtos, apuração dos custos diretos.
d) Separação entre custos e despesas, apropriação dos custos diretos a cada produto, rateio dos custos indiretos para alocação a cada produto.

08. (24) O balancete de verificação de uma empresa, levantado para fins de apuração do resultado, apresentava em 31.12.2003 os seguintes dados:

Contas	Valores
Estoque inicial	R$ 50.000,00
Compras de mercadorias	R$ 380.000,00
Vendas de mercadorias	R$ 600.000,00
Despesas de ICMS sobre vendas	R$ 75.000,00

O estoque final, segundo o livro de inventário, foi avaliado em R$ 85.000,00. Com base nos elementos acima, pode-se afirmar que o custo das mercadorias vendidas foi de:
a) R$ 430.000,00.
b) R$ 345.000,00.
c) R$ 270.000,00.
d) R$ 255.000,00.

09. (25) Uma empresa tem custo fixo mensal predeterminado no montante de R$ 450.000,00. No mês de fevereiro de 2003, produziu 100.000 unidades de seu produto, incorrendo em R$ 860.000,00 de custo variável. Caso a produção tivesse sido de 85.000 unidades, o valor do custo unitário da produção seria de:
a) R$ 12,33.
b) R$ 13,10.
c) R$ 13,33.
d) R$ 13,89.

10. (26) Examine os dados seguintes.

Contas	R$
Venda de mercadorias	126.000,00
Fretes sobre compras	2.500,00
Compra de mercadorias para revenda	75.000,00
Estoque inicial	25.000,00
Devolução de compras	4.600,00

Considerando a margem de lucro de 40%, o estoque final é de:
a) R$ 12.500,00.
b) R$ 10.000,00.
c) R$ 7.900,00.
d) R$ 5.400,00.

7.21. EXAME BACHAREL 2004-II

01. (21) Analise as informações abaixo, desconsiderando os aspectos tributários. O custo das mercadorias vendidas e o resultado operacional líquido do período são, respectivamente:

Compras de mercadorias	R$ 55.000,00
Despesas com aluguel	R$ 1.500,00
Despesas com propaganda	R$ 3.000,00
Despesas com salários	R$ 6.000,00
Devolução de compras de mercadorias	R$ 1.000,00
Devolução de vendas de mercadorias	R$ 1.000,00
Estoque final de mercadorias	R$ 10.000,00
Estoque inicial de mercadorias	R$ 20.000,00
Fretes sobre compras de mercadorias	R$ 400,00
Receita com vendas de mercadorias	R$ 80.000,00
Receitas financeiras	R$ 3.000,00
Seguro sobre compras de mercadorias	R$ 1.200,00

a) R$ 62.400,00 e R$ 9.100,00.
b) R$ 63.200,00 e R$ 8.300,00.
c) R$ 65.600,00 e R$ 5.900,00.
d) R$ 67.600,00 e R$ 3.900,00.

02. (24) No mês de agosto de 2004, foi iniciada a produção de 1.700 unidades de um determinado produto. Ao final do mês, 1.400 unidades estavam totalmente concluídas e restaram 300 unidades em processo, as quais estavam 75% acabadas. O custo total de produção do período

foi de R$ 640.250,00. O custo de produção dos produtos acabados e o custo de produção dos produtos em processo são, respectivamente:
a) R$ 527.264,71 e R$ 112.985,29.
b) R$ 551.600,00 e R$ 88.650,00.
c) R$ 555.512,00 e R$ 84.738,00.
d) R$ 640.250,00 e R$ 0,00.

03. (25) Uma companhia fabrica os produtos P1, P2 e P3. Os custos diretos para fabricação dos produtos, no mês de abril de 2004, foram:

	P1	P2	P3
Matéria-prima	R$ 15.000,00	R$ 25.000,00	R$ 10.000,00
Mão de obra direta	R$ 4.000,00	R$ 4.000,00	R$ 2.000,00

Os custos indiretos de produção identificados com os departamentos foram os seguintes:

	Administração geral	Manutenção	Montagem	Acabamento
Mão de obra	R$ 4.500,00	R$ 3.000,00	R$ 10.000,00	R$ 8.000,00
Depreciação	R$ 1.500,00	R$ 2.500,00	R$ 12.000,00	R$ 18.000,00
Materiais	R$ 3.000,00	R$ 1.500,00	R$ 3.000,00	R$ 1.500,00

Os critérios de rateio adotados pelo sistema de custos da empresa são os seguintes:
- Administração geral – percentuais iguais para cada departamento.
- Manutenção – 70% para montagem e o restante para acabamento.
- Montagem – proporcional ao consumo de matéria-prima por produto.
- Acabamento – proporcional à mão de obra direta por produto.

O custo do departamento de montagem, rateado para os produtos P1, P2 e P3, será, respectivamente:
a) R$ 7.500,00; R$ 12.500,00 e R$ 5.000,00.
b) R$ 10.000,00; R$ 10.000,00 e R$ 5.000,00.
c) R$ 10.500,00; R$ 17.500,00 e R$ 7.000,00.
d) R$ 14.000,00; R$ 14.000,00 e R$ 7.000,00.

04. (26) Um fabricante produz malas pequenas, médias e grandes. As malas são vendidas, respectivamente, aos preços de R$ 15,00, R$ 25,00 e R$ 35,00. São vendidos 1.000 modelos de cada tipo, por mês, no mercado nacional, para os quais incorrem em custos variáveis de R$ 7,60 para malas pequenas, R$ 9,40 para malas médias e R$ 11,00 para malas grandes. Os custos indiretos fixos, tais como depreciação, aluguel e supervisão são de R$ 18.000,00, os quais são rateados em função da quantidade produzida. A empresa está operando abaixo de sua capacidade de produção, que é de 4.500 malas mensais. O diretor comercial negociou uma venda de 1.000 malas pequenas para o exterior, ao mesmo preço vendido no mercado local. Para exportar as malas, há um custo adicional de R$ 2,40 por unidade.

Em relação à negociação do diretor, o resultado da empresa irá:

a) Diminuir em R$ 2.400,00.
b) Diminuir em R$ 1.000,00.
c) Aumentar em R$ 500,00.
d) Aumentar em R$ 5.000,00.

05. (27) Uma empresa apresenta os seguintes saldos contábeis, desconsiderando os aspectos tributários: estoque inicial R$ 1.400,00; compras R$ 1.700,00; devolução de vendas R$ 400,00; estoque final R$ 1.600,00; devolução de compras R$ 400,00; receita com vendas de mercadorias R$ 2.600,00; despesas administrativas R$ 260,00; despesas financeiras R$ 240,00. Considerando estes saldos, o custo das mercadorias vendidas e o resultado operacional bruto, respectivamente, são:

a) R$ 1.100,00 e R$ 600,00.
b) R$ 1.100,00 e R$ 1.100,00.
c) R$ 1.500,00 e R$ 600,00.
d) R$ 1.500,00 e R$ 1.100,00.

06. (44) Uma empresa fabrica três produtos: produto A, produto B e produto C, com os seguintes preços, custos diretos e consumo de matéria-prima unitários:

Produto	Preço	Custos diretos	Matéria-prima consumida
A	R$ 300,00	R$ 150,00	5 kg
B	R$ 270,00	R$ 170,00	4 kg

Produto	Preço	Custos diretos	Matéria-prima consumida
C	R$ 200,00	R$ 110,00	2 kg

A mesma matéria-prima é utilizada na fabricação dos três produtos. Numa situação de restrição de quantidade de matéria-prima, para que a empresa tenha o maior lucro possível, os produtos que deverão ter suas produções e vendas priorizadas são:

a) Os produtos B e C, que consomem uma menor quantidade de matéria-prima.
b) Os produtos A e B, que têm o maior preço de venda.
c) Os produtos A e B, que apresentam maior margem de contribuição unitária devido ao seu montante de custos.
d) Os produtos A e C, que proporcionam a maior margem de contribuição por kg de matéria-prima.

07. (45) Uma empresa fabrica um produto que é vendido a R$ 16,00 por unidade e tem custos variáveis totais de R$ 42.000,00 para a produção atual de 6.000 unidades. Sabendo-se que os custos fixos correspondem a R$ 31.500,00 mensais, é INCORRETO afirmar que:

a) O preço de venda de R$ 16,00 cobre o custo unitário de produção de R$ 12,25 numa análise de custeio por absorção.
b) O ponto de equilíbrio contábil foi atingido com 3.500 unidades.
c) O custo total para uma produção de 10.000 unidades será de R$ 122.500,00 numa análise de custeio variável.
d) A margem de contribuição unitária é de R$ 9,00.

08. (46) Uma indústria lança um novo produto e projeta os custos fixos unitários em R$ 100,00 e os custos variáveis unitários em R$ 150,00. Deseja uma margem de lucro de 20% sobre o preço de venda. As despesas variáveis unitárias correspondem a 10% e o somatório dos tributos incidentes é de 23% sobre o preço de venda. Sabendo que é utilizado o custeio por absorção, o preço de venda com o qual se deve trabalhar com base nos custos e na margem de lucro objetivada será de:

a) R$ 229,50.
b) R$ 382,50.
c) R$ 471,69.
d) R$ 531,91.

7.22. EXAME TÉCNICO EM CONTABILIDADE 2004-II

01. (26) Considere os dados a seguir:

Contas	Saldos
Compras de mercadorias	R$ 18.000,00
Despesas operacionais	R$ 41.000,00
Devolução de compras de mercadorias	R$ 3.000,00
Devolução de vendas de mercadorias	R$ 1.500,00
Estoque inicial de mercadorias	R$ 6.000,00
Imposto sobre vendas de mercadorias	R$ 2.000,00
Resultado do exercício	R$ 18.000,00
Receita com vendas de mercadorias	R$ 75.000,00
Receita não operacional	R$ 3.500,00

Com base, exclusivamente, nesta informação, o valor do estoque final de mercadorias é de:
a) R$ 1.500,00.
b) R$ 3.500,00.
c) R$ 5.000,00.
d) R$ 6.500,00.

02. (37) As operações de uma empresa, durante o mês de agosto de 2004, foram:

Abatimento do ICMS sobre compras de mercadorias	R$ 900,00
Abatimento sobre as vendas de mercadorias	R$ 200,00
Aquisições a prazo de mercadorias	R$ 3.000,00
Aquisições à vista de mercadorias	R$ 2.000,00
Despesa com FGTS	R$ 300,00
Devolução de compras de mercadorias	R$ 300,00
Estoque de mercadorias no final do mês	R$ 1.500,00
Estoque de mercadorias no início do mês	R$ 600,00
ICMS sobre vendas de mercadorias	R$ 1.100,00

PIS sobre faturamento	R$ 150,00
Vendas a prazo de mercadorias	R$ 2.300,00
Vendas à vista de mercadorias	R$ 2.800,00

Após efetuar os registros contábeis necessários e fazer a demonstração do resultado do referido mês, a empresa apurou:

a) Resultado operacional líquido de R$ 450,00.
b) Resultado operacional bruto de R$ 900,00.
c) Receita líquida com vendas de R$ 3.850,00.
d) Custo das mercadorias vendidas de R$ 3.800,00.

03. (42) Analise os saldos a seguir do primeiro semestre de 2004 de uma empresa:

Abatimentos concedidos sobre vendas de mercadorias	R$ 600,00
Abatimentos sobre compras de mercadorias	R$ 300,00
Compras brutas de mercadorias	R$ 9.000,00
Descontos incondicionais obtidos sobre compras de mercadorias	R$ 2.100,00
Devolução de compras de mercadorias	R$ 900,00
Estoque de mercadorias em 01.01.2004	R$ 3.000,00
Estoque de mercadorias em 30.06.2004	R$ 1.200,00
Fornecedores	R$ 9.300,00
Receita com vendas de mercadorias	R$ 36.000,00
Vendas de mercadorias canceladas do período	R$ 1.200,00

O valor do custo das mercadorias vendidas e o resultado operacional bruto, em 30.06.2004, é de:

a) R$ 7.500,00 e R$ 26.700,00.
b) R$ 9.900,00 e R$ 26.100,00.
c) R$ 14.100,00 e R$ 20.100,00.
d) R$ 16.800,00 e R$ 17.400,00.

04. (43) Uma empresa realizou seu inventário físico em 01.06.2004, identificando em seu estoque de mercadorias 4.000 unidades, avaliadas ao custo médio unitário de R$ 90,00. Em 07.06.2004, vendeu 3.000 unidades à vista, por R$ 325.000,00, numa operação isenta de tributos de qualquer natureza. O cliente, no dia 11.06.2004, devolveu 10% da compra e ainda conseguiu obter um abatimento de 10% no preço. Considerando essas transações, as únicas do mês de junho, a empresa mantém um estoque, em 30.06.2004, de:

   a) 1.300 unidades a R$ 81,00, totalizando R$ 105.300,00.
   b) 1.300 unidades a R$ 83,25, totalizando R$ 108.225,00.
   c) 1.300 unidades a R$ 85,50, totalizando R$ 111.150,00.
   d) 1.300 unidades a R$ 90,00, totalizando R$ 117.000,00.

05. (44) Os custos de produção de uma determinada empresa, em fevereiro de 2004, foram os seguintes:

- Mão de obra direta – produto X R$ 24.000,00.
- Mão de obra direta – produto Y R$ 6.000,00.
- Materiais diretos – produto X R$ 36.000,00.
- Materiais diretos – produto Y R$ 84.000,00.
- Custos indiretos – R$ 240.000,00.

Considerando que a empresa utiliza o custeio por absorção e adotou como critério de rateio os custos diretos, o custo de produção dos produtos X e Y, no mês de fevereiro de 2004, foi, respectivamente:

   a) R$ 132.000,00 e R$ 258.000,00.
   b) R$ 156.000,00 e R$ 234.000,00.
   c) R$ 180.000,00 e R$ 210.000,00.
   d) R$ 252.000,00 e R$ 138.000,00.

06. (45) Uma determinada indústria, até 30.06.2004, estava produzindo e vendendo 75.000 unidades mensais de seu único produto, ocorrendo um custo variável unitário de R$ 80,00 e o custo fixo unitário de R$ 28,00. A partir de julho de 2004, para atender à demanda de 115.000 unidades feitas pelo mercado consumidor, a empresa passou a produzir 120.000 unidades do seu produto, mantendo inalterada sua estrutura atual de custos. Com base nas informações, o valor, em reais, do estoque final de 5.000 unidades no mês de julho será de:

   a) R$ 400.000,00.
   b) R$ 487.500,00.

c) R$ 540.000,00.
d) R$ 627.500,00.

07. (46) Na contabilização das operações com mercadorias de uma empresa, num ambiente de aumento de preços, utilizando os critérios PEPS e UEPS, é **CORRETO** afirmar que:

a) No sistema UEPS, o estoque final é mais alto.
b) No sistema UEPS, o custo das mercadorias vendidas é mais baixo.
c) No sistema PEPS, o estoque final é mais baixo.
d) No sistema PEPS, o custo das mercadorias vendidas é mais baixo.

08. (47) Uma determinada empresa vendeu 30 unidades de mercadorias, em 20.02.2004. As compras foram realizadas da seguinte forma:

Data	Unidade	Preço unitário	Preço total
20.01.2004	20	R$ 300,00	R$ 6.000,00
18.02.2004	20	R$ 400,00	R$ 8.000,00

Sabendo-se que o custo das mercadorias vendidas foi de R$ 11.000,00, o método de controle de estoques adotado pela empresa é:

a) Média ponderada.
b) PEPS.
c) Preço específico.
d) UEPS.

7.23. EXAME BACHAREL 2011-I

01. (3) Uma sociedade empresária realizou as seguintes aquisições de produtos no primeiro bimestre de 2011:

03.01.2011	40 unidades a R$ 30,00
24.01.2011	50 unidades a R$ 24,00
01.02.2011	50 unidades a R$ 20,00
15.2.2011	60 unidades a R$ 20,00

Sabe-se que:
• A empresa não apresentava estoque inicial.

- No dia 10.2.2011, foram vendidas 120 unidades de produtos ao preço de R$ 40,00 cada uma.
- Não será considerada a incidência de ICMS nas operações de compra e venda.
- O critério de avaliação adotado para as mercadorias vendidas é o PEPS.

O lucro bruto com mercadorias, a quantidade final de unidades em estoque e o valor unitário de custo em estoques de produtos, no dia 28.2.2011, são de:

a) R$ 1.800,00 e 80 unidades a R$ 20,00 cada.
b) R$ 1.885,71 e 80 unidades a R$ 24,29 cada.
c) R$ 1.980,00 e 80 unidades a R$ 23,50 cada.
d) R$ 2.040,00 e 80 unidades a R$ 23,00 cada.

02. (12) De acordo com os dados abaixo e sabendo-se que o estoque final de mercadorias totaliza R$350.000,00, em 31.12.2010, o resultado líquido é de:

Contas	Valor
Caixa	R$ 80.000,00
Capital social	R$ 50.000,00
Compras de mercadorias	R$ 800.000,00
Depreciação acumulada	R$ 65.000,00
Despesas com juros	R$ 110.000,00
Despesas gerais	R$ 150.000,00
Duplicatas a pagar	R$ 355.000,00
Duplicatas a receber	R$ 140.000,00
Estoque inicial de mercadorias	R$ 200.000,00
Móveis e utensílios	R$ 70.000,00
Receita com juros	R$ 80.000,00
Receitas com vendas	R$ 1.000.000,00

a) R$ 170.000,00.
b) R$ 240.000,00.
c) R$ 350.000,00.
d) R$ 390.000,00.

03. (13) Uma indústria apresenta os seguintes dados:

Aluguel de setor administrativo	R$ 80.000,00
Aluguel do setor de produção	R$ 56.000,00
Depreciação da área de produção	R$ 38.000,00
Mão de obra direta de produção	R$ 100.000,00
Mão de obra direta de vendas	R$ 26.000,00
Material requisitado: diretos	R$ 82.000,00
Material requisitado: indiretos	R$ 70.000,00
Salários da diretoria de vendas	R$ 34.000,00
Seguro da área de produção	R$ 38.000,00

Analisando-se os dados acima, assinale a opção **CORRETA**.

a) O custo de transformação da indústria totalizou R$ 302.000,00, pois o custo de transformação é a soma da mão de obra direta e custos indiretos de fabricação.

b) O custo do período da indústria totalizou R$ 444.000,00, pois o custo da empresa é a soma de todos os itens de sua atividade.

c) O custo do período da indústria totalizou R$ 524.000,00, pois o custo da empresa é a soma de todos os itens apresentados.

d) O custo primário da indústria totalizou R$ 208.000,00, pois o custo primário leva em consideração a soma da mão de obra e do material direto.

04. (14) No mês de setembro de 2010, foi iniciada a produção de 1.500 unidades de um determinado produto. Ao final do mês, 1.200 unidades estavam totalmente concluídas e restaram 300 unidades em processo. O percentual de conclusão das unidades em processo é de 65%. O custo total de produção do período foi de R$ 558.000,00. O custo de produção dos produtos acabados e o custo de produção dos produtos em processo são, respectivamente:

a) R$ 446.400,00 e R$ 111.600,00.
b) R$ 480.000,00 e R$ 78.000,00.
c) R$ 558.000,00 e R$ 0,00.
d) R$ 558.000,00 e R$ 64.194,00.

05. (15) Uma matéria-prima foi adquirida por R$ 3.000,00, incluídos nesse valor R$ 150,00 referentes a IPI e R$ 342,00 relativos a ICMS. O frete de R$ 306,00 foi pago pelo vendedor, que enviou o material via aérea, mas a empresa compradora teve que arcar com o transporte entre o aeroporto e a fábrica, que custou R$ 204,00. Considerando-se que os impostos são recuperáveis, o valor registrado em estoques será:

a) R$ 2.508,00.
b) R$ 2.712,00.
c) R$ 3.018,00.
d) R$ 3.204,00.

06. (16) O comprador de uma indústria tem a opção de compra de 5.000 kg de matéria-prima por R$ 2,00 o quilo, à vista, ou R$ 2,20 o quilo, para pagamento em dois meses. Em ambos os casos, incidirá IPI à alíquota de 10% e ICMS à alíquota de 12%, recuperáveis em 1 (um) mês. Considerando uma taxa de juros de 10% ao mês, a melhor opção de compra para a empresa é:

a) à vista, pois resulta em valor presente de R$ 9.000,00, enquanto a compra a prazo resulta em valor presente de R$ 9.900,00;
b) à vista, pois resulta em valor presente de R$ 8.800,00, enquanto a compra a prazo resulta em valor presente de R$ 9.680,00;
c) a prazo, pois resulta em valor presente de R$ 8.000,00, enquanto a compra à vista resulta em valor presente de R$ 9.000,00;
d) a prazo, pois resulta em valor presente de R$ 7.800,00, enquanto a compra à vista resulta em valor presente de R$ 9.000,00.

07. (17) Uma determinada empresa apresentou os seguintes dados referentes ao ano de 2010:

- Estoque inicial igual a zero.
- Produção anual de 500 unidades com venda de 400 unidades.
- Custo variável unitário de R$ 15,00.
- Preço de venda unitário de R$ 20,00.
- Custo fixo anual de R$ 2.000,00.
- Despesas fixas anuais de R$ 350,00.
- Despesa variável unitária de R$ 1,50 para cada unidade vendida.

Sabendo-se que a empresa utiliza o custeio por absorção, seu lucro bruto e o resultado líquido em 2010 são, respectivamente:
a) Lucro bruto de R$ 2.000,00 e lucro líquido de R$ 1.050,00.
b) Lucro bruto de R$ 2.000,00 e prejuízo de R$ 950,00.
c) Lucro bruto de R$ 400,00 e lucro líquido de R$ 50,00.
d) Lucro bruto de R$ 400,00 e prejuízo de R$ 550,00.

08. (18) Uma determinada empresa, no mês de agosto de 2010, apresentou custos com materiais diretos no valor de R$ 30,00 por unidade e custos com mão de obra direta no valor de R$ 28,00 por unidade. Os custos fixos totais do período foram de R$ 160.000,00. Sabendo-se que a empresa produziu no mês 10.000 unidades totalmente acabadas, o custo unitário de produção pelo método do custeio por absorção e o custeio variável são, respectivamente:
a) R$ 46,00 e R$ 44,00.
b) R$ 58,00 e R$ 46,00.
c) R$ 74,00 e R$ 58,00.
d) R$ 74,00 e R$ 74,00.

09. (19) Uma empresa industrial aplicou no processo produtivo, no mês de agosto de 2010, R$ 50.000,00 de matéria-prima, R$ 40.000,00 de mão de obra direta e R$ 30.000,00 de gastos gerais de fabricação. O saldo dos estoques de produtos em elaboração, em 31.7.2010, era no valor de R$ 15.000,00 e, em 31.8.2010, de R$ 20.000,00.
O custo dos produtos vendidos, no mês de agosto, foi de R$ 80.000,00 e não havia estoque de produtos acabados em 31.7.2010. Com base nas informações, assinale a opção que apresenta o saldo final, em 31.8.2010, dos estoques de produtos acabados.
a) R$ 35.000,00.
b) R$ 55.000,00.
c) R$ 120.000,00.
d) R$ 135.000,00.

10. (23) Uma empresa de treinamento está planejando um curso de especialização. Os custos previstos são: custos variáveis de R$ 1.200,00 por aluno e custos fixos de R$ 72.000,00, dos quais R$ 4.800,00 referem-

-se à depreciação de equipamentos a serem utilizados. O curso será vendido a R$ 6.000,00 por aluno. O ponto de equilíbrio contábil se dá com:

a) 10 alunos.
b) 12 alunos.
c) 14 alunos.
d) 15 alunos.

11. (24) Uma fábrica de camisetas produz e vende, mensalmente, 3.500 camisetas ao preço de R$ 5,00 cada. As despesas variáveis representam 20% do preço de venda e os custos variáveis são de R$ 1,20 por unidade. A fábrica tem capacidade para produzir 5.000 camisetas por mês, sem alterações no custo fixo atual de R$ 6.000,00. Uma pesquisa de mercado revelou que ao preço de R$ 4,00 a unidade haveria demanda no mercado para 6.000 unidades por mês.

Caso a empresa adote a redução de preço para aproveitar o aumento de demanda, mantendo a estrutura atual de custos fixos e capacidade produtiva, o resultado final da empresa:

a) aumentará em R$ 2.200,00;
b) aumentará em R$ 200,00;
c) reduzirá em R$ 3.500,00;
d) reduzirá em R$ 800,00.

12. (25) Um analista de custos resolveu aplicar as técnicas de análise do ponto de equilíbrio contábil para verificar o desempenho de uma determinada empresa. Sabia que a empresa vinha vendendo, nos últimos meses, 30.000 pacotes de produtos/mês, à base de R$ 35,00 por pacote. Seus custos e despesas fixas têm sido de R$ 472.500,00 ao mês, e os custos e despesas variáveis, de R$ 15,00 por pacote.

A margem de segurança é de:

a) R$ 223.125,00.
b) R$ 270.000,00.
c) R$ 826.875,00.
d) R$ 1.050.000,00.

13. (26) Uma empresa incorreu nas seguintes operações em determinado mês:

- O departamento de compras comprou matéria-prima no valor de R$ 25,00 e incorreu em gastos próprios no valor de R$ 5,00.
- O departamento de produção recebeu a matéria-prima do departamento de compras e incorreu em gastos próprios no valor de R$ 50,00 para produzir o produto.
- O departamento de vendas recebeu o produto produzido pelo departamento de produção e incorreu em gastos próprios no valor de R$ 20,00.
- O preço de venda para o consumidor final foi de R$ 120,00.

Considerando que a transferência entre os departamentos ocorreu pelo custo total realizado, é **INCORRETO** afirmar que:

a) o custo total do departamento de produção é de R$ 80,00;
b) o custo total do departamento de vendas é de R$ 100,00, dos quais R$ 80,00 transferidos de outros departamentos;
c) o departamento de compras apurou um prejuízo de R$ 30,00;
d) os departamentos de compras e de produção somaram no período receitas com vendas internas no montante de R$ 110,00.

14. (31) Um gestor de empresa tem três cotações de preços de fornecedores diferentes, da mesma quantidade de uma determinada matéria-prima, nas seguintes condições de pagamento:

Fornecedor A	R$ 3.180,00 para pagamento à vista
Fornecedor B	R$ 3.200,00 para pagamento em 1 mês
Fornecedor C	R$ 3.300,00 para pagamento em 2 meses

Considerando as condições de pagamento e um custo de oportunidade de 1% ao mês, é mais vantajoso adquirir a matéria-prima:

a) do fornecedor A;
b) do fornecedor B;
c) dos fornecedores A ou C;
d) dos fornecedores B ou C.

7.24. EXAME TÉCNICO EM CONTABILIDADE 2011-I

01. (3) Uma empresa pagou, em janeiro de 2010, o aluguel do galpão destinado à área de produção, relativo ao mês de dezembro de 2009. O lançamento correspondente ao pagamento do aluguel irá provocar:

a) um aumento nas despesas e uma redução de igual valor no ativo;
b) um aumento nos custos e uma redução de igual valor no ativo;
c) uma redução no ativo e uma redução de igual valor no passivo;
d) uma redução no ativo e uma redução de igual valor no patrimônio líquido.

02. (15) Os gastos com fretes e seguros:

a) quando incorridos pelo vendedor na entrega de mercadorias vendidas, devem ser classificados como custo de mercadorias vendidas;
b) quando incorridos pelo vendedor na entrega de mercadorias vendidas, não alteram o resultado do período;
c) quando incorridos pelo comprador na aquisição de mercadorias para revenda, devem ser classificados como custo de aquisição de mercadorias;
d) quando incorridos pelo comprador na aquisição de mercadorias para revenda, devem ser classificados como despesas comerciais.

03. (19) Uma empresa que trabalha com um único tipo de mercadoria, com saldo inicial de estoques igual a zero, realizou, na ordem abaixo, as seguintes operações:

- 1.ª) Compra de 20 unidades a R$ 30,00 cada.
- 2.ª) Compra de 20 unidades a R$ 35,00 cada.
- 3.ª) Venda de 30 unidades a R$ 55,00 cada.

Tendo em vista que esta empresa adota o método do custo médio ponderado móvel e desconsiderando a incidência de impostos, assinale a opção que apresenta o custo das mercadorias vendidas.

a) R$ 325,00.
b) R$ 900,00.
c) R$ 975,00.
d) R$ 1.050,00.

04. (20) No mês de fevereiro de 2010, a folha de pagamento de uma determinada indústria teve a seguinte composição:

Salários dos funcionários	
Mão de obra direta da produção	R$ 80.000,00
Mão de obra indireta da produção	R$ 30.000,00

Salários dos funcionários	
Pessoal de vendas	R$ 28.000,00
Pessoal de administração	R$ 40.000,00
Seguro de vida dos funcionários:	
Mão de obra direta	R$ 1.200,00
Mão de obra indireta	R$ 500,00
Pessoal de vendas	R$ 400,00
Pessoal da administração	R$ 600,00
Contribuição previdenciária do mês:	
a) Devidas pelo empregador	
Mão de obra direta	R$ 16.000,00
Mão de obra indireta	R$ 6.000,00
Pessoal de vendas	R$ 5.600,00
Pessoal de administração	R$ 8.000,00
b) Devidas pelos empregados	R$ 11.900,00

Durante o mês, foram produzidas 500 unidades de produtos acabados. Com base nas informações disponíveis, assinale a opção que apresenta o custo total com a mão de obra no mês para cada unidade produzida.

a) R$ 267,40.
b) R$ 291,20.
c) R$ 294,60.
d) R$ 356,00.

05. (21) Uma determinada empresa fabrica aparelhos de telefone e tem um total de custos fixos de R$ 200.000,00 por mês; gastos com expedição de R$ 17.600,00 por mês; e custos variáveis de R$ 100,00 por unidade produzida. No mês de março de 2010, o volume produzido e vendido foi de 1.500 aparelhos, por um preço líquido de impostos de R$ 270,00 para cada unidade. O lucro bruto da empresa no referido mês, tomando-se como base o custeio por absorção, foi de:

a) R$ 37.400,00.
b) R$ 55.000,00.

c) R$ 205.000,00.
d) R$ 255.000,00.

06. (22) Uma indústria adquiriu 2.000 componentes eletrônicos para fabricação de seus produtos, pagando por eles R$ 6.600,00. O frete de R$ 800,00 constante em conhecimento anexo à nota fiscal foi pago pelo vendedor. Na nota fiscal de compra, observa-se que compõem o valor pago de R$ 6.600,00 o valor de IPI no montante de R$ 600,00 e o valor de ICMS no montante de R$ 1.080,00, ambos recuperáveis. O custo unitário de aquisição de cada componente é:
a) R$ 2,86.
b) R$ 2,46.
c) R$ 3,30.
d) R$ 2,06.

07. (23) A valoração de estoques, pelo custeio por absorção, contempla:
a) apenas os custos diretos de produção;
b) apenas os custos fixos de produção;
c) todos os custos de produção e de administração;
d) todos os custos de produção.

08. (24) Os saldos das contas apresentados por uma determinada empresa, no mês de agosto de 2010, são:

Item	Saldo
Comissões sobre vendas	R$ 6.000,00
Depreciação de máquinas de produção	R$ 3.500,00
Energia elétrica consumida na produção	R$ 30.000,00
Frete para entrega de produtos vendidos	R$ 4.000,00
Salários e encargos dos operários	R$ 90.000,00
Matéria-prima consumida na produção	R$ 40.000,00
Propaganda	R$ 25.000,00
Salários e encargos do pessoal administrativo	R$ 110.000,00

Os valores dos custos e das despesas são, respectivamente, de:

a) R$ 141.000,00 e R$ 167.500,00.
b) R$ 145.000,00 e R$ 163.500,00.
c) R$ 163.500,00 e R$ 145.000,00.
d) R$ 167.500,00 e R$ 141.000,00.

09. (25) Uma determinada empresa apresentou os seguintes dados referentes ao ano de 2010:

- Estoque inicial igual a zero.
- Produção anual de 500 unidades com venda de 400 unidades.
- Custo variável unitário de R$ 15,00.
- Preço de venda unitário de R$ 20,00.
- Custo fixo anual de R$ 2.000,00.
- Despesas fixas anuais de R$ 350,00.
- Despesa variável unitária de R$ 1,50 para cada unidade vendida.

Sabendo-se que a empresa utiliza o custeio por absorção, o lucro bruto e o lucro líquido dela em 2010, em reais, são, respectivamente:

a) Lucro bruto de R$ 400,00 e lucro líquido de R$ 50,00.
b) Lucro bruto de R$ 2.000,00 e lucro líquido de R$ 1.050,00.
c) Lucro bruto de R$ 400,00 e prejuízo de R$ 550,00.
d) Lucro bruto de R$ 2.000,00 e prejuízo de R$ 950,00.

10. (26) Uma matéria-prima foi adquirida por R$ 3.000,00, incluídos nesse valor R$ 150,00 referentes a IPI e R$ 342,00 relativos a ICMS. O frete de R$ 306,00 foi pago pelo vendedor, que enviou o material via aérea, mas a empresa compradora teve que arcar com o transporte entre o aeroporto e a fábrica, que custou R$ 204,00. Considerando-se que os impostos são recuperáveis, o valor registrado em estoques será:

a) R$ 2.508,00.
b) R$ 2.712,00.
c) R$ 3.018,00.
d) R$ 3.204,00.

11. (27) Uma empresa industrial aplicou no processo produtivo, no mês de agosto de 2010, R$ 50.000,00 de matéria-prima, R$ 40.000,00 de mão de obra direta e R$ 30.000,00 de gastos gerais de fabricação.

O saldo dos estoques de produtos em elaboração, em 31.7.2010, era no valor de R$ 15.000,00 e, em 31.8.2010, de R$ 20.000,00.

O custo dos produtos vendidos, no mês de agosto, foi de R$ 80.000,00 e não havia estoque de produtos acabados em 31.7.2010. Com base nas informações, assinale a opção que apresenta o saldo final, em 31.8.2010, dos estoques de produtos acabados.

a) R$ 35.000,00.
b) R$ 55.000,00.
c) R$ 120.000,00.
d) R$ 135.000,00.

capítulo · 8

Respostas e comentários dos exercícios

8.1. EXAME BACHAREL 2000-I

01. (7): "B"

O custo-padrão é um custo determinado, utilizando-se os princípios contábeis, com base em valores históricos e experiências reais. A sua determinação tem por objetivo o controle dos gastos de produção, principalmente por meio da comparação do custo padrão X real. Além dessa comparação, o custo-padrão visa a avaliar os motivos dessas variações (desvios), bem como suas origens. Sendo assim, a alternativa "a" está errada, já que o custo padrão é baseado em princípios contábeis; além disso, ele se utiliza de experiências reais e não simuladas. A alternativa "c" está errada, pois o custo-padrão até pode estar baseado em custo histórico, mas ele não é apenas para definir o preço de venda, já que o principal objetivo do custo-padrão é o controle dos gastos, bem como avaliar as suas variações e as origens dos desvios resultantes da comparação como custo histórico. A alternativa "d" está errada porque está negando um dos principais objetivos do custo-padrão. Já a letra "b" é a correta, visto que evidencia um dos objetivos do custo-padrão: analisar os fatores de produção em condições normais de fabricação.

02. (8): "C"

Por não terem uma relação direta com os produtos fabricados, para que os custos indiretos de fabricação sejam alocados aos produtos/centros de custos, é necessário eleger uma base de rateio/direcionador de custos, de forma a estabelecer uma relação causal entre eles e os produtos, representada por uma proporcionalidade entre o total dos custos indiretos e a parte proporcional a ser atribuída ao causador do custo (produto e/ou centro de custo).

Além dessa definição, é necessário conhecer o valor total do custo indireto a ser apropriado, bem como o total da base de rateio/direcionador de custos a ser usada e a sua proporcionalidade em relação ao produto/centro de custo que vai receber a parcela de custo indireto. As alternativas "a" e "b" apresentam informações que não são necessárias para a apropriação. Já as alternativas "c" e "d" apresentam, a nosso ver, afirmações que poderiam ser consideradas corretas. A "c" é mais específica para a pergunta, no entanto, entendo que a afirmação "d" também é correta, já que não temos como fazer a apropriação dos custos indiretos se não tivermos o conhecimento do valor total desses gastos. Entre as duas, a "c" apresenta uma informação mais relacionada com a questão apresentada.

03. (9): "B"

Essa questão tem relação com a anterior; a diferença é que a anterior questiona o que se deve saber para apropriar os custos indiretos e essa se refere ao único procedimento incorreto. A questão apresenta uma situação, mas não afirma o que é necessário ou não, só o que é errado. É importante considerar que existem dois tipos de custos indiretos de fabricação: a) custos indiretos fixos, cuja previsão independe do volume de produção e/ou da previsão de outro custo, já que são custos de estrutura e existem independentemente do volume de produção; b) custos indiretos variáveis, os quais têm seu volume diretamente influenciado pelo volume de produção.

Essa questão requer atenção especial porque o mais comum é considerar os custos indiretos como fixos, já que são a grande maioria dos custos indiretos. Diante disso, a forma como foi desenvolvida a questão se justifica se a sua formulação buscava, além do conhecimento de como são determinados os custos indiretos, também avaliar se o aluno conhece a existência dos tipos, bem como se sabe diferenciá-los. Sendo assim, a alternativa "a" apresenta um procedimento necessário para determinar a previsão dos custos indiretos de fabricação variáveis, já que eles dependem do volume de produção. A alternativa "c" apresenta o mesmo procedimento da alternativa "a', com a diferença de que esta informa para que tipo de custo indireto é necessário saber o volume de produção. Como ela explica que é para a previsão dos custos indiretos **variáveis**, a afirmação está correta. Se fossem fixos, estaria errada. A afirmação da alternativa "d" também está correta, já que, nesse caso, os custos indiretos são os fixos, e estes são determinados em função do período, não tendo nenhuma relação com o volume de produção. A alternativa "b" apresenta uma afirmativa errada, pois não existe nenhuma relação entre os custos diretos **fixos** de produção. Considerando-se que o volume dos custos indiretos **variáveis** se altera em função do volume de produção, a afirmação estaria correta se, em vez de custos diretos **fixos** de produção, fosse custos diretos **variáveis** de produção. Sendo assim, a alternativa a ser escolhida (afirmação errada) é a "b". Essa questão também requer do candidato atenção especial, já que exige dele uma análise detalhada de cada expressão que compõe as afirmativas.

04. (10): "B"

A questão informa que o valor do estoque registrado na contabilidade é de R$ 930.000,00 e que o estoque real (inventário) apresenta R$ 890.000,00. Ou seja, a contabilidade apresenta R$ 40.000,00 a mais que o real. Como a conta estoque, na contabilidade, tem saldo devedor, para ajustar esse valor ao valor real é necessário creditar a conta de estoque em R$ 40.000,00 e debitar uma conta de resultado. Sendo assim, as alternativas "a" e "d" estão erradas por estabelecerem um lançamento a débito da conta de estoque quando deveria ser a crédito. A alternativa "c" está errada. Embora ela estabeleça que o lançamento seja a crédito da conta de estoque, informa, erroneamente, a conta a ser debitada, uma vez que a conta custo extraordinário não tem nenhuma relação com a operação. Já a alternativa "b", além de informar que a conta estoque deveria ser creditada em R$ 40.000,00, também informa a conta a ser creditada: custo da mercadoria vendida.

8.2. EXAME TÉCNICO EM CONTABILIDADE 2000-I

01. (26): "D"

O custo de fabricação é composto de todos os gastos relacionados de forma direta ou indireta com a produção dos produtos e somente eles. Esses gastos são denominados custos. Os custos são compostos dos gastos diretos de fabricação (por exemplo: matéria-prima, embalagem, componentes, mão de obra direta) e os custos indiretos, compostos dos gastos gerais de fabricação (por exemplo: mão de obra indireta aplicada na produção; aluguel, depreciação de bens utilizados na produção). Já os gastos relacionados com venda e administração da empresa são considerados despesas e não fazem parte do custo de produção. Sendo assim, as alternativas "a", "b" e "c" representam exemplos de despesas (gastos que não têm relação com a produção, mas com a administração). Já a alternativa "d" representa um exemplo de custo de produção, sendo a única alternativa correta.

02. (27): "A"

Semelhante à questão anterior, essa solicita a identificação da alternativa que represente um custo de fabricação. As alternativas "b" e "c" são exemplos de despesas e não de custos. A alternativa "d" não deixa claro a origem dessa retirada – se é de lucros ou de pró-labore. Se for de lucros, ela não representa nem custo nem despesa, mas distribuição de resultados. Se for de pró-labore, só seria custo se fosse do diretor industrial. Sendo assim, não é possível afirmar que ela é um exemplo de custo de fabricação. Já o apresentado pela alternativa "a" é um exemplo bem evidente de custo de fabricação, uma vez que todo o gasto ocorrido no parque fabril é considerado custo de produção.

03. (28): "B"

O custo fixo é o gasto que ocorre em função da fabricação dos produtos, e seu valor total não varia em função das alterações ocorridas no volume de produção. A alternativa "d", além de não representar um exemplo de custo mas de despesa, é um exemplo de despesa variável, visto que o valor das comissões varia em função do volume de venda. A alternativa "c" apresenta um exemplo de custo variável e não de custo fixo, já que o volume de matéria-prima muda em função do volume de produção. A alternativa "a" apresenta um exemplo de custo que pode ter as duas características: fixa e variável. Quando a mão de obra direta é representada por funcionários que recebem por volume de produção ou representada por atividades manuais, torna-se um custo variável, já que seu valor vai acompanhar a variação ocorrida no volume de produção. Por outro lado, se a mão de obra direta se referir a trabalho especializado e for empregada por empresas com alto volume de mecanização, essa mão de obra poderá ser considerada fixa, já que, para essas firmas, o fato de ocorrer uma queda no volume de produção não é motivo para reduzir seuquadro de funcionários. As empresas preferem mantê-los ociosos, já que os custos de recontratação e treinamento podem ser muito maiores do que o custo da ociosidade. No entanto, grande parte da literatura ainda considera a mão de obra como exemplo de custo variável. Como a questão não informa a que tipo de mão de obra direta se refere, deve-se considerar a regra geral, ou seja, que ela representa um custo variável. Dessa forma, a alternativa "a" está errada. Já a alternativa "b" apresenta um exemplo claro de custo fixo, pois o método de depreciação de forma linear considera que o valor da depreciação deve ser calculado sem considerar o volume produzido, isto é, o valor será igual em todos os meses de sua vida útil. Sendo assim, o valor mensal será fixo, independentemente do volume de produção que ocorrer.

8.3. EXAME BACHAREL 2000-II

01. (1): "C"

Para responder a essa questão, é necessário saber como funciona o sistema PEPS. Esse sistema de controle de estoque estabelece que o **p**rimeiro produto a **e**ntrar é o **p**rimeiro produto a **s**air. Ou seja, o saldo que fica no estoque deve ser aquele que entrou por último. Além disso, é importante saber que, para determinar o custo de compra do produto, será necessário descontar os créditos dos tributos. Na questão, o custo de compra já está descontado do crédito do ICMS. Em relação à informação das vendas, o que interessa é a quantidade, já que o valor da baixa ocorre pelo custo de compra e não pelo valor de venda. A tabela 8.1 evidencia como ocorre o controle de estoque e a definição do saldo com base no PEPS.

TABELA 8.1

Data	Entradas			Saídas			Saldo		
	Quantidade	Custo unitário	Custo total	Quantidade	Custo unitário	Custo total	Quantidade	Custo unitário	Custo total
8.12.1999	30	80,00	2.400,00	...	...	...	30	80,00	2.400,00
16.12.1999	...	...	...	5	80,00	400,00	25	80,00	2.000,00
23.12.1999	40	90,00	3.600,00	...	...	...	25	80,00	2.000,00
...	...	...	...	...	...	...	40	90,00	3.600,00
							65		5.600,00
31.12.1999	...	...	...	20	80,00	1.600,00	5	80,00	400,00
...	...	...	...	...	...	...	40	90,00	3.600,00
							45		4.000,00

Outra forma, mais simples, de encontrar a resposta é definir a quantidade de unidades que estão no estoque (30 – 5 + 40 – 20 = 45). Partindo dessa informação, basta somar os custos das últimas entradas até conseguir valorar as 45 unidades. A última entrada foi de 40 unidades, representando R$ 3.600,00, necessitando de mais cinco unidades para chegar às 45, que estão no estoque. Para isso, é necessário saber qual é o valor total dessas cinco unidades e somar ao valor das 40 da última compra (R$ 3.600,00). O custo das cinco unidades deve ser determinado dividindo-se o valor da compra anterior à última entrada, pelo total das unidades da respectiva compra, multiplicado pelas cinco unidades (R$ 2.400,00 ÷ 30 = R$ 80,00 × 5 = R$ 400,00). Sendo assim, o saldo de estoque é R$ 3.600,00 + R$ 400,00 = R$ 4.000,00.

02. (6): "D"

Para responder a essa questão é necessário saber que, para encontrar o ponto de equilíbrio, em quantidade, precisa-se dividir a soma dos custos e despesas fixas totais pela margem de contribuição unitária. A questão já fornece o valor da margem de contribuição unitária de cada um dos produtos, no entanto, ela não informa o valor do custo fixo total a ser considerado para cada um dos produtos, mas apenas o valor total do custo fixo para os dois produtos. Para distribuir o total do custo entre os dois produtos, é estabelecido que a distribuição deve ser feita com base na participação que cada um dos dois produtos tem na margem de contribuição total. É importante observar que, para fazer esse rateio, é necessário estabelecer a proporcionalidade com base na margem total e não na unitária. A tabela 8.2 apresenta como se deve proceder para distribuir os custos fixos, seguindo as orientações daquestão.

TABELA 8.2

Tipo de lancheira	Quantidade	Margem de contribuição unitária	Margem de contribuição total	Participação	Custo fixo
Exportação	70.000	30,00	2.100.000,00	50%	1.050.000,00
Nacional	42.000	50,00	2.100.000,00	50%	1.050.000,00
Total	112.000	...	4.200.000,00	100%	2.100.000,00

$$PEq\ da\ lancheira\ exportação = \frac{1.150.000,00}{30,00} = 35.000\ unidades$$

$$PEq\ da\ lancheira\ nacional = \frac{1.150.000,00}{50,00} = 21.000\ unidades$$

03. (7): "B" (Anulada)

Semelhante à questão anterior, essa também trata de rateio. Para fazer o rateio de gastos indiretos, é preciso verificar que o custo indireto é apresentado pelo valor total e, portanto, a base de rateio (utilizada para distribuição proporcional) também deve ser considerada pelo total. A seguir evidencia-se uma forma de como proceder, ao se fazerem os rateios dos gastos indiretos.

$$\text{Proporção para rateio} = \frac{\text{Custos indiretos}}{\text{Base de rateio}} =$$

Considerando-se que a questão estabelece o custo indireto do C1 no valor de R$ 32.000,00, sendo distribuído proporcionalmente ao valor da matéria-prima e que o total desta (base de rateio) é de R$ 160.000,00, então, teremos:

$$\text{Proporção p/ rateio} = \frac{\text{Custos indiretos}}{\text{Base de rateio}} = \frac{\text{C. Ind. C1}}{\text{Mat. prima}} = \frac{32.000,00}{160.000,00} = \frac{0,20}{1,00}$$

Isso quer dizer que, para cada R$ 1,00 de matéria-prima consumida, deverá ser atribuído R$ 0,20 de custos indiretos. Sendo assim, se a máquina A consumiu R$ 100.000,00, deverá absorver R$ 20.000,00 (R$ 100.0000,00 × 0,20) dos R$ 32.000,00 de custos indiretos. Já a máquina B deverá receber R$ 12.000,00 (R$ 60.000,00 × 0,20).

A tabela 8.3 apresenta o desenvolvimento de toda a questão, lembrando que a pergunta deseja saber qual é o custo dos estoques prontos (matéria-prima + custos indiretos).

TABELA 8.3

Custos	Máquina A	Máquina B	Total	Custo indireto	
Matéria-prima	100.000,00	60.000,00	160.000,00	32.000,00	0,20
Mão de obra direta	50.000,00	40.000,00	90.000,00	18.000,00	0,20
Soma custo direto	150.000,00	100.000,00	250.000,00	...	...
Custo centro 1	20.000,00	12.000,00	32.000,00	...	...
Custo centro 1	10.000,00	8.000,00	18.000,00	...	...
Custo total	180.000,00	120.000,00	300.000,00	...	...

Observação: essa questão foi cancelada. Acredita-se que o motivo do cancelamento tenha sido o fato de as alternativas se referirem aos centros de custo C1 e C2, quando deveria ser máquinas A e B. Já o custo a ser determinado é do produto e não do centro de custo, mesmo porque a matéria-prima, por ser um custo direto, não passa pelos centros de custos, sendo atribuída, de forma direta, aos produtos. Já os custos indiretos podem passar pelos centros de custos, mas o seu destino final são os produtos. Além disso, a própria questão solicita o valor dos produtos prontos, não o custo total dos dois centros de custos.

Mesmo sem fazer qualquer cálculo, é possível eliminar algumas alternativas (consideradas falsas). A alternativa "c" é falsa, pois o custo de produção C2 (máquina B) não pode ser R$ 100.000,00, já que esse é o valor sem considerar qualquer centavo de custo indireto. Ou seja, qualquer centavo de custo indireto atribuído à máquina B faria com que o valor dela fosse superior ao informado na alternativa. A alternativa "d" também pode ser considerada falsa sem fazer os cálculos (embora não tão evidente quanto a "a"), visto que informa ser o valor dos custos indiretos atribuídos à máquina B (R$ 30.000,00) maior que o da máquina A (R$ 20.000,00), quando os dois valores que servem de base de rateio (matéria-prima e mão de obra) são maiores na máquina A, em relação à máquina B. Ou seja, não é possível uma máquina, que possui valor maior na base de rateio, receber um valor menor dos custos distribuídos.

04. (8): "D"

Essa questão também requer que seja realizado o rateio de custo indireto, porém a base de rateio a ser usada é o total do custo direto. Sendo assim, o primeiro passo é determinar qual é o custo total direto de cada produto e o total geral. Esse total será a base de rateio, e a distribuição será feita com base na proporção entre o total dos custos indiretos e o total de todos os custos diretos.

A tabela 8.4 apresenta todos os cálculos necessários para se chegar à resposta.

TABELA 8.4

Produto	A	B	C	Total
Quantidade	100	200	300	
Matéria-prima	1,50	0,90	0,60	
Mão de obra direta	0,60	0,30	0,25	
Total	2,10	1,20	0,85	
Total custo direto	210,00	240,00	255,00	705,00
Custo unitário indireto	0,525	0,30	0,2125	176,25
Participação do custo indireto em relação ao custo direto				0,25

Proporção p/ rateio = $\dfrac{\text{Custos indiretos}}{\text{Base de rateio}}$ = $\dfrac{\text{C. Ind. C1}}{\text{Custos direitos}}$ = $\dfrac{176{,}25}{705{,}00}$ = $\dfrac{0{,}25}{1{,}00}$

A = 2,10 × 0,25 = 0,525; B = 1,20 × 0,25 = 0,30; C = 0,85 × 0,25 = 0,2125.

O cálculo também poderia ser feito considerando-se, primeiro, o valor total e depois dividindo o valor encontrado pela quantidade.

A = 210,00 × 0, 25 = 52,50 ÷ 100 = 0,525 (assim também com os demais).

Observação: sem fazer qualquer cálculo, é possível eliminar algumas das alternativas (usando raciocínio lógico). As alternativas "a", "b" e "c" são falsas, já que o custo total indireto a ser distribuído entre todas as unidades dos três produtos (A, B e C) é de R$ 176,25, e, no caso da alternativa "b", o custo unitário de uma unidade do produto A (R$ 210,00) já é bem superior ao total dos custos a serem distribuídos. A alternativa "a" também é falsa porque, se uma unidade de A recebesse R$ 52,00 de custos indiretos, o total atribuído às 100 unidades do produto A seria de R$ 5.200,00, bem acima dos R$ 176,25. A alternativa "c" é muito semelhante à alternativa "a", uma vez que, se uma unidade de A recebesse R$ 3,86, o total das 100 unidades representaria um custo total, só para o produto A, de R$ 386,00, bem acima do total a ser distribuído (R$ 176,25). Isso evidencia que, muitas vezes, é possível encontrar a resposta certa sem a necessidade de fazer todos os cálculos. Para isso, é preciso, sempre, antes de responder, verificar se existem informações que permitam eliminar alternativas (consideradas falsas). Isso é muito útil quando não se sabe quais cálculos devem ser feitos para encontrar a resposta certa ou se o tempo para a prova é considerado curto.

05. (9): "B"

Para determinar o ponto de equilíbrio é essencial saber o total dos custos e despesas fixas (R$ 900.000,00) e o valor da margem unitária de contribuição. Para calcular a margem de contribuição é necessário fazer o seguinte cálculo: MCu = PV – CVu – DVu. A questão informa R$ 25,00 como PV e R$ 1.500.000,00 como custo variável total. Como a fórmula requer o valor do custo variável unitário, então, deve-se dividir o custo total variável pela quantidade (100.000) e, com isso, teremos R$ 15,00 como custo variável unitário. Como a questão não faz qualquer menção às despesas variáveis, logo, a MCu é de R$ 10,00 (MCu = 25,00 – 15,00 – 0,00). Com base nessas informações, o ponto de equilíbrio é de 90.000 unidades.

$$PEq = \frac{\text{Custos e despesas fixas totais}}{\text{Margem contribuição unitária}} = \frac{900.000,00}{10,00} = 90.000 \text{ unidades}$$

06. (17): "C"

Essa questão trata da existência de ociosidade porque, ao aceitar um pedido extra, a demanda fica maior que a capacidade. Para resolvê-la, é indispensável encontrar o valor da margem de contribuição total, gerada em função das quantidades vendidas em cada um dos preços, e também o custo total fixo. Para isso, deve-se considerar que a questão informa que o custo fixo unitário é R$ 10,00, quando a produção e venda é de 5.000 unidades, ou seja, o custo fixo total é de R$ 50.000,00. A tabela 8.5 demonstra os cálculos, de forma detalhada, de como encontrar a resposta certa.

TABELA 8.5

Item	Venda normal	Pedido adicional	Total
Preço de venda	35,00	25,00	...
Custo variável unitário	18,00	18,00	...
Margem de contribuição unitária	17,00	7,00	...
Quantidade	4.800	1.000	5.800
Margem de contribuição total	81.600,00	7.000,00	88.600,00
Custo fixo total (10,00 × 5.000)	50.000,00	0,00	50.000,00
Lucro	31.600,00	7.000,00	38.600,00

8.4. EXAME TÉCNICO EM CONTABILIDADE 2000-I

01. (1): "B"

Para encontrar a resposta dessa questão é necessário considerar a seguinte fórmula:

$$CMV = EI + CC - CDC - EF$$

na qual:
- CMV = custo de mercadoria vendida;
- EI = estoque inicial;

- CC = custo das compras;
- CDC = custo das devoluções das compras;
- EF = estoque final.

Selecionando os dados apresentados para essa questão, a resposta é:

- CMV = 1.500,00 + 2.000,00 − 1.700,00 = 1.800,00

02. (2): "C"

Para essa questão, basta identificar quais das contas apresentadas são classificadas como integrantes do ativo: caixa, móveis, utensílios, depreciação acumulada de móveis e utensílios; clientes; estoque.

- Ativo = 1.400,00 + 2.300,00 − 400,00 + 3.000,00 + 1.700,00 = 8.000,00.

03. (3): "B"

Para essa questão, além de identificar todas as contas de receitas e despesas, também é necessário considerar o valor do CMV, calculado na questão anterior.

Receitas: vendas de mercadorias; despesas: despesas com salário, despesas de viagem, despesa com depreciação, despesa com aluguéis e CMV.

- Lucro = 5.000,00 − 1.000,00 − 500,00 − 400,00 − 300,00 − − 1.800,00 = 1.000,00.

04. (19): "B"

A questão pede para identificar o valor das vendas líquidas (receita líquida). A forma mais comum de determinar a receita líquida é subtrair o valor das deduções da receita bruta. No entanto, a questão não informa o valor da receita bruta nem o valor das deduções. Por outro lado, ela informa o valor do lucro bruto. Partindo-se do lucro bruto para chegar à receita líquida, é preciso somar o valor do CPV (indústria) ou CMV (comércio). Sendo assim, para encontrar o valor das vendas líquidas, além do valor do lucro bruto, é necessário descobrir o valor do CPV.

- CPV = EIPP + CPPP − EFPP.
- CPPP = EIPE + CPPE − EFPE.
- CPPE = CMD + MOD + GGF.

Em que:

- CPV = custo dos produtos vendidos;

- EIPP = estoque inicial de produtos prontos;
- CPPP = custo de produção dos produtos prontos;
- EFPP = estoque final de produtos prontos;
- CPPE = custo de produção dos produtos em elaboração;
- CMD = custos dos materiais diretos;
- MOD = custo da mão de obra direta;
- GGF = gastos gerais de fabricação.
- CPV = 63.000,00 + 450.000,00 − 65.000,00 = 448.000,00

> Vendas líquidas = lucro bruto + CPV

- Vendas líquidas = 250.00,00 + 448.000,00 = 698.000,00

05. (20): "B"

Observa-se que a questão trata de CMV (custo de mercadoria vendida = comércio) e não de CPV (custo do produto vendido = indústria). Sendo assim, as informações que se referem a custos de produção não devem ser consideradas.

A fórmula completa do CMV é :

> CMV = EI + CC − CDC − EF

Na qual:
- CMV = custo de mercadoria vendida;
- EI = estoque inicial;
- CC = custo das compras;
- CDC = custo das devoluções das compras;
- EF = estoque final.

Como a questão não informa a variável CDC, então a fórmula correta é:

> CMV = EI + CC − EF; no caso da questão: CMV = EI + C − EF

06. (21): "D"

Para essa questão é necessário considerar:
- PEPS: o primeiro a entrar é o primeiro a sair (para avaliar CMV/CPV) ou o último que entra é o que fica (para avaliar o estoque).

- UEPS: o último a entrar é o primeiro a sair (para avaliar CMV/CPV) ou o primeiro que entra é o que fica (para avaliar o estoque).

O valor de mercado considera que todas as unidades no estoque sejam avaliadas pelo valor de mercado. O custo médio ponderado, a cada entrada, faz uma média ponderada entre as unidades que já estão no estoque com as da entrada. Na saída, as unidades são baixadas com base no custo médio ponderado calculado na entrada; o saldo também será avaliado com o mesmo custo (custo médio ponderado).

A questão informa que o estoque será avaliado pelas primeiras compras, e as saídas são com base nas últimas entradas. Sendo assim, o método utilizado é o UEPS. É importante considerar que, se existem saídas e entradas intercaladas, não se pode afirmar que o estoque, pelo UEPS, será avaliado pelas primeiras que entraram, já que, no final do período, parte das primeiras que entraram já saiu (quando elas representavam as últimas que entraram).

07. (22): "D"

Os custos básicos do custo de produção são matéria-prima, mão de obra direta e os gastos gerais de fabricação.

08. (23): "C"

Considerando-se os custos básicos do custo de produção (matéria-prima, mão de obra direta e os gastos gerais de fabricação) e o fato de a questão informar o total dos gastos e solicitar o valor da matéria-prima, a forma de se encontrar esse valor é utilizar a seguinte equação: matéria-prima + mão de obra direta + gastos gerais de fabricação.

Como a questão informa as alternativas em valores unitários e algumas das informações estão pelo total, é necessário fazer com que todas as informações sejam expressas em valores unitários. A tabela 8.6 demonstra a solução da questão.

TABELA 8.6

Tipo de custo	Custo total	Quantidade	Custo unitário
Custo de produção	200.000,00	10.000	20,00
Custo de mão de obra	80.000,00	10.000	8,00
Gastos gerais de fabricação	30.000,00	10.000	3,00
Custo de matéria-prima	90.000,00	10.000	9,00

Observação: embora essa questão seja fácil, o risco do erro está no fato de que, por informar R$ 200.000,00 como sendo o total do custo de produção, o candidato pode entender que esse valor representa o valor da matéria-prima e fazer a sua soma com o valor da mão de obra direta e dos gastos gerais de fabricação. Quem não prestar atenção a esse fato correrá o risco de somar o valor de R$ 20,00 + R$ 8,00 + R$ 3,00 e chegará ao valor de R$ 31,00 como sendo o valor da matéria-prima. Por outro lado, quem ler com atenção o enunciado da pergunta vai perceber que, mesmo sem resolver a questão, é possível eliminar as alternativas "a" e "b", pois o custo de produção é composto dos três componentes (mão de obra, gastos gerais de fabricação e matéria-prima) e, se esse valor é R$ 20,00 (R$ 200.000,00 ÷ 10.000), então, o valor da matéria-prima não pode ser superior a R$ 20,00 (custo total de produção).

8.5. EXAME BACHAREL 2001-I

01. (9): "A"

O enunciado se refere ao processamento de custo de uma empresa industrial. Sendo assim, o lançamento que NÃO tem a sua origem nesse processamento de custos não pode ter nenhum vínculo com contas que possuam relação com ele. A alternativa "a", por informar a compra de materiais que não apresentam relação com a determinação do custo, é a que apresenta uma afirmação falsa; portanto, é a correta. Todas as demais alternativas representam fatos relacionados ao cálculo dos custos.

02. (10): "B"

Para resolver essa questão é necessário saber que o sistema de apuração do estoque, baseado no custo médio ponderado, considera que toda entrada altera o custo médio do saldo (a não ser que exista coincidência entre o custo da entrada e o do saldo) e, consequentemente, o valor da próxima saída será calculado com base no novo custo médio apurado. Para apurar o custo das mercadorias vendidas, é preciso somar o custo de todas elas e, para o valor do estoque, se deve considerar todas as que não foram vendidas. Para isso, é necessário considerar que as 125 peças enviadas para conserto não deixam de ser da empresa e, portanto, elas devem ser computadas no estoque, no final do período. O certo seria definir dois estoques: um consideraria o saldo sem as 125 que foram para o conserto; o outro consideraria apenas as 125 peças que estão no conserto (estoque em poder de terceiros). Essas 125 peças devem ser consideradas como estoque total da empresa, já que continuam sendo de sua propriedade.

Ao calcular o custo de entrada, é necessário atentar para que todos os gastos realizados na aquisição (desde a compra até a entrada na empresa) devem ser considerados no custo de entrada e serem descontados dos tributos que geram crédito. Já nas saídas, o valor que deve ser utilizado para atualizar o saldo do estoque é o do custo médio registrado no saldo, antes dessa saída. Assim, para registrar a saída, os valores da venda, dos impostos incidentes sobre a venda etc. não devem ser considerados no controle de estoque. Na tabela 8.7 estão evidenciados os cálculos realizados para chegar à resposta, sempre considerando a seguinte equação: estoque inicial + entradas – saídas = estoquefinal.

TABELA 8.7

Entradas			Saídas			Saldo		
Quantidade	Custo unitário	Custo total	Quantidade	Custo unitário	Custo total	Quantidade	Custo unitário	Custo total
...	...	...	...	...	...	100	11,00	1.100,00
300	11,67	3.500,00	...	...	...	400	11,50	4.600,00
...	...	...	200	11,50	2.300,00	200	11,50	2.300,00
150	13,83	2.075,00	...	...	...	350	12,50	4.375,00
50	16,50	825,00	...	...	...	400	13,00	5.200,00
...	...	...	180	13,00	2.340,00	220	13,00	**2.860,00**
Total das entradas		**6.400,00**	CMV		**4.640,00**			

03. (11): "C"

A questão solicita duas informações:

1.ª) O ponto de equilíbrio em quantidade. Para isso, deve-se utilizar a seguinte fórmula: PE (ponto de equilíbrio) = custos e despesas fixas totais ÷ margem de contribuição unitária.

2.ª) Receita que permite à empresa obter lucro líquido de 10% sobre a receita total das vendas. Para isso, é necessário usar a seguinte fórmula: RT (receita total) = custos e despesas variáveis totais + margem de contribuição total. Como a fórmula tem três variáveis, precisa ser ajustada de forma que só permaneça uma, a que estamos procurando

(RT). Para isso, é preciso substituir os custos e despesas variáveis totais por 0,5 RT, já que eles representam 50% da receita de venda. Em relação à margem de contribuição total, deve-se considerar que ela representa a soma do lucro com os custos e despesas fixas totais. O lucro desejado representa 0,1RT, e os custos e despesas fixas totais são informadas pela questão (R$ 80.000,00).

A seguir, são demonstrados os cálculos para identificar a alternativa correta.

- Ponto de equilíbrio em unidades (PE) = 80.000,00 ÷ 16.000,00 = 5 unidades, em que 16.000,00 é a diferença entre o preço de venda (R$ 32.000,00) e a soma dos custos e despesas variáveis (R$ 16.000,00). Como se pode observar, a margem de contribuição representa 50% do preço de venda (da receita).

Receita que gere 10% de lucro sobre a receita de venda. RT = 0,5 RT + 80.000,00 + 0,1 RT → 0,4 RT = 80.000,00 → RT = 80.000,00 ÷ 0,4 = 200.000,00

Observação: é interessante chamar a atenção para o fato de que essa questão, da forma como foi elaborada, permite ao candidato respondê-la sem fazer nenhum cálculo ou, pelo menos, eliminar duas alternativas. Observe que a própria questão informa que, ao vender 40 unidades, a empresa tem R$ 560.000,00 de lucro, ou seja, as alternativas "b" e "d", que informam 40 unidades como ponto de equilíbrio, estão erradas. Restaram as alternativas "a" e "c", ambas informando cinco unidades (quantidade correta). Diante disso, não é necessário calcular o ponto de equilíbrio, basta responder a segunda parte. Como a fórmula para a sua resolução não é bem conhecida, a alternativa mais simples é fazer a prova real das respostas (partir das respostas e fazer o teste de sua veracidade ou não). Para isso, basta observar que 50% da receita é margem de contribuição e que, uma vez descontados os custos e despesas fixas totais, o que sobra é lucro. Sendo assim, a receita de R$ 640.000,00 gera margem de contribuição de R$ 320.000,00 e, descontando-se os custos e despesas fixos totais de R$ 80.000,00, o lucro gerado é de R$ 240.000,00, muito acima dos R$ 64.000,00 (10% de R$ 640.000,00). Com isso, a única alternativa que sobrou foi a "c"; ao testá-la, chega-se a uma margem de contribuição de R$ 100.000,00 e lucro de R$ 20.000,00 (10% de R$ 200.000,00). Se fosse um pouco mais observador, o candidato perceberia que a alternativa que deveria testar primeiro é a "c" (R$ 200.000,00), já que, para obter o valor de receita da alternativa "a" de R$ 640.000,00, seria necessário vender 20 unidades, muito acima do ponto de equilíbrio (cinco unidades), pois cada unidade vendida acima do ponto de equilíbrio representa um lucro de R$ 16.000,00. Ou seja, para gerar um lucro de R$ 64.000,00, seria necessário vender apenas nove unidades, no entanto, as nove só gerariam uma receita de R$ 288.000,00, por isso não confere. Já para conseguir uma receita de R$ 640.000,00, é necessário vender 20 unidades, 15 acima do ponto de equilíbrio (15 × 16.000,00 = 240.000,00 lucro).

04. (12): "B"

Os custos indiretos se referem aos custos que, para serem alocados aos produtos, necessitam de rateio, distribuição proporcional. Como exemplos de custo indireto pode-se citar o aluguel, a depreciação etc. Já o custo direto é aquele facilmente identificado com o produto que o consome (matéria-prima, embalagem, mão de obra direta). Em relação ao custo unitário do produto, ele representa o custo total gasto para a sua fabricação, seja direto ou indireto. É importante observar que a questão requer o custo indireto total e o custo do produto unitário (total dividido pela quantidade produzida).

A tabela 8.8 evidencia os cálculos realizados para a apuração dos resultados.

TABELA 8.8

Custos	Produto A	Produto B	Produto C	Total
Matéria-prima	177.750,00	118.500,00	98.750,00	395.000,00
Mão de obra direta	59.250,00	130.350,00	165.900,00	355.500,00
SUBTOTAL	237.000,00	248.850,00	264.650,00	750.500,00
Proporção CI/CD	0,35	0,35	0,35	**0,35**
Custos indiretos	**82.950,00**	**87.097,50**	**92.627,50**	**262.675.00**
TOTAL	319.950.00	335.947,50	357.277,50	1.013.175,00
Unidades	125	275	350	750
Custo unitário	**2.559,60**	**1.221,63**	**1.020,79**	

Observação: mesmo sem fazer os cálculos, a alternativa "d" é facilmente identificada como falsa porque o total dos custos indiretos (a ser distribuído entre os três produtos) é de R$ 262.675,00, e só o produto C apresenta um valor superior (R$ 264.650,00) ao valor total. A alternativa "c" também pode ser eliminada ao calcularmos o total dos custos de produção dos produtos, considerando custo unitário × quantidade (R$ 4.559,29 × 125 + R$ 1.519,76 × 275 + R$ 723,70 × 350 = 1.241.140,25), e ao compararmos o total dos custos obtidos pela soma de todos os custos (R$ 177.750,00 + R$ 118.500,00 + R$ 98750,00 = R$ 395.000,00 + R$ 355.500,00 + 262.675,00 = R$ 1.013.175,00). Ou seja, como os totais são diferentes, a alternativa "c" está errada. Essas dicas servem para permitir que se consiga eliminar algumas alternativas (reduzir a margem de erro) quando não se sabe quais cálculos devem ser feitos para encontrar a resposta certa.

8.6. EXAME TÉCNICO EM CONTABILIDADE 2001-I

01. (18): "C"

Essa questão requer que o candidato conheça os conceitos e/ou diferenças entre produtos, coprodutos e subprodutos. Como esses conceitos são descritos e comentados na Seção 5.4, *Custos conjuntos*, entendemos ser desnecessário repeti-los. Sendo assim, se a questão deixou alguma dúvida, sugere-se a leitura do referido texto.

02. (19): "B"

Para responder a essa questão, primeiramente calcula-se o custo de produção do período, depois, define-se quanto dessa produção foi vendida e quanto permaneceu no estoque. Para isso, é necessário saber que todos os custos (fixos ou variáveis) devem ser considerados na apuração do custo de produção. Já as despesas (fixas ou variáveis) não devem ser consideradas, pois são gastos que devem ser lançados diretamente no resultado, no período em que ocorrem. Dos dados apresentados, só as despesas administrativas e as despesas de venda não são custos de produção. Desse modo, a solução da questão é obtida da forma a seguir.

- Custo de produção total = 20.000,00 + 50.000,00 + 30.000,00 + + 40.000,00 = 140.000,00
- Custo de produção unitário = 140.000,00 ÷ 200 = 700,00
- Custo dos produtos vendidos: PV = 160 × 700,00 = 112.000,00
- Estoque final dos produtos acabados: EFPA = 40 × 700,00 = 28.000,00

Observação: essa questão pode ser respondida sem a necessidade de se calcular o custo do produto e, consequentemente, o custo dos produtos vendidos e do estoque final. Para isso, basta observar que a empresa produziu 200 unidades, das quais 160 foram vendidas (80% da produção) e que, por consequência, o estoque final é de 40 unidades (20% da produção). Ou seja, o estoque final representa 1/4 (25%) do valor do custo do produto vendido. Percebe-se facilmente que o valor do estoque das alternativas "a" e "c" representa um valor inferior a 10% do valor do custo do produto vendido. Somente com base nessas informações pode-se concluir que ambas estão erradas. A alternativa "d" também pode ser eliminada sem necessidade de muitos cálculos, pois, se considerarmos que 25% de R$ 100.000,00 é R$ 25.000,00, a diferença de R$ 25.000,00 para R$ 28.000,00 (o valor do estoque das alternativas "b" e "d") é de R$ 3.000,00 e essa diferença não poderia representar 25% dos R$ 40.000,00 (diferença entre R$ 140.000,00 e R$ 100.000,00). Já ao se fazer esse mesmo raciocínio em relação à alternativa "b", chegaríamos à conclusão de que R$ 3.000,00 representam 25% de R$ 12.000,00 e, portanto, R$ 28.000,00 é 25% de R$ 112.000,00 e, consequentemente, a alternativa "b" é a correta.

03. (20): "D"

Nessa questão, todos os custos incorridos, desde a sua compra até a entrada na empresa, devem ser considerados na determinação do custo de compra. Dessa soma descontam-se todos os valores dos tributos que geram crédito. Como a questão informa que não existem créditos de tributos a considerar, basta apenas somar os custos, observando-se que o valor de compra é o total das 10 t; os valores do frete e do seguro são por tonelada. Sendo assim, a resposta é obtida mediante o cálculo a seguir.

- Custo total = 100.0000,00 + (10 × 4.000,00) + (10 × 1.600,00)
  = 156.000,00

É importante observar que a questão tem por objetivo testar os conhecimentos em relação aos valores que devem ser considerados para determinar o custo total a ser debitado do estoque, já que não há nenhuma alternativa com o valor de R$ 105.600,00. Se houvesse, evitaria uma escolha errada, caso o candidato não tivesse prestado atenção ao fato de que os gastos de frete e seguro são por unidade. É importante observar que a alternativa "a" informa o valor total considerando apenas o total do preço, enquanto a "b" considera o total do preço mais o total do seguro pago. Já a alternativa "c" apresenta o total do preço pago mais o total do frete. Por fim, a alternativa "d" mostra a soma do valor total dos três itens: preço pago, frete e seguro, sendo essa a correta.

04. (21): "B"

Para essa questão, é necessário saber quais são os custos variáveis (o seu valor total se modifica em função do volume de produção, e o seu valor unitário permanece igual, independentemente do volume de produção) e os custos fixos (o total não se altera quando ocorre mudança no volume de produção, e o seu valor unitário sofre variação inversa à ocorrida na produção, ou seja, se a produção aumenta, o custo unitário fixo diminui e vice-versa). Como o anunciado, diz "considerando os custos", isso significa que todos os valores se referem a custos, não existindo despesas. Caso contrário, seria necessário verificar se houve alguma despesa; havendo, ela deveria ser desconsiderada nos cálculos.

É importante chamar a atenção para o fato de que existem custos que podem ser fixos ou variáveis, dependendo da situação em que ocorrem. Dos seis custos apresentados pela questão existem dois (energia elétrica e mão de obra direta) que podem ter duas classificações (fixas ou variáveis) ocasionando certa dificuldade para definir se são fixos ou variáveis. Uma delas é a energia elétrica – que é fixa quando se refere à iluminação –, porém será variável se for a consumida pelas máquinas.

A energia elétrica referente à iluminação não varia se o volume de produção mudar, mas a consumida nas máquinas, sim. Como a questão não informa se a energia refere-se à iluminação ou ao consumo das máquinas, presume-se que ela se refira à iluminação, sendo, portanto, fixa. Em relação à mão de obra direta, ela será variável se o seu valor alterar em função da mudança ocorrida no volume de produção e será fixa se o seu valor permanecer estável, mesmo quando ocorrer variação no volume de produção. Na nossa literatura, a maioria dos autores a considera variável. Porém, existem muitos outros que alertam sobre o fato de que, por a mão de obra direta não ser paga por tarefa, ela é denominada fixa. Outro ponto alegado para considerá-la fixa é a alta mecanização, cada vez mais presente nas fábricas, associada à necessidade de alta qualificação da mão de obra, o que faz as empresas, mesmo com queda na produção, não reduzirem seu quadro de funcionários, fato que mantém o valor da mão de obra fixa, mesmo com redução de produção (o custo de demitir, recontratar e treinar é maior do que manter a mão de obra direta ociosa). No entanto, todas as provas de concursos a tem considerado como custo variável sempre que não existir informação sobre a sua condição.

Como o enunciado informa que "os custos diretos são variáveis proporcionais", a mão de obra direta e a matéria-prima serão considerados custos variáveis, e a energia elétrica, custo fixo.

É necessário ter um cuidado especial ao tentar responder a essa questão sem fazer todos os cálculos, já que, numa primeira avaliação, a tentação é a de encontrar apenas o custo unitário para a produção das 25 unidades, já que as quatro alternativas apresentam valores diferentes para esse volume de produção. Após encontrado o custo unitário para 25 unidades, está identificada a alternativa correta. O cuidado requerido é para o fato de a questão informar o custo variável pelo seu total, para 20 unidades. Isso quer dizer que, para 25 unidades, o valor unitário permanecerá o mesmo, porém o valor total será maior, na mesma proporção do aumento da produção, que é de 25%. É comum que, ao serem informados os custos varáveis, pelo seu valor total, ocorra um erro ao se considerar esse mesmo valor igual para diferentes volumes de produção. Isso seria um erro primário porque, se o custo variável total muda em função do volume de produção, não é possível que um valor de custo total, ocorrido quando se produz 20 unidades, permaneça o mesmo quando a produção aumenta para 25 unidades.

Ainda em relação a essa questão, é interessante atentar para o fato de o custo de produção ser composto por custos variáveis (que não sofrerão alteração no valor unitário quando ocorrer mudança de volume produzido) e custos fixos (que, no seu total, permanecerão inalterados quando ocorrer mudança de produção, mas no seu valor unitário sofrerá alteração na direção inversa da quantidade produzida). Então, o custo unitário, quando produzidas 20 unidades, deve ser maior que o de 25 unidades produzidas. Ao se produzir mais, o custo fixo será diluído em um volume maior de produtos, fazendo seu valor unitário ser menor; esse valor, somado ao do custo unitário variável – que se mantém estável –, faz o custo unitário total de produção também ser reduzido quando ocorrer um aumento de produção.

Sendo assim, a alternativa "d" deve ser descartada imediatamente, pois o custo informado para 20 e 25 unidades é o mesmo. Para eliminar as demais alternativas sem resolver a questão, é necessário um raciocínio um pouco mais apurado. Para isso, é preciso considerar que a produção atual (20 unidades) representa 80% da nova produção (25 unidades) e que o custo fixo unitário varia na forma inversa; logo, o novo custo fixo unitário deverá representar 80% do anterior. Ou, também, podemos considerar que a produção aumentou em 25% (de 20 unidades para 25); portanto, o custo fixo unitário anterior é 25% maior que o novo, após a alteração de produção. Paralelamente, se consideramos que os custos variáveis unitários não sofrerão alterações com o aumento de produção de 25%, a diferença entre os dois custos totais unitários (custo variável mais custo fixo) deve ser menor que 25%, já que a variável não muda. Quanto maior for a participação do custo variável no total, menor será a alteração. Como na questão apresentada o valor dos custos variáveis (R$ 70.000,00) é mais que três vezes o valor dos custos fixos (R$ 22.000,00), a variação deve ser muito baixa e, portanto, muito abaixo dos 25% ocorridos na produção. Diante disso, as alternativas "a" (R$ 4.600,00 ÷ R$ 3.680,00 = 1,25) e "c" (R$ 3.500,00 ÷ R$ 2.800,00 = 1,25) são falsas. Elas só seriam verdadeiras caso todos os custos considerados fossem variáveis.

De certa forma, essa questão é simples e fácil de ser respondida. Basta observar que, quando ocorrer uma variação de produção, os custos fixos não se alterarão no seu total, mas o seu custo unitário se alterará em razão inversa à mudança ocorrida na produção. Já os custos variáveis têm seu valor total definido em função do volume de produção (mudam na mesma razão e proporção da variação ocorrida na produção), e seu valor unitário permanece igual, independentemente de ocorrerem variações no volume de produção.

A tabela 8.9 evidencia os cálculos realizados para chegar à resposta certa.

TABELA 8.9

Custo/quantidade	Fixo ou variável	20 Unidades		25 Unidades	
Custos		Total	Unitário	Total	Unitário
Aluguel	Fixo	14.000,00	700,00	14.000,00	560,00
Depreciação dos equipamentos	Fixo	3.000,00	150,00	3.000,00	120,00
Energia elétrica	Fixo	4.000,00	200,00	4.000,00	160,00
Mão de obra direta	Variável	40.000,00	2.000,00	50.000,00	2.000,00
Matéria-prima	Variável	30.000,00	1.500,00	37.500,00	1.500,00
Telefone	Fixo	1.000,00	50,00	1.000,00	40,00
Total	...	92.000,00	4.600,00	109.500,00	4.380,00

05. (22): "A"

A questão requer duas informações: 1.ª) o custo unitário de fabricação dos produtos é obtido pela divisão da soma **de todos e somente** os custos de produção (matéria-prima consumida + mão de obra empregada + gastos

Capítulo 8 – Respostas e comentários dos exercícios 181

gerais de fabricação) pela quantidade produzida; 2.ª) custo total da matéria-prima. Esse valor é o mesmo que deve ser utilizado para o cálculo do custo de produção e é conseguido pela seguinte equação (sempre considerando apenas a matéria-prima): estoque inicial + compras – devoluções a fornecedores – estoque final = consumo.

Como o enunciado não fornece o valor das compras, é necessário determinar o consumo de matéria-prima pela primeira fórmula, ou seja, de forma regressiva, partindo-se do custo do produto vendido para chegar ao custo total de produção e, depois, com essa informação, achar por diferença o valor da matéria-prima consumida.

Custo total da produção pronta = custo do produto vendido + estoque final de produto acabado – estoque final de produto acabado.

- Custo total de produção pronta = 320.000,00 + 1.200.000,00 –
  – 160.000,00 = 1.360.000,00

Custo da produção do mês = custo da produção pronta + estoque final de produto em andamento – estoque final de produto em andamento.

- Custo da produção do mês = 1.360.000,00 + 0,00 – 0,00
  = 1.360.000,00

Conforme informado anteriormente, o custo da produção do mês também pode ser obtido pela seguinte equação: custo da produção do mês = matéria-prima consumida + mão de obra empregada + gastos gerais de fabricação.

Com base nessa equação, pode-se chegar ao valor da matéria-prima consumida.

1.360.000,00 = matéria-prima consumida + 400.000,00 + 360.000,00

- Matéria-prima consumida = 1.360.000,00 – 400.000,00 –
  – 360.000,00 = 600.000,00

Observação: essa questão pode ser resolvida sem a necessidade de se fazer todos os cálculos informados. Para isso, basta saber que o custo unitário de produção é composto de mão de obra direta + custos indiretos de fabricação + matéria-prima. Com base nessa informação, as alternativas "c" e "d" seriam, de imediato, descartadas, já que se o custo unitário fosse de R$ 10.000,00 e a produção de 32 unidades, resultaria um valor total de custo de produção de apenas R$ 320.000,00. Esse valor é inferior ao montante dos custos indiretos de produção. Sobrariam ainda duas alternativas, porém 50% delas já teriam sido eliminadas e, com isso, a probabilidade de acerto seria de 50%, diante dos 25% anteriores. Para se eliminar outra alternativa, uma opção seria verificar se o valor da soma dos números da matéria-prima, nas alternativas "a" e "b", mais os números da mão de obra direta e os dos gastos de fabricação, informados no enunciado da questão, divididos pela quantidade produzida, resultam em um valor de custo unitário diferente do informado, conforme demonstrado a seguir:

- Alternativa "a" (R$ 400.000,00 + R$ 360.000,00 + R$ 600.000,00) ÷ ÷ 32 = R$ 42.500,00
- Alternativa "b" (R$ 400.000,00 + R$ 360.000,00 + R$ 540.000,00) ÷ ÷ 32 = R$ 42.625,00

Ou seja, mesmo que o valor do custo unitário, obtido pelo cálculo na alternativa "b", seja igual ao informado, o valor da matéria-prima (R$ 540.000,00) e o custo unitário (R$ 42.625,00) estão errados, e, nesse caso, a alternativa também está errada. Sendo assim, essa técnica não foi eficiente.

06. (23): "D"

Essa questão requer que o candidato saiba calcular o valor do custo da mercadoria vendida, bem como os gastos que fazem parte do custo da mercadoria comprada. A fórmula completa que deve ser utilizada para o cálculo do custo da mercadoria vendida é a seguinte:

Custo da mercadoria vendida = estoque inicial de mercadorias + custo das compras (1) − custo das devoluções de compras (2) − estoque final de mercadorias.

(1) O custo deve conter **todos e somente** os gastos realizados na compra (mercadoria, frete, seguro) descontando-se os valores dos tributos que geram direito de crédito.

(2) O custo da devolução de compra deve ser o mesmo custo que foi registrado na entrada da referida mercadoria que está sendo devolvida ao fornecedor.

Considerando-se essa fórmula, o valor do custo da mercadoria vendida é:

- CMV 62.200,00 + (342.000,00 + 15.800,00 − 23.940,00) − − 33.700,00 − 78.550,00 = 283.810,00

8.7. EXAME BACHAREL 2001-II

01. (9): "D"

A questão, para ser resolvida, requer os mesmos conhecimentos evidenciados no comentário da questão nº 5 (22) do exame para Técnico em Contabilidade 2001-I. Em relação ao custo apropriado à produção, os valores dos três componentes que formam o custo de produção (matéria-prima, mão de obra direta e gastos gerais de fabricação) são informados; então, para se obter o resultado, basta somar os valores que correspondem aos três componentes.

- Custos apropriados à produção = 400.000,00 + 25.000,00 +
  + 80.000,00 + 15.000,00 +
  + 3.000,00 + 70.000,00 +
  + 2.000,00 = **595.000,00**

Observação: como só existe uma alternativa com o valor de R$ 595.000,00 (a letra "d"), não é necessário calcular o valor da segunda variável (custo dos produtos vendidos). Essa percepção pode contribuir muito na redução do tempo necessário para achar a resposta, já que o curto tempo disponível tende a ser um fator de impedimento para se conseguir resolver todas as questões. Uma dica é observar as respostas antes mesmo de começar a responder porque, desse modo, fica evidente que o candidato deverá apenas calcular o custo de produção, já que as quatro alternativas apresentavam valores diferentes. Mesmo assim, se o candidato dispuser de tempo, é aconselhável fazer, também, o cálculo da segunda variável, de forma que ratifique sua escolha ou, se chegar a um valor diferente daquele que está na alternativa já definida, com base no valor da primeira variável, é prudente rever os cálculos, pois pode ser que a primeira escolha esteja errada, embora tenha apurado um valor existente.

De qualquer forma, seguem os cálculos de como encontrar o valor do custo dos produtos vendidos (até porque a questão nº 3 (11) requer que se saiba esse valor).

CPV = estoque inicial de produtos prontos + custos
da produção pronta − estoque final de produtos prontos

A questão informa os valores dos estoques inicial e final dos produtos prontos (também denominados acabados, fabricados); no entanto, não é informado o custo da produção pronta, devendo ser determinado pela seguinte fórmula:

Custo da produção pronta = estoque inicial de produtos em elaboração +
custos apropriados à produção − estoque final de produto em elaboração

- Custo da produção pronta = 40.000,00 + 595.000,00 −
  − 20.000,00 = 615.000,00
- CPV = 40.000,00 + 615.000,00 − 20.000,00 = **635.000,00**

02. (10): "B"

A questão é uma continuidade da anterior, e seu o cálculo já foi demonstrado. Veja:

> Custo da produção pronta = estoque inicial de produtos em elaboração + custos apropriados à produção − estoque final de produto em elaboração

- Custo da produção pronta = 40.000,00 + 595.000,00 −
  − 20.000,00 = **615.000,00**

03. (11): "B"

A questão é uma continuidade das duas anteriores e, para determinar seu lucro bruto, basta diminuir do valor das vendas (valor informando no enunciado) o valor do custo do produto vendido, calculado na questão nº 1 (que tem o mesmo enunciado desta), já que a questão não informa nenhum valor referente às deduções da receita bruta. A fórmula completa para determinação do lucro bruto é a seguinte:

> Lucro bruto = receita de vendas − deduções da recita bruta − CPV

- Lucro bruto = 650.000,00 − 635.000,00 = **15.000,00**

04. (12): "C"

Para se resolver essa questão, basta comparar o custo atual (15 × 45.000,00 = 675.000,00) e o custo gerado, considerando uma redução de 20% no custo unitário (de R$ 45.000,00 para R$ 36.000,00) e um aumento de 20% no volume (de 15 kg para 18 kg). Assim, o novo custo é de R$ 648.000,00 (18 × R$ 36.000,00) e a diferença favorável entre os dois é de R$ 27.000,00 (R$ 675.000,00 − 648.000,00). Por uma questão matemática, sempre que ocorrer uma variação de x% (seja para mais ou para menos) em um dos elementos que fizerem parte de uma multiplicação (multiplicando ou multiplicador), a variação no resultado (produto) será igual à variação ocorrida no multiplicando ou no multiplicador. Se ocorrer a variação simultânea, nos dois elementos, sendo uma para mais e outra para menos, a diferença final será igual ao produto dessas duas variações. No caso da questão ora abordada, um dos elementos sofre um aumento de 20% e o outro uma redução de 20%; sendo assim, o custo do produto terá uma redução de 4% [+ 20% × (–20%) = –4%]. Desse modo, a resposta deve representar uma redução de 4% em relação ao custo total e, nesse caso, duas das quatro alternativas apresentadas ("a" e "b") serão descartadas por informarem que o resultado seria desfavorável, ficando apenas as alternativas "c" e "d", que informam ser o resultado favorável (redução do custo). Usando-se o percentual de –4%, a resposta seria obtida da seguinte forma: custo atual × percentual de redução, ou seja, R$ 675.000,00 × (–4%) = –R$ 27.000,00.

05. (17): "B" (questão anulada por incorreção nos valores apresentados nas alternativas, sendo por nós ajustados; assim, foi possível determinar uma resposta correta).

Para resolver essa questão, deve-se observar que, quando a empresa possui ociosidade, ao atender um pedido extra (desde que não ultrapasse a capacidade) somente os custos variáveis é que aumentam, já que os custos fixos existentes não sofrem alteração se a capacidade está sendo usada em sua íntegra ou apenas parcialmente. Assim, para calcular o lucro do pedido extra, basta determinar a margem de contribuição unitária e multiplicar pela quantidade do pedido. Depois de determinar o lucro do pedido extra, calcula-se o lucro gerado pelas vendas normais. Para isso, é necessário encontrar o valor da margem de contribuição total gerada pelas vendas normais, bem como o valor dos custos fixos que a empresa tem. Para fins do cálculo do valor dos custos fixos, é preciso considerar a quantidade produzida antes de aceitar o pedido extra. Para determinar o valor da margem das vendas normais, considera-se que, em função de o pedido extra ser em quantidade superior à ociosidade, a margem gerada será com base na quantidade determinada pela diferença entre a capacidade de produção e o pedido extra.

Com base nessas informações, os cálculos devem ser assim realizados:

1) Determinação do valor dos custos fixos (valor que permanece o mesmo, independentemente do volume de produção).

- Custo fixo = R$ 26,00 × 13.000 = 338.000,00

2) Margem de contribuição total do pedido extra:

Margem de contribuição unitária = preço de venda
– custos variáveis – despesas variáveis

- Margem de contribuição unitária = R$ 65,00 − R$ 46,80
  = R$ 18,20
- Margem de contribuição total do pedido extra = 2.600 × R$ 18,20
  = R$ 47.320,00

3) Margem de contribuição total das vendas atuais, considerando o atendimento do pedido extra.
- Margem de contribuição unitária = R$ 91,00 − R$ 46,80
  = R$ 44,20
- Margem de contribuição total das vendas normais = 12.480 × R$ 44,20 = R$ 551.616,00

4) Lucro considerando o pedido extra e as vendas normais, dentro da capacidade.

Margem de contribuição total do pedido extra	R$ 47.320,00
Margem de contribuição total das vendas normais	R$ 551.616,00
Custos fixos totais	− R$ 338.000,00
Lucro total	R$ 260.936,00

06. (18): "B" (questão anulada por incorreções nos valores apresentados nas alternativas, sendo por nós ajustados; assim, foi possível determinar uma resposta correta).

Considerando-se os valores e comentários da questão anterior, para responder a essa questão basta desconsiderar a margem de contribuição total gerada pelo pedido extra e recalcular a margem de contribuição total das vendas atuais, considerando-se a quantidade total vendida, antes de aceitar o pedido extra.

Lucro considerado, sem o pedido extra e as vendas normais atuais:

Margem de contribuição total R$ 44,20 × 13.000 →	R$ 551.616,00
Custos fixos totais	− R$ 338.000,00
Lucro total	R$ 236.600,00

Embora nenhuma das questões solicite avaliar se é vantajoso ou não aceitar o pedido extra, entende-se ser interessante aproveitar os dados para verificar essa possibilidade. Considerando os valores dos lucros apurados com e sem o pedido extra, observa-se que com ele o lucro é R$ 24.336,00 maior (R$ 260.936,00 − R$ 236.600,00). Esse resultado pode ser obtido de outra forma: computando a diferença entre o ganho e a perda da margem de contribuição gerada em função da aceitação do pedido extra.

Ganho de margem de contribuição total do pedido extra	= 2.600 × 18,20	= 47.320,00
Perda de margem por redução de quantidade ao atender o pedido extra	= (520) × 44,20	= (22.984,00)
Ganho ou (perda) ao aceitar o pedido extra		= 24.336,00

Esse cálculo é necessário sempre que o pedido extra exigir que parte das vendas atuais seja renunciada para atendê-lo. Se o pedido extra não ultrapassar a ociosidade existente, todo o valor de margem de contribuição gerado por ele representará o valor que o lucro aumentará ao aceitá-lo.

07. (19): "C" (questão anulada por incorreções nos valores apresentados nas alternativas, sendo por nós ajustados; assim, foi possível determinar uma resposta correta).

A resolução dessa questão é muito semelhante à anterior, com apenas uma alteração no número de unidades vendidas. Considerando-se que a empresa vende 13.000 e possui ociosidade de 2.080 unidades, sua capacidade de produção é de 15.080 unidades.

Para a determinação do lucro solicitado, deve-se considerar que toda a capacidade disponível (15.080 unidades) será utilizada para atender as vendas nas condições que são vendidas as 13.000, desconsiderando-se as informações em relação ao pedido extra. Assim, a solução é a seguinte:

Margem de contribuição total R$ 44,20 × 15.080 →	R$ 666.536,00
Custos fixos totais	– R$ 338.000,00
Lucro total	R$ 328.536,00

8.8. EXAME TÉCNICO EM CONTABILIDADE 2001-II

01. (13): "D"

A conta de custo do produto vendido é uma conta de resultado (despesa) que registra, conforme o próprio nome evidencia, o custo de produtos que, antes de serem vendidos, estão no estoque (de produtos prontos). Por ser uma conta de despesa, a conta do custo dos produtos vendidos será debitada pelo registro da venda do produto acabado, baixado do estoque e creditada no encerramento do exercício, contra a conta que apura o resultado do período. É importante registrar que muitas empresas creditam diretamente essa conta, também, para registrar o estorno do custo do produto vendido quando é devolvido pelo cliente. Outras empresas registram em conta redutora, mas, na prática, não deixa de ser um crédito na conta do custo do produto vendido. Com base nesses comentários e nas situações que elas apresentam, as alternativas "a" (o débito dessa transação ocorre contra a conta de estoque de produtos prontos), "b" (o débito dessa transação ocorre contra a conta de estoque de produtos em elaboração) e "c" (não existe apuração final do balanço patrimonial e, portanto, não há que se falar em debitar qualquer conta na apuração do balanço patrimonial) estão erradas, ficando apenas a "d" como verdadeira.

02. (16): "A"

O princípio da prudência estabelece que, existindo duas formas de avaliar um ativo, sendo as duas válidas, deve ser escolhida a que resultar em avaliação menor. Além disso, existe uma regra específica para avaliação dos estoques, pela qual a definição de seu valor deve ser considerada o menor entre o custo de produção/aquisição e o valor de mercado. Sendo assim, a única alternativa correta é a da letra "a".

03. (21): "B"

PEPS quer dizer "o primeiro a entrar é o primeiro a sair", ou seja, os valores que são considerados na saída são sempre na ordem de entrada. Dessa forma, também é correto dizer que permanece no estoque o último que entra. Para se responder a essa questão existem duas formas: 1.ª) fazer os cálculos relacionados ao controle permanente de estoques; 2.ª) determinar o volume total de unidades vendidas e o seu respectivo custo, considerando sempre que as primeiras que entram são as primeiras que saem.

Cálculo considerando o controle permanente de estoque (Tabela 8.10).

TABELA 8.10

Entradas			Saídas			Saldo		
Quantidade	Custo unitário	Custo total	Quantidade	Custo unitário	Custo total	Quantidade	Custo unitário	Custo total
						18	1,80	32,40

Entradas			Saídas			Saldo		
Quantidade	Custo unitário	Custo total	Quantidade	Custo unitário	Custo total	Quantidade	Custo unitário	Custo total
20	2,00	40,00				18	1,80	32,40
						20	2,00	40,00
Saldo total considerando os dois custos diferentes						38		72,40
12	1,90	22,80				18	1,80	32,40
						20	2,00	40,00
						12	1,90	22,80
Saldo total considerando os três custos diferentes						42		95,20
			18	1,80	32,40			
			7	2,00	14,00			
			25		46,40	13	2,00	26,00
						12	1,90	22,80
Saldo total considerando os dois custos diferentes						25		48,80
10	2,10	21,00				13	2,00	26,00
						12	1,90	22,80
						10	2,10	21,00
Saldo total considerando os três custos diferentes						33		69,80
			13	2,00	26,00			
			7	1,90	13,30			
			20		39,30	5	1,90	9,50
						10	2,10	21,00
Saldo total considerando os dois custos diferentes						15		30,50
			45		85,70	15		30,50
Total das entradas		83,80	CMV		85,70	Estoque final		30,50

Tomando por base o total das quantidades vendidas e determinando o CMV com base nas primeiras entradas.

Total das unidades vendidas	25 + 20	= 45 unidades
Estoque inicial	18 × 1,80	= 32,40
Primeira compra	20 × 2,00	= 40,00
Segunda compra (para completar as 45 vendidas)	7 × 1,90	= 13,30
Total do CMV referente às 45 unidades vendidas	45	85,70

04. (22): "A"

Para encontrar a resposta dessa questão, é necessário considerar a fórmula básica e conhecida para calcular o CMV: CMV = EI + CC − CDC − EF. Embora a questão peça o estoque final e não o CMV, a fórmula a ser usada é mesma, pois a variável que representa a incógnita a ser encontrada (EF) está depois do sinal de igual, junto com outras variáveis. O isolamento da incógnita pode ser feito durante a resolução da questão ou ajustando a fórmula antes de iniciar a resolução, invertendo-se o lugar do CMV com o EF:

EF= EI + CC − CDC − CMV

- CMV = custo de mercadoria vendida;
- EI = estoque inicial;
- CC = custo das compras;
- CDC = custo das devoluções das compras;
- EF = estoque final.

Selecionando os dados apresentados para essa questão, a resposta é:

- EF = 85.000,00 + 250.000,00 + 5.500,00 − 18.500,00 −
  − 217.000,00 = 105.000,00

05. (23): "D"

Para se chegar à resposta dessa questão é necessário considerar que os custos de produção (custos que formam o custo de uma ordem de produção) são formados por três componentes: mão de obra direta, matéria-prima e gastos gerais de fabricação. Os dois primeiros são considerados custos diretos (são alocados aos produtos de forma direta, sem a necessidade de rateios); o último é representado pelos custos indiretos de produção, que são distribuídos aos produtos por meio de critérios de proporcionalidade (rateio). Como a questão informa os valores dos dois primeiros componentes e, também, que os últimos representam 35% dos custos diretos (mão de obra direta e matéria-prima), basta somar os dois custos diretos informados e adicionar 35%, por conta dos custos indiretos. É importante observar que, mesmo a questão não informando ser a matéria-prima um custo direto, ela sempre será considerada custo direto pelo fato de que a sua alocação aos produtos é feita de forma direta. Além disso, para tirar qualquer dúvida, o enunciado da questão diz que "os custos indiretos de produção foram aplicados a uma taxa de 35% sobre os custos diretos". Isso quer dizer que todos os custos indiretos foram atribuídos com base na participação (35%) dos custos diretos e, portanto, todos os valores informados se referem a custos diretos.

Matéria-prima	90.000,00
Mão de obra direta	60.000,00
Total dos custos diretos	150.000,00
Custos indiretos 35%	52.500,00
Total dos custos de produção	202.500,00

Observação: ao considerar que o custo de produção de uma ordem é composto pelo valor dos três componentes de custo (mão de obra direta, matéria-prima e gastos gerais de fabricação), percebe-se que o valor informado pelas três primeiras alternativas é inferior ao valor da soma dos custos diretos (informados na questão), ou seja, elas estão erradas. Dispensa-se qualquer tipo de cálculo para identificar a alternativa correta, já que só sobra a alternativa "d" (a correta). O grande risco é, nesse tipo de questão, o candidato achar que ela pede apenas o valor dos custos indiretos alocados à ordem de produção. Se a questão pedisse isso, a resposta certa seria a alternativa "a". Ou seja, por mais simples que seja a questão, ela pode induzir a escolha de uma alternativa errada, caso não se faça uma leitura atenta do enunciado.

06. (24): "C"

Os diferentes métodos de controle de estoque se diferenciam na forma de determinar o custo unitário de cada produto, para fins de saída e saldo. Já o valor das entradas, quando for de compras, não se altera, visto que é determinado pela compra. No entanto, o custo de entrada do estoque de produtos prontos pode variar em função do método utilizado no controle de estoque de produtos em elaboração (origem do valor de entrada do estoque de produtos prontos). Sendo assim, numa primeira avaliação poderia surgir a dúvida se a alternativa "d" não é a verdadeira. Ela seria verdadeira se informasse o "custo do produto comprado", mas informa apenas o "custo do produto". Logo, esse custo pode ser de produtos prontos e, nesse caso, o seu valor depende do método utilizado. Por outro lado, a informação expressa na alternativa "c" não deixa qualquer dúvida de que ela é a alternativa correta (valor que é o mesmo, independentemente do método utilizado), já que o *preço de compra* não sofre qualquer interferência do método utilizado no controle de estoque. O preço de compra é definido numa transação comercial e não pelo método de controle de estoque. A alternativa "c" também seria considerada correta se no enunciado constasse *custo de compra*. Por outro lado, não poderia ser considerada correta se fosse *custo de produção* porque, dependendo do método de controle de estoque utilizado para a matéria-prima (componente do custo de produção), o custo de produção muda.

07. (25): "A"

Para responder a essa questão, primeiro é necessário conhecer o funcionamento de cada um dos métodos. No **UEPS** – último a entrar, primeiro a sair –, as últimas unidades que entram são as primeiras que saem e, por consequência, as unidades que ficam no estoque são as primeiras que entram. Diante disso, se os preços apresentam crescimento, as últimas a entrar (as que saíram) possuem um valor maior que as primeiras que entram (as que ficaram) e, com isso, as unidades que permaneceram no estoque estão avaliadas pelo valor mais baixo. No **PEPS** – primeiro a entrar, primeiro a sair –, as primeiras unidades que entram são as primeiras que saem e, por consequência, as unidades que ficam no estoque são as últimas que entram. Na prática, o PEPS é o oposto do UEPS. Diante disso, se os preços apresentarem crescimento, as últimas que entraram terão um valor maior que as primeiras e, com isso, as unidades que ficaram no estoque serão avaliadas pelo valor mais alto. A **média ponderada móvel** fará uma média ponderada toda vez que ocorrer uma nova entrada, de forma que o custo do estoque, após a entrada, representará uma média ponderada, considerando-se o saldo existente, antes da entrada. Assim, a saída será registrada pela média ponderada, no saldo do estoque, antes de efetuar a respectiva saída. Existe, ainda, o método da **média ponderada fixa** – método muito semelhante ao da média ponderada móvel, com uma diferença: o método da média ponderada fixa considera que, todas as entradas, durante o mês, ocorrem antes de qualquer saída, ou seja, todas as saídas ocorrem no último dia do mês, a um custo único, depois de serem registradas todas as entradas e calculado o custo médio.

Isto posto, pode-se dizer que o valor do estoque final será diferente, dependendo do método utilizado, sendo maior quando for utilizado o PEPS (o estoque é avaliado pelas últimas que entraram, que são de maior valor). Por consequência, se apresentar um estoque maior, também apresentará um valor menor de CMV ou de CPV e um resultado maior. Se for utilizado o UEPS, o valor do estoque será o mais baixo entre os três métodos (o estoque é avaliado pelas primeiras que entraram, que são de menor valor), de modo que, se apresentar um estoque menor, apresentará também um valor maior de CMV ou de CPV e um resultado menor. Pelo método da média ponderada móvel resulta um valor intermediário entre o UEPS e o PEPS, tanto em relação ao estoque, ao CMV ou CPV, como em relação ao resultado.

Com base nessas informações podemos afirmar que o resultado apresentará essa relação na comparação entre os três métodos: PEPS > média ponderada móvel > UEPS. Assim, a alternativa que se enquadra na relação apresentada é a letra "a".

08. (26): "C"

Essa questão requer atenção especial, já que o enunciado diz: a "contabilidade de custos exige **inicialmente**". Ou seja, é provável que mais de uma alternativa apresente situações exigidas pela contabilidade de custos, mas é necessário identificar qual delas apresenta o que deve ser feito primeiro. Inicialmente, deve-se eliminar as que se referem a situações que a contabilidade de custos não exige. Com base nessa avaliação, excluímos duas delas pelo mesmo problema. As alternativas "b" e "d" informam que a contabilidade de custos exige a apropriação de **despesas**. A contabilidade de custos só apropria os custos, na formação do custo do produto (que vai para o estoque), sendo as despesas lançadas diretamente para resultado, sem passar pelo estoque. Assim, restam as alternativas "a" e "c". As informações expressas na alternativa "a" até são exigidas pela contabilidade de custos, no entanto, as da alternativa "c", além de também serem exigências, devem vir antes das expressas na alternativa "a", já que o primeiro passo utilizado pela contabilidade de custos é separar os custos e as despesas para identificar quais valores devem e quais não devem fazer parte do custo dos produtos, para só depois aplicar os demais procedimentos.

8.9. EXAME BACHAREL 2002-I

01. (4): "C"

Essa questão requer que se determine o saldo final de uma conta de imobilizado. Embora não se refira à contabilidade de custos, foi selecionada por apresentar semelhança com controle de estoque. Além disso, aproveitou-

-se essa questão para chamar a atenção para quando houver informação de que foi vendido um bem por um valor "X"; esse valor será o cobrado e não necessariamente o valor a ser considerado para registrar a baixa do bem. Ele será o mesmo se o valor de venda for exatamente igual ao valor do custo registrado. A questão informa que foram vendidas cadeiras usadas por R$ 4.000,00, "sendo este o preço de custo", ou seja, o valor cobrado (preço de venda) corresponde ao valor do custo registrado. Isso considerado, a tabela 8.11 evidencia a solução da questão.

TABELA 8.11

Operação a débito	Débito	Crédito	Operação a crédito
Saldo inicial	15.000,00	...	...
Compra	18.000,00	...	...
...	...	4.000,00	Venda
Compra	5.000,00	...	...
Soma	38.000,00	4.000,00	...
Saldo final	34.000,00	...	...

02. (5): "A"

Essa questão requer capacidade bem maior de compreensão do enunciado (raciocínio analítico) do que conhecimento técnico. O conhecimento técnico que a envolve diz respeito ao fato de que, para avaliação do estoque, é necessário considerar o menor valor entre o custo de produção/aquisição e o de mercado. Caso o valor de mercado seja inferior ao custo de produção/aquisição deve-se constituir uma provisão (conta redutora) de forma que o valor líquido do estoque fique avaliado ao valor de mercado.

Ao fazer a leitura com atenção, o candidato poderá observar que o enunciado da questão informa todos os dados necessários sobre a provisão e que esta deve ser uma conta redutora. O enunciado, no entanto, pode deixar uma dúvida: se requer o valor da mercadoria e o valor da provisão ou apenas o valor da provisão. No entanto, como todas as alternativas se referem às duas informações, fica bem simples a identificação da alternativa correta porque, se o valor do estoque da mercadoria (pelo custo) é de R$ 250.000,00 e o valor de mercado da mesma mercadoria é de R$ 200.000,00, a provisão (conta redutora), para equivaler o custo ao valor de mercado, será de R$ 50.000,00. Desse

Capítulo 8 – Respostas e comentários dos exercícios 195

modo, a única alternativa que apresenta o valor de R$ 50.000,00 como redução é a alternativa "a" e, ao mesmo tempo, apresenta R$ 250.000,00 como valor correspondente ao custo de aquisição. Ou seja, nesse caso, bastaria saber que o ajuste (informado no enunciado da questão) representa uma redução de R$ 50.000,00. Por outro lado, saber que o valor do custo de aquisição é de R$ 250.000,00 só permite eliminar uma alternativa, já que existem três alternativas que informam R$ 250.000,00.

03. (7): "D"

Essa questão requer, além do conhecimento de como fazer o cálculo do custo médio ponderado, também observar que, ao dar baixa das unidades vendidas, o valor de venda não deve ser considerado, já que a baixa precisa ser realizada pelo valor do custo registrado no saldo do controle de estoque, imediatamente antes da baixa. Para fins de cálculo do custo médio ponderado, a média a ser definida não deve apenas levar em consideração a média dos valores, mas, também, a quantidade (peso) relacionada a cada preço, respectivamente. A tabela 8.12 informa os cálculos que devem ser realizados para encontrar a resposta correta.

TABELA 8.12

Data	Entradas			Saídas			Saldo		
	Quantidade	Custo unitário	Custo total	Quantidade	Custo unitário	Custo total	Quantidade	Custo unitário	Custo total
28.2.2002							200	10,00	2.000,00
2.3.2002	400	13,00	5.200,00				600	12,00	7.200,00
3.3.2002				500	12,00	6.000,00	100	12,00	1.200,00
4.3.2002	400	15,00	6.000,00				500	14,40	7.200,00
5.3.2002				200	14,40	2.880,00	300	14,40	4.320,00
	TOTAL CMV			700		8.880,00			

A alternativa "a" está errada, já que o custo das vendas do dia 3 de março foi de R$ 6.000,00 e não de R$ 5.900,00. A alternativa "b" está errada, pois o lucro bruto (diferença entre o total da receita e o total do CMV) é de R$ 720,00 (RT = R$ 9.600,00 – R$ 8.880,00) e não de R$ 3.900,00, como informado. A alternativa "c" está errada porque o lucro bruto na venda do dia 5 de março foi de R$ 3,60 (R$ 18,00 – 14,40) e não de R$ 3,00, como informado. Já a alternativa "d" está correta, uma vez que o valor do estoque final corresponde realmente a 300 unidades, avaliadas ao custo médio de R$ 14,40.

04. (9): "C"

Essa questão é muito semelhante à de número 3 do exame para Técnico em Contabilidade 2001-II, sendo já desenvolvida e comentada anteriormente. Conforme explicamos, para se determinar o saldo de estoque pelo PEPS existem duas formas: 1.ª) por meio do controle permanente de estoque (Tabela 8.13); 2.ª) definir a quantidade que está em estoque e compor seu valor considerando os custos das últimas entradas até atingir o saldo de unidades existentes no estoque.

TABELA 8.13

Data	Entradas			Saídas			Saldo		
	Quantidade	Custo unitário	Custo total	Quantidade	Custo unitário	Custo total	Quantidade	Custo unitário	Custo total
31.3.2001							250	1,50	375,00
6.4.2001	200	1,70	340,00				250	1,50	375,00
							200	1,70	340,00
6.4.2001	Saldo total considerando os dois custos diferentes						250		715,00
09.04.2001	90	1,90	171,00				250	1,50	375,00
							200	1,70	340,00
							90	1,90	171,00
9.4.2001	Saldo total considerando os três custos diferentes						540		886,00
17.4.2001	30	2,10	63,00				250	1,50	375,00
							200	1,70	340,00
							90	1,90	171,00
							30	2,10	63,00
	Saldo total considerando os quatro custos diferentes						570		949,00
18.4.2001				230	1,50	345,00	20	1,50	30,00
							200	1,70	340,00
							90	1,90	171,00
							30	2,10	63,00
	Saldo total considerando os quatro custos diferentes						340		604,00
22.4.2001				20	1,50	30,00	0	1,50	...

Data	Entradas			Saídas			Saldo		
	Quantidade	Custo unitário	Custo total	Quantidade	Custo unitário	Custo total	Quantidade	Custo unitário	Custo total
				150	1,70	255,00	50	1,70	85,00
							90	1,90	171,00
							30	2,10	63,00
22.4.2001	Saldo total considerando os três custos diferentes						170		319,00

A forma mais simples e rápida é atribuir o valor para as unidades que estão no estoque baseado no valor das últimas entradas, já que o PEPS significa "primeiro a entrar, primeiro a sair", e, consequentemente, corresponde ao último que entra é o que está no estoque. Sendo assim, o primeiro passo é definir quantas unidades estão no estoque e, para isso, deve-se somar o estoque inicial com as entradas e deduzir as saídas. Uma vez determinado o volume de unidades que estão no estoque deve-se atribuir os valores a elas, considerando os valores das últimas entradas, de forma regressiva, até que o volume total de unidades que estão no estoque seja valorado.

- Determinação do volume em estoque: 250 + 200 + 90 + 30 –
– 230 – 170 = 170

Determinação do valor do estoque, referente às 170 unidades que estão no estoque:

Última entrada	30	× 2,10	= 63,00
Penúltima entrada	90	× 1,90	= 171,00
Antepenúltima entrada (volume para completar as 170)	50	× 1,70	= 85,00
Total do estoque determinado com base no PEPS	170		19,00

05. (10): "B"

A questão pede que se identifiquem o custo dos produtos acabados (também conhecidos por fabricados ou prontos) e o custo dos produtos vendidos. Em função da forma como estão apresentadas as informações, se torna necessário determinar:

1) O consumo de matéria-prima: CMP = EIMP + AMP − EFMP.
   - CMP = 315,00 + 2.625,00 − 210,00 = 2.730,00

2) O custo da produção dos produtos em elaboração: CPPE = CMP + MOD + GGF.
   - CPPE = 2.730,00 + 525,00 + 2.240,00* = 5.495,00

3) O custo da produção dos produtos acabados/prontos: CPPP = EIPE + CPPE − EFPE.
   - **CPPP** = 630,00 + 5.495,00 − 350,00 = **5.775,00**

4) O custo dos produtos vendidos: CPV = EIPP + CPPP − EFPP.
   - **CPV** = 910,00 + 5.775,00−735,00 = **5.950,00**

Onde:
- EIMP = estoque inicial de matéria-prima;
- AMP = aquisição de matéria-prima;
- EFMP = estoque final de matéria-prima;
- CMP = consumo de matéria-prima;
- CPV = custo dos produtos vendidos;
- EIPP = estoque inicial de produtos prontos;
- CPPP = custo de produção dos produtos prontos;
- EFPP = estoque final de produtos prontos;
- CPPE = custo de produção dos produtos em elaboração;
- MOD = custo da mão de obra direta;
- GGF = gastos gerais de fabricação.

* O valor dos GGF de 2.240,00 representa a soma dos gastos a seguir relacionados (considerados custos indiretos). Deve-se observar que a questão informa, também, valores de despesas que não devem ser consideradas para fins de apuração do custo de produção.

Custos com água e luz da fábrica	126,00
Depreciação da fábrica	567,00
Manutenção da fábrica	304,50
Mão de obra indireta	1.050,00
Seguro da fábrica	140,00

Suprimentos da fábrica	52,50
Total dos gastos gerais de fabricação	2.240,00

06. (11): "D"

A conta de matéria-prima será debitada pela compra e pela devolução de material requisitado pela fábrica e que não foi utilizado (retorno ao estoque). Será creditada pelo consumo (requisição para produção) e pela devolução aos fornecedores. Se for considerado estritamente o significado da expressão "matéria-prima" (matéria bruta ou pouco elaborada com que se fabrica alguma coisa; normalmente, é o material principal com que é feito um produto), apenas as alternativas "b" (debitada pela compra) e "c" (creditada pela adição dos materiais diretos aos produtos semiacabados) estariam corretas. Já a alternativa "a" refere-se ao material indireto, embora sua formulação esteja correta (os materiais indiretos são adicionados aos custos indiretos de produção, enquanto os materiais diretos são adicionados diretamente aos produtos que estão em fabricação). Por utilizar o termo "materiais indiretos", poder-se-ia entender que não se refere à matéria-prima (entre os materiais indiretos estão os secundários, os auxiliares, os de manutenção, os de segurança etc., que não são considerados matéria-prima). No entanto, é comum muitas empresas classificarem todos os materiais utilizados na fabricação (de forma direta ou indireta) como matéria-prima. Embora não sendo adequada essa classificação, a questão a considerou, tanto na formulação como nas respostas. Sendo assim, a alternativa "a" também pode ser considerada correta. Apenas a alternativa "d" não é verdadeira, já que não é correto debitar a conta de matéria-prima em função do custo do produto acabado. Poderia ser debitada se ocorresse a devolução de material não utilizado, mas, nesse caso, seria creditado o custo do produto em elaboração (semiacabado) e não do custo do produto acabado.

07. (12): "B"

A solução da questão é, de certa forma, muito simples, já que basta somar todos os custos reais e considerar que 60% desse total é o valor do custo dos produtos vendidos, e os outros 40% correspondem ao valor do estoque final de produtos acabados. O que pode gerar certa dificuldade/confusão na resolução dessa questão é o fato de o enunciado informar os valores unitários de custos-padrão. Custo-padrão é um valor predeterminado e não representa o custo real de produção. O objetivo do custo-padrão é gerar um valor de referência visando a comparar o custo-padrão × o custo real, bem como identificar e avaliar as origens que geraram a diferença entre o custo-padrão e o real. Sendo assim, para a resolução da questão é necessário considerar apenas os custos reais (desconsiderando os padrões).

O custo total de produção é determinado pela soma dos custos reais do período.

Custos indiretos de fabricação	R$ 18.000,00
Mão de obra direta	R$ 22.600,00
Material direto	R$ 28.800,00
Custo real total de produção	R$ 69.400,00
Custo dos produtos vendidos = 60%	R$ 41.640,00
Estoque final dos produtos prontos = 40%	R$ 27.760,00

08. (17): "C"

Para determinar o ponto de equilíbrio em reais, basta utilizar a fórmula a seguir:

$$\text{Ponto de equilíbrio em R\$} = \frac{\text{Custos fixos totais} + \text{despesas fixas totais}}{\% \text{ margem de contribuição}}$$

$$\text{Ponto de equilíbrio orçamento 1} = \frac{1.000.000,00}{0,39} = 2.564.102,60$$

$$\text{Ponto de equilíbrio orçamento 2} = \frac{1.800.000,00}{0,42} = 4.285.714,30$$

09. (18): "A"

Para resolver essa questão, é necessário ter conhecimento sobre os conceitos de cada uma das expressões apresentadas.

Grau de alavancagem operacional (GAO): é a relação existente entre o aumento no volume vendido e o aumento que essa variação causa no aumento do lucro. Para a sua determinação, é necessário dividir o volume de venda pelo volume da margem de segurança.

Margem de segurança (MS): é o volume vendido acima do ponto de equilíbrio. Para a sua determinação basta calcular a diferença entre o volume vendido e o ponto de equilíbrio. O ponto de equilíbrio é obtido pela divisão do total dos gastos fixos totais (custos fixos totais mais as despesas fixas totais) pelo percentual da margem de contribuição.

Percentual da margem de segurança (%MS): é o percentual que a margem de segurança representa sobre o total vendido, ou seja, o quanto a empresa está gerando de vendas acima do ponto de equilíbrio. Para sua determinação, basta dividir o valor da margem de segurança pelo valor total das vendas.

O ponto de partida é determinar o ponto de equilíbrio (PE):

- PE = (CFT + DFT) / %MC → PE = 3.332.000,00 ÷ 0,48
  = 6.941.666,67
- MS = RT − PE → MS = 9.800.000,00 − 6.941.666,67
  = 2.858.333,34
- %MS = MS ÷ RT → %MS = 2.858.333,34 ÷ 9.800.000,00 = 29,17%
- GAO = RT ÷ MS → 9.800.000,00 ÷ 2.858.333,34 = 3,43

Com base nessas informações, a alternativa que apresenta os valores corretos é a letra "a".

Observação: sem fazer cálculos para resolver a questão, é possível identificar que as alternativas "b" e "d" não são corretas, uma vez que o valor informado como MS (R$ 6.941.666,66) não pode ser verdadeiro, já que a MS corresponde ao valor do faturamento gerado acima do PE. Para esse valor ser correto, o PE deveria ser de R$ 2.858.333,34 (9.800.000,00 − 6.941.666,66). Isso não poderia ser verdadeiro, pois o PE em faturamento deve cobrir todos os custos e despesas (variáveis e fixo), e só o valor dos custos e das despesas fixas (R$ 3.332.000,00) é bem superior ao valor suposto do PE (R$ 2.858.333,34). Com isso, sobram apenas duas alternativas. A probabilidade de acerto, ao escolher uma delas de forma aleatória, passou de 25% para 50%. Entre as alternativas que sobraram ("a" e "c") basta dividir o valor da MS (nas duas alternativas é o mesmo valor = R$ 2.858.333,34) pelo valor das vendas, obtendo-se o %MS de 29,17%; com isso, identifica-se a alternativa correta, já que o %MS da alternativa "c" é de 48% e não confere.

10. (20): "D"

Para resolvê-la é preciso saber que a margem de contribuição unitária (MCu) é a diferença entre o preço de venda (PV) e a soma dos custos variáveis unitários (CVu) com as despesas variáveis unitárias (DVu). Depois de encontrado o valor da MCu, para encontrar o índice da margem de contribuição basta dividir o valor da MCu pelo valor do PV.

- $MCu = PV - CVu - DVu \rightarrow MCu = 50,00 - 35,00 = 15,00$
- $\%MC = MCu \div PV \rightarrow \%MC = 15,00 \div 50,00 = 30\%$

Com base nos valores obtidos (MCu e %MC), a alternativa correta é a "d".

8.10. EXAME TÉCNICO EM CONTABILIDADE 2002-I

01. (21): "B"

Nessa questão, é necessário, além de saber qual é a fórmula para calcular o CMV (CMV = EI + CO − DC − EF), saber que o frete nas compras faz parte do custo de compra das mercadorias; também as devoluções de compra (por representarem uma saída de mercadorias) devem ser consideradas na fórmula, seja como um ajuste das compras, seja como uma redução (saída).

- CMV = custo das mercadorias vendidas.
- EI = estoque inicial.
- CO = compras (custo das mercadorias + frete).
- DC = devoluções de compras.
- EF = estoque final.
- CMV = 12.500,00 + (25.000,00 + 5.600,00) − 8.000,00 − 18.700,00 = 16.400,00

02. (22): "A"

Para resolver essa questão, faz-se necessário saber o que representa cada um dos métodos informados. Então, antes de avaliar as alternativas, vamos descrevê-los:

- **Média ponderada móvel:** esse método calcula o custo do produto. Divide-se a soma do saldo do estoque em reais mais o custo de entrada (compra) pela soma das quantidades existentes no saldo inicial mais a quantidade de entrada. Outro ponto importante é observar que existem dois métodos que usam a média ponderada: o da fixa eo da móvel. O método da média ponderada fixa define que todas as saídas ocorridas no mês devem ter o mesmo custo unitário, ou seja, se existem várias durante um mês, antes de dar a primeira saída calcula--se o custo médio, considerando o saldo inicial e *todas* as entradas do mês. Já no da média móvel, calcula-se o custo do saldo, sempre a cada entrada, ecom isso o custo das saídas será diferente, caso entre elasocorra uma entrada com custo diferente do que existe no saldo.

- **Primeiro a entrar, primeiro a sair:** esse método considera que as primeiras peças a entrar são as que devem sair primeiro, e as que entram por último devem permanecer no estoque.
- **Último a entrar, primeiro a sair:** esse método é o contrário do anterior, pois considera que, ao ocorrer uma saída, a peça deve ter o custo da última que entrou (antes da saída a ser registrada) e, com isso, as peças que ficaram no estoque são as primeiras que entraram.
- **Controle rotativo dos produtos:** esse método não existe.

Com base nesses comentários, pode-se afirmar que o método utilizado não é "primeiro a entrar, primeiro a sair", já que, se fosse esse, o registro da primeira saída (32 unidades) deveria ser avaliado da seguinte forma: 12 a R$ 90,00 e 10 a R$ 100,00 e 10 a R$ 150,00. Se fosse o método "último a entrar, primeiro a sair", deveria ser assim: 20 a R$ 150,00 e 10 a R$ 100,00 e 2 a R$ 90,00. Como o método apresentado como controle rotativo dos produtos não existe, a resposta por eliminação só pode ser o método representado pela média ponderada móvel. No entanto, se desejar confirmar o método utilizado, basta observar que o valor R$ 94,55 foi obtido por meio do cálculo informado na definição, ou seja: (1.080,00 + 1.000,00) ÷ (12 + 10) = 94,55. Seguindo a mesma forma de cálculo, o valor de R$ 120,95 é determinado assim: (2.080,00 + 3.000,00) ÷ (22 + 20) = 120,95. O valor de R$ 120,95 será para valorar a primeira saída (32 unidades). Já para a segunda saída, o valor é novamente calculado considerando o saldo e a nova entrada (1.209,60 + 6.400,00) ÷ (10 + 40) = 152,19. Pelo fato de as duas saídas, separadas por uma entrada (com custo diferente existente antes da entrada), terem custos diferentes (mas calculados com base nas médias ponderadas), a média ponderada é a móvel. Se fosse a fixa, as duas saídas seriam avaliadas por R$ 140,00, que seria obtido da seguinte forma: (1.080,00 + 1.000,00 + 3.000,00 + 6.400,00) ÷ (12 + 10 + 20 + 40) = 140,00.

03. (23): "B" (pelo gabarito); "C" (pela nossa interpretação)

Essa questão foi aplicada em três provas: técnico em contabilidade de 2002-I e de 2003-II, e bacharel de 2004-I. A Questão 6 (23) do exame para técnico em contabilidade de 2003-II e a Questão 4 (14) para o de bacharel de 2004-I são exatamente idênticas. A Questão 3 (23) do exame para técnico em contabilidade de 2002-I é praticamente igual às outras duas; a única diferença é que os valores apresentados são exatamente 50% dos valores constantes nas outras duas. As razões apresentadas na resolução dessa questão, justificando os motivos de nossa discordância em relação à resposta apresentada pela comissão organizadora da prova, também se aplicam na resolução das questões 6 (23) do exame técnico de 2003-II e 4 (14) do exame bacharel de 2004-I. Sendo assim, em relação à apreciação das referidas questões, nossos comentários aqui não serão novamente apresentados.

Em relação à formulação das questões e dos resultados, entendemos que, ao ocorrer a produção defeituosa de unidades de produtos, é necessário identificar se essa ocorrência faz parte do processo normal de produção (já é esperada essa ocorrência) ou se ela é considerada anormal (não é comum que ocorra essa situação). Se ela sempre ocorre, sendo parte do processo produtivo, então o material e os demais gastos a ela relacionados serão considerados como custos das unidades boas produzidas. Se não forem, os seus custos devem ser tratados como perda e lançados diretamente no resultado do período, não devendo fazer parte do custo do produto. Conforme Martins (2003, p. 26), "o gasto com mão de obra durante um período de greve, por exemplo, é uma perda, não um custo de produção. O material deteriorado por um defeito anormal e raro de um equipamento provoca uma perda, e não um custo; aliás, não haveria mesma lógica em apropriarem-se como custo essas anormalidades e, portanto, acabar por ativar um valor dessa natureza".

Diante disso, entende-se que, para determinar o custo da produção boa, é necessário, primeiramente, identificar os custos que já foram incorporados às unidades defeituosas. Uma vez identificados, esse custos deveriam ser retirados do total do custo e ser lançados, no resultado, como despesa (perda); apenas o saldo deveria ser distribuído entre as unidades boas e lançado no estoque. Como o exercício não informa qual é o valor gasto nas 200 unidades defeituosas, fica impossível saber qual seria esse gasto, a não ser que o defeito tivesse sido causado na última operação de produção ou tivesse sido identificado depois que as peças estavam prontas. Nesse caso, tanto o custo das unidades boas como o das defeituosas seria o mesmo, sendo obtido pela divisão do custo total (R$ 308.000,00) pelo total de unidades produzidas (2.700), resultando um valor unitário de R$ 114,07. R$ 285.185,19 seria lançado como custo de estoque e R$ 22.814,82 como despesa (perda) do exercício. No entanto, a questão informa que essas peças geraram um valor líquido de R$ 32.000,00, superior ao custo de produção. Ou seja, na prática não ocorreu uma perda, mas a fabricação de produtos com defeitos, que, mesmo assim, geraram lucro.

No entanto, não foi essa a interpretação dada pela comissão organizadora da prova, que usou o critério aplicável aos subprodutos. Segundo Martins (2003, p. 162), o subproduto é aquele que "tem como características básicas: valor de venda e condições de comercialização normais, relativamente tão asseguradas quanto os produtos principais da empresa; normalmente surgem em decorrência do processo produtivo, só que possuem pouquíssima relevância dentro do faturamento global da firma". Quanto à forma de avaliação, o mesmo autor afirma que "à medida que são produzidos, têm seu valor líquido de realização considerado como redução do custo de elaboração dos produtos principais, mediante débito aos estoques e crédito aos custos de produção". Foi esse o critério usado pela comissão que elaborou a prova para estabelecer a alternativa "b" como a correta. Critério com o qual discordamos, já que a questão não se refere a subprodutos, mas a peças defeituosas.

De qualquer forma, segue o desenvolvimento da questão, pelo critério utilizado pela comissão:

(308.000,00 − 32.000,00) ÷ 2.500 → 276.000,00 ÷ 2.500 = 110,40

Em nossa opinião, como o preço cobrado pela peças defeituosas é superior ao custo de fabricação, a receita por elas gerada não deve ser considerada como redução de custo, mas receita de venda normal (com lucro menor). A nosso ver, o custo de produção deveria ser definido pela divisão do total dos custos pelo total das unidades produzidas (boas + defeituosas) e, se o custo das defeituosas fosse superior ao valor da receita, essa diferença deveria ser considerada como perda, de tal forma que nem o ganho nem a perda das peças defeituosas deveriam afetar o custo das unidades boas. Da forma como a comissão organizadora procedeu para definir a resposta correta, acabou reduzindo o custo real das unidades boas, em função do ganho gerado na venda das unidades defeituosas, em algo que não é aceitável. Da mesma forma, como os custos das unidades defeituosas não tem impacto no custo das unidades boas, o ganho na venda também não deverá ser afetado.

Sendo assim, a nosso ver, o custo das unidades boas deveria ser: 308.000,00 ÷ 2.700 = 114,07, e tanto as unidades boas como as defeituosas teriam o mesmo custo, porém as defeituosas seriam consideradas "de segunda" e, para comercialização, seriam vendidas a um preço menor.

04. (24): "D"

O método do custeio por absorção considera que, para determinar o custo do produto, para fins de estoque, todos os custos de produção e somente os de produção (sejam eles fixos ou variáveis, diretos ou indiretos) devem fazer parte do custo total de produção. Já as despesas (sejam elas fixas ou variáveis, diretas ou indiretas) não devem ser consideradas como custo de produção, sendo lançadas diretamente no resultado. Para determinar o custo unitário dos produtos, é necessário dividir o total do custo de produção pelo total das unidades produzidas. Sendo assim, para a solução da questão basta somar todos os valores informados (todos são custos de produção) e dividir pelo total de unidades produzidas.

$$(3.280,00 + 230,00 + 1.210,00 + 460,00) \div 350 \rightarrow 5.180,00 \div 350 = 14,80$$

05. (25): "B"

Para responder a essa questão, é importante saber o significado de cada uma das expressões utilizadas, tanto na formulação da questão como nas alternativas.

Gasto, segundo Martins (2003, p. 24-25), é representado pela compra de um bem ou de um serviço e pode representar um investimento, um custo ou uma despesa. Já o desembolso é o sacrifício representado pela entrega ou promessa de entrega de ativos (normalmente dinheiro). É o pagamento resultante da aquisição do bem ou serviço. Já investimento é o gasto ativado em função de sua vida útil ou de benefícios atribuíveis a futuro(s) período(s). Custo é o gasto relativo ao bem ou serviço utilizado na produção de outros bens ou serviços. Despesa é o bem ou serviço consumido direta ou indiretamente para a obtenção de receitas.

Aquisição da matéria-prima é um investimento, já que seu registro é feito no ativo. A matéria-prima só será considerada como custo quando for requisitada e consumida pela fábrica (destinada ao processo produtivo). O pagamento de compromisso ao fornecedor (de qualquer tipo, não especificadamente de matéria-prima) representa uma saída de numerários destinada à quitação de uma dívida, registrada no passivo (não é custo nem despesa). Seria uma despesa se o pagamento se referisse a juros por atraso. O consumo de matéria-prima, como informado anteriormente, representa um custo de produção, já que esse fato registra o volume de matéria-prima que é retirada do estoque e destinada à confecção dos produtos. Sendo assim, a alternativa que apresenta as afirmativas corretas é a letra "b".

06. (26): "D"

Para responder a essa questão basta somar o custo de matéria-prima com o custo de mão de obra e adicionar ao total 25% (correspondente à taxa dos custos gerais de fabricação).

$$(120.000,00 + 80.000,00) \times 1,25 \rightarrow 200.000,00 \times 1,25 = 250.000,00$$

8.11. EXAME BACHAREL 2002-II

01. (6): "D"

Para responder a essa questão é necessário: a) determinar o custo da mercadoria vendida (CMV); b) identificar, entre os valores informados, quais representam receitas, quais representam despesas e quais representam contas de ativo ou de passivo, sempre considerando que o resultado é a diferença entre a soma das receitas e a somas das despesas. Para se determinar o CMV, basta utilizar a seguinte fórmula:

$$CMV = EI + CO - EF$$

Acredita-se que a separação das contas (receitas, despesas, ativo e passivo) não apresente maiores dificuldades, cabendo apenas chamar a atenção para a "conta depreciação acumulada", que é uma conta redutora do ativo. Seria custo e/ou despesa se a palavra "depreciação" não estivesse acompanhada da palavra "acumulada".

Venda de mercadorias	1.125.000,00
(-) CMV (220.000,00 + 750.000,00 − 400.000,00) =	570.000,00
(+) Juros ativos	60.000,00
(-) Juros passivos	105.000,00
(-) Despesas gerais	330.000,00
Lucro líquido	180.000,00

02. (7): "A"

A questão informa que essa empresa adota o método do custo médio ponderado **variável**. O termo "variável" não é adequado porque existem dois métodos de custo médio ponderado: o da média fixa e o da média móvel. Ao utilizar o termo "variável" fica evidente que a questão se refere à média móvel.

Observação: mais informações sobre os métodos de cálculo do custo podem ser obtidos nos comentários da solução da Questão 7 (25) do exame técnico em contabilidade 2001-II ou na Seção 3.5, Métodos de Controle de Estoque.

Na tabela 8.14 é evidenciado como se deve fazer para encontrar a resposta certa, considerando sempre que, na compra, o custo é determinado com base no valor pago, deduzido dos créditos dos tributos (o ICMS é um tributo recuperável). Já na saída o valor do custo é determinado com base no valor registrado no estoque, e o seu valor de venda, bem como o valor dos tributos incidentes sobre a venda, não deve ser considerado para fins de determinação do custo a ser baixado do estoque.

TABELA 8.14

Entradas			Saídas			Saldo		
Quantidade	Custo unitário	Custo total	Quantidade	Custo unitário	Custo total	Quantidade	Custo unitário	Custo total
20	16,60	332,00				20	16,60	332,00
30	20,75	622,50				50	19,09	954,50
			15	19,09	**286,35**			

03. (11): "B"

É interessante observar que as quatro alternativas apresentadas informam valores diferentes para o lucro bruto. Isso quer dizer que, uma vez determinado o lucro bruto, já se saberá qual a resposta certa, sem necessidade de identificação do valor correto do custo dos produtos vendidos e da quantidade de unidades no estoque final. Na prática, para se chegar ao valor do lucro bruto é necessário identificar o valor do custo do produto vendido para, em seguida, identificar a quantidade de unidades em estoque. De qualquer forma, é importante observar esse tipo de situação, uma vez que muitas questões podem ser respondidas sem a necessidade de desenvolvimento de todas as variáveis solicitadas.

A tabela 8.15 apresenta a identificação do valor do CPV e a quantidade de unidades que fazem parte do estoque final.

TABELA 8.15

Entradas			Saídas			Saldo		
Quantidade	Custo unitário	Custo total	Quantidade	Custo unitário	Custo total	Quantidade	Custo unitário	Custo total
						125	3,00	375,00
3.750	3,00	11.250,00				3.875	3,00	11.625,00
			3.125	3,00	**9.375,00**	750	3,00	2.250,00

Como existem duas alternativas com o valor de R$ 9.375,00 para o CPV e de 750 unidades para o estoque final, torna-se necessário determinar, também, o valor do resultado bruto, para ter certeza de qual é a alternativa correta. De qualquer forma, não sabendo como determinar o valor do resultado bruto, já é possível eliminar 50% das alternativas.

Para determinar o resultado bruto, basta calcular o valor da receita de venda e, em seguida, deduzi-lo do CPV.

Receita de venda 3.125 × 4,50 =	14.062,50
CPV	− 9.375,00
Resultado bruto =	**4.687,50**

04. (12): "D"

Essa questão é muito semelhante à 4 (9) do exame bacharel 2002-I; sendo assim, não faremos os comentários do que vem a ser o método PEPS e como ele é usado para determinar o cálculo dos custos do produto vendido e os dos estoques. Na tabela 8.16, estão os cálculos realizados, num controle permanente de estoque, que utiliza o método do PEPS, pelo qual é possível determinar os valores da alternativa correta.

No entanto, para responder à questão, não é preciso fazer todos esses cálculos, pois o método do PEPS considera que as primeiras unidades a entrar são as que saem primeiro e, com isso, as últimas são as que ficam no estoque. Como as quatro alternativas apresentam um valor diferente para o saldo do estoque no dia 20/8 (último dia), basta determinar o valor do estoque do último dia e, com isso, chegar à resposta certa.

Para tanto, é necessário: 1.º) determinar a quantidade de produtos que compõem o estoque final no último dia solicitado (20.8.2002). Sendo assim, para encontrar a quantidade em estoque nessa data, basta somar as entradas e deduzir as saídas até 20.8.2002 (1.500 − 800 + 1.800 − 1.300 + 600 = 1.800); 2.º) valorar essas unidades com base nas últimas entradas, partindo sempre da última e regredir até valorar 100% das unidades que estão no estoque:

1.200 × 12,00 =	14.400,00
600 × 13,00 =	7.800,00
1.800 =	22.200,00

TABELA 8.16

Data	Entradas			Saídas			Saldo		
	Quantidade	Custo unitário	Custo total	Quantidade	Custo unitário	Custo total	Quantidade	Custo unitário	Custo total
5.8.2002	1.500	11,00	16.500,00				1.500	11,00	**16.500,00**
9.8.2002				800	11,00	8.800,00	700	11,00	7.700,00
12.8.2002	1.800	12,00	21.600,00				700	11,00	7.700,00
							1.800	12,00	21.600,00
							2.500		29.300,00
16.8.2002				700	11,00	7.700,00			
				600	12,00	7.200,00			
				1.300		14.900,00	1.200	12,00	**14.400,00**
19.8.2002	600	13,00	7.800,00				1.200	12,00	14.400,00
							600	13,00	7.800,00
							1.800		**22.200,00**
23.8.2002				200	12,00	2.400,00	1.000	12,00	12.000,00
							600	13,00	7.800,00
							1.600		19.800,00

05. (13): "C"

É importante observar que, sempre que ocorrer uma variação positiva de x% no valor unitário e a redução negativa do mesmo x% na quantidade, o resultado final será uma redução igual à multiplicação dos dois percentuais. Para exemplificar, vamos utilizar os dados da questão na qual o enunciado informa que a empresa orçou 20 toneladas de matéria-prima, a um custo de R$ 600,00 cada, para produzir uma unidade de determinado produto e, ao final, constatou que, embora tivesse economizado 10% no preço do material (redução), havia um gasto de 10% a mais de material que o orçado. Desse modo, o valor orçado foi de R$ 12.000,00 e, em função das variações (–10% no volume; +10% no valor unitário), o gasto real será 1% menor que o orçado [–10% × (+10)= –1%]. Sendo assim, o gasto real será de R$ 11.880,00 [R$ 12.000,00 × (–1%)]. É essencial evidenciar que esse tipo de cálculo (encontrar a variação multiplicando os dois percentuais de variação) só é válido se os dois forem iguais e um for negativo e outro positivo. Caso contrário, precisa-se fazer os cálculos de forma a identificar as duas variações e, ao final, comparar a variação total. A seguir, estão evidenciados os cálculos individualizados para determinar o valor total orçado e o total realizado. Esses cálculos são indispensáveis sempre que os dois percentuais forem diferentes ou quando os dois forem positivos ou negativos. De posse desses dois valores, é possível avaliar a variação que ocorreu, em função das variações, tanto em reais como em percentuais.

Item	Orçado	Variação em %	Variação em valor	Real
Volume	20	– 10%	– 2	18
Custo unitário	600,00	+ 10%	+ 60,00	660,00
Resultado (total)	12.000,00	-1%	120,00	11.880,00

Com base nas informações relatadas e no enunciado, pode-se dizer que a alternativa "a" está errada, uma vez que o custo real ficou em R$ 11.880,00 e não em R$ 12.120,00. A "b" está errada, pois o valor padrão (orçado) é de R$ 12.000,00 e não de R$ 11.880,00, como informado. Da mesma forma, a "d" também está errada, uma vez que, conforme demonstrado, o valor padrão é de R$ 12.000,00 e não de R$ 12.120,00. Por fim, a alternativa correta é a "c", pois o valor informado como custo real está correto (R$ 11.880,00) e representa que ocorreu uma sobra (economia) de R$ 120,00, uma vez que o custo-padrão era de R$ 12.000,00 (R$ 12.000,00 – R$ 11.880,00 = R$ 120,00).

É interessante chamar a atenção para o fato de que o simples cálculo do custo orçado (20 × R$ 600,00 = 12.000,00), informado na questão, possibilitava identificar como erradas as alternativas "b" e "d", já que os valores por elas informados como custo-padrão são R$ 11.880,00 e R$ 12.120,00, respectivamente, ambos diferentes de R$ 12.000,00.

06. (14): "B"

A questão requer duas respostas (ponto de equilíbrio e resultado operacional líquido). Para determinar o ponto de equilíbrio é necessário identificar qual é o valor total dos custos e das despesas fixas e o valor da margem de contribuição. De posse desses dois valores, é só dividir o primeiro pelo segundo.

$$\text{Ponto de equilíbrio} = \frac{\text{Custos fixos} + \text{despesas fixas}}{\text{Margem de contribuição unitária}} = \frac{36.000,00}{9.000,00} = 4 \text{ unidades}$$

> Margem de contribuição unitária = preço de venda
> – custo variável – despesa variável

- Margem de contribuição unitária = 12.000,00 – 3.000,00
  = 9.000,00

Para determinar o lucro operacional líquido, pode-se fazer de três formas:

1.ª) Por meio da multiplicação da margem de contribuição unitária pela margem de segurança (quantidade), sendo esta última a diferença entre a quantidade vendida e a quantidade do ponto de equilíbrio.

> Lucro operacional líquido = margem de contribuição
> unitária × margem de segurança

- Lucro operacional líquido = 9.000,00 × (40 – 4) → 9.000,00 × × 36,00 = 324.000,00

2.ª) Por meio da determinação da margem de contribuição total e de ela deduzir os custos e despesas fixos.

> Lucro operacional líquido = margem de contribuição
> unitária × quantidade vendida – custos e despesas fixos

- Lucro operacional líquido = 9.000,00 × 40 – 36.000,00 →
  → 360.000,00 – 36.000,00
  = 324.000,00

3.ª) Por meio da determinação dos valores totais de cada conta. Essa é uma forma mais fácil de entender, no entanto, requer mais cálculos, ainda mais se a questão informar valores separados para os custos e as despesas variáveis. Assim, em função do tempo disponível para a resolução da prova, o ideal é usar uma das anteriores.

Rubrica	Quantidade	Valor unitário	Valor Total
Receita de venda	40	12.000,00	480.000,00
Custo e despesas variáveis	40	3.000,00	120.000,00
Custo fixo e despesas fixas	40		36.000,00
Lucro operacional líquido			324.000,00

É importante também observar que, ao encontrar o valor do ponto de equilíbrio, 50% das alternativas foram eliminadas. Considerando-se que o ponto de equilíbrio (quatro unidades) representa apenas 10% do volume vendido (40 unidades) e a margem de contribuição total gerada por elas consegue cobrir R$ 36.000,00 de custos e despesas fixas, o restante (36 unidades) deve gerar um lucro muito maior que os R$ 36.000,00 (algo próximo a 10 vezes esse valor). Sendo assim, a alternativa "a", que informa um lucro de R$ 48.000,00, seria facilmente descartada, ficando apenas a alternativa "b", que informa o valor de R$ 324.000,00. Outro ponto a ser evidenciado é que as quatro alternativas apresentam valores diferentes para o lucro, ou seja, caso o candidato não saiba determinar o valor do ponto de equilíbrio, mas saiba determinar o valor do lucro, ele consegue dar a resposta com segurança, mesmo sem encontrar o valor do ponto de equilíbrio. Isso também é válido para reduzir o tempo e o volume de cálculos necessários para encontrar a solução.

07. (20): "D" (pelo gabarito); "C" (pela nossa interpretação)

Para se determinar o valor da margem de contribuição pelo custeio direto (variável), basta deduzir, do valor da receita de venda, os valores dos custos e os das despesas variáveis.

- Margem de contribuição = 1.650.000,00 − 720.000,00 −
  − 135.000,00 = 795.000,00

Com isso, podemos considerar 50% das alternativas (letras "a" e "b") erradas.

A questão também requer que se determine o valor do resultado bruto (pelo custeio por absorção). Aqui surge uma grande dúvida: o que se entende por resultado bruto? Seria o lucro bruto (vendas − deduções da receita bruta − CPV ou CMV)? Ou seria a diferença entre a receita de venda e o custo de produção ou de compra? A nosso ver, seria a primeira opção; no entanto, a comissão que elabora as provas entende que é a segunda. Sendo assim, para determinar o resultado bruto pelo custeio por absorção (segundo a nossa interpretação) é necessário descontar da margem de contribuição os valores dos custos fixos (já que pelo custeio direto/variável eles são considerados despesas do exercício em que ocorrem) e das despesas fixas.

- Resultado bruto = 795.000,00 − 320.000,00 = 475.000,00

Considerando-se esses cálculos, a alternativa que apresenta os valores corretos, segundo a nossa interpretação, é a letra "c". No entanto, a comissão entendeu que as despesas variáveis não devem ser consideradas no cálculo.

Mesmo não concordando com esse procedimento, essa interpretação tem sido aplicada em mais de uma prova. Ou seja, para evitar problemas, sugerimos seguir a interpretação aplicada pela comissão organizadora da prova. Observe:

Item	Custeio variável*	Custeio por absorção
Total da receita	1.650.000,00	1.650.000,00
Custos variáveis	–720.000,00	–750.000,00
Custos fixos (parte do CPV)	0,00	–320.000,00**
Resultado bruto	930.000,00	610.000,00
Despesas variáveis	–135.000,00	–135.000,00
Custo fixo (despesa operacional)	–320.000,00	0,00
Resultado líquido	475.000,00	475.000,00

* Embora a questão não se refira ao custeio variável, em função da polêmica que envolve o tema, entendemos adequado apresentar como seria a interpretação da comissão organizadora da prova, caso o sistema solicitado fosse o custeio variável.

** Cabe uma observação, já que só devem ser deduzidos os custos fixos que fazem parte dos produtos vendidos e não os custos fixos de produção do mês.

08. (21): "B"

Para determinar a quantidade produzida, basta usar a fórmula-padrão utilizada para a determinação do custo do produto vendido (CPV), considerando a quantidade, em vez de reais.

$$CPV = \text{estoque inicial} + \text{produção} - \text{estoque final}$$

- 495.000 = 82.500 + produção – 49.000
- Produção = 495.000 – 82.500 + 49.000 → 461.500 unidades

09. (22): "D"

Essa questão requer que se encontre a quantidade de produtos a serem vendidos, para a empresa conseguir atingir o lucro mínimo estabelecido, podendo ser, em alguns casos, considerado o ponto de equilíbrio econômico (se esse lucro representar o custo de oportunidade).

$$\textit{Quantidade a ser vendida} = \frac{\textit{Custos fixos totais} + \textit{despesas fixas totais} + \textit{lucro desejado}}{\textit{Margem de contribuição unitária}}$$

$$\text{Quantidade a ser vendida} = \frac{5.000,00 + (150.000,00 \times 6\%)}{7,00 - 4,00 - 1,40} = \frac{14.000,00}{1,60} = 8.750 \text{ unidades}$$

8.12. EXAME TÉCNICO EM CONTABILIDADE 2002-II

01. (5): "C"

Para encontrar a solução dessa questão, basta identificar os valores que compõem os componentes da fórmula para calcular o custo das mercadorias vendidas (a seguir informado) e resolver a equação.

$$CMV = EI + CO - DO - EF$$

- CMV = custo das mercadorias vendidas.
- EI = estoque inicial das mercadorias destinadas para venda.
- CO = valor do custo líquido das compras das mercadorias.
- DO = valor do custo líquido das devoluções das compras de mercadorias.
- EF = estoque final das mercadorias destinadas para venda.
- CMV = 55.000,00 + 187.500,00 − 0,00 − 100.000,00 =
  = 142.500,00

02. (6): "D"

Para encontrar a solução dessa questão, primeiro é importante observar que, nas compras, o valor do ICMS, por ser um tributo que gera crédito, deve ser deduzido do custo de compra. Na saída, o valor da venda, bem como o valor do ICMS, em nada influencia na determinação do CMV, já que este é determinado com base no valor do custo de entrada (compra) e não em função do valor de venda. A tabela 8.17 evidencia de forma detalhada como chegar à resposta certa.

TABELA 8.17

Entradas			Saídas			Saldo		
Quantidade	Custo unitário	Custo total	Quantidade	Custo unitário	Custo total	Quantidade	Custo unitário	Custo total
10	24,90	249,00				10	24,90	249,00

Entradas			Saídas			Saldo		
Quantidade	Custo unitário	Custo total	Quantidade	Custo unitário	Custo total	Quantidade	Custo unitário	Custo total
15	29,05	435,75				25	27,39	684,75
			8	27,39	**219,12**	17	27,39	465,63

É interessante observar que duas alternativas ("a" e "b") apresentam valores superiores ao custo de compra (403,65 ÷ 8 = 50,46 e 345,00 ÷ 8 = 43,13). Isso quer dizer que essas duas alternativas podem ser consideradas erradas, mesmo antes de fazer os cálculos de custo médio.

03. (21): "D"

Para responder a essa questão, basta somar o custo de matéria-prima com o custo de mão de obra e adicionar ao total 30% (correspondente à taxa dos custos gerais de fabricação).

(550.000,00 + 350.000,00) × 1,30 → 900.000,00 × 1,30 = 1.170.000,00

04. (22): "C"

Nesta, deve-se considerar que, alterando o volume de produção, nem o valor *total* dos custos fixos, nem o valor *unitário* dos custos variáveis muda. Já o valor *unitário* dos custos fixos é obtido por meio da divisão do valor *total* (que não muda) pela quantidade a ser considerada, em cada situação. O valor *total* do custo *variável* é obtido pela multiplicação do valor *unitário* (que não muda) pela quantidade a ser considerada, em cada situação. É importante observar que o enunciado informa que o valor total dos custos variáveis foi determinado com a produção de 125.000 unidades. Logo, o seu valor total mudará quando ocorrer mudança de quantidade; o seu valor unitário, determinado em função desse volume, permanecerá o mesmo em todas as situações. Já o valor total informado nos custos fixos, permanecerá o mesmo em todas as situações (volume de produção), ocorrendo a variação no valor do seu custo unitário. A tabela 8.18 evidencia de forma detalhada os cálculos a serem considerados, sempre lembrando que não é necessário fazer o cálculo individualizado por rubrica de custo, podendo ser feitos pelo total de cada tipo (fixo e variável).

Capítulo 8 – Respostas e comentários dos exercícios 217

TABELA 8.18

Quantidade	Tipo de custos	125.000 unidades		200.000 unidades	
Custos		Total	Unitário	Total	Unitário
Água	Fixo	6.000,00	0,048	6.000,00	0,030
Aluguel do prédio	Fixo	90.000,00	0,720	90.000,00	0,450
Depreciação dos equipamentos	Fixo	29.000,00	0,232	29.000,00	0,145
Energia elétrica	Fixo*	15.000,00	0,120	15.000,00	0,075
Mão de obra direta	Variável	210.000,00	1,680	336.000,00	1,680
Matéria-prima	Variável	150.000,00	1,200	240.000,00	1,200
Total		500.000,00	**4,000**	716.000,00	**3,580**

* Pelo gabarito, a energia elétrica foi considerada um custo fixo. Porém, será custo fixo apenas se computados os gastos com a iluminação (que não mudam se ocorrer variação no volume de produção); por outro lado, será variável se for considerado um gasto referente à energia consumida pelas máquinas (varia na mesma relação que a variação ocorrida na quantidade produzida).

05. (23): "B"

Questão muito semelhante à anterior; sendo assim, os comentários apresentados naquela valem também para esta. A tabela 8.19 evidencia sua solução.

Quantidade	Tipo de custo	18.000 unidades		25.000 unidades	
Custos		Total	Unitário	Total	Unitário
Custos fixos	Fixo	90.000,00	5,00	90.000,00	3,60
Mão de obra direta	Variável	49.500,00	2,75	68.750,00	2,75
Mão de obra indireta	Fixo	9.000,00	0,50	9.000,00	0,36
Matéria-prima	Variável	99.000,00	5,50	137.500,00	5,50
Total		247.500,00	13,75	305.250,00	**12,21**

Observação: entendemos que o enunciado apresenta um pequeno problema: no momento em que informa R$ 90.000,00 de custos fixos dá a entender que todos os custos fixos totalizam R$ 90.000,00 quando, na realidade, existem outros, já que a mão de obra indireta também é considerada um custo fixo. É importante observar que existem situações em que a mão de obra direta pode ser compreendida como custo fixo. No entanto, de forma geral, ela sempre será um custo variável e, se não tiver nenhuma informação adicional que evidencie ser um custo fixo, deverá sempre ser considerada como custo variável.

06. (24): "C"

Para encontrar a solução dessa questão, basta identificar os valores que compõem os componentes da fórmula para calcular o custo das mercadorias vendidas (a seguir informado) e resolver a equação.

$$CMV = EI + CO - DO - EF$$

- CMV = custo das mercadorias vendidas.
- EI = estoque inicial das mercadorias destinadas para venda.
- CO = valor do custo líquido das compras das mercadorias.
- DO = valor do custo líquido das devoluções das compras de mercadorias.
- EF = estoque final das mercadorias destinadas para venda.
- CMV = 28.000,00 + 16.000,00 − 2.000,00 − 6.000,00 =
  = 36.000,00

É importante atentar para a necessidade de considerar o custo das devoluções de compra, já que representam a saída de produtos do estoque, não sendo a contrapartida o CMV. Em relação ao valor das devoluções de venda, não se deve considerá-lo (nem mesmo o valor do custo que retorna ao estoque), já que o valor registrado a débito, no estoque (entrada) dessa operação tem como contrapartida a conta do CMV e, por isso, não é necessário considerá-lo no cálculo (a redução no CMV ocorre pela redução do estoque final, pois o valor da devolução faz parte do valor do estoque final).

07. (25): "B"

Essa questão é praticamente idêntica à anterior. A mudança significativa está apenas na nomenclatura. A anterior considera "mercadoria" e esta "produto acabado". A seguir está o desenvolvimento:

$$CPV = EI + CO - DO\ EF$$

- CPV = custo dos produtos vendidos.
- EI = estoque inicial dos produtos acabados.

- CO = valor do custo líquido das compras dos produtos acabados (incluindo o frete).
- DO = valor do custo líquido das devoluções das compras de produtos acabados.
- EF = estoque final de produtos acabados.
- CPV = 31.250,00 + (62.500,00 + 14.000,00) − 20.000,00 − − 46.750,00 = 41.000,00

08. (26): "B"

O primeiro passo para resolver essa questão é separar os valores que representam custos dos demais (despesas, ativos, passivos). Uma vez identificados os custos, deve-se somar e dividir o seu total pela quantidade de unidades produzidas. Com isso, encontra-se o custo unitário de cada unidade, que, multiplicado pela quantidade de estoque final, faz obter o valor do estoque. O mesmo custo unitário, multiplicado pela quantidade vendida, determina o valor do CPV. Quanto à identificação dos custos, acredita-se que a única conta que pode gerar alguma dúvida é a que se refere à compra de matéria-prima, pelo fato de representar ou não um custo. A compra de matéria-prima é um investimento e não um custo, já que o seu registro é no ativo (estoque) e não no custo de produção. A matéria-prima só será considerada custo de produção quando for requisitada pela produção (consumo).

Aluguel	45.000,00	
Consumo de matéria-prima	125.000,00	
Custo, diversos	75.000,00	
Mão de obra da fábrica	100.000,00	
Total do custo de fabricação	345.000,00	÷ 690 unidades = 500,00
Estoque acabados (690 − 552) × 500,00 →	138 × 500,00	= **69.000,00**
Custo dos produtos vendidos (CPV)	552 × 500,00	= **276.000,00**

8.13. EXAME BACHAREL 2003-I

01. (1): "A"

Para resolver essa questão, é necessário conhecer a estrutura do demonstrativo do resultado. A informação do estoque final não é usada, já que, para determinar o CMV, com base nas diferenças dos estoques, além do estoque final também é preciso ter a informação, no mínimo, do estoque inicial (o normal também é ter a informação das compras). A tabela 8.20 evidencia como chegar aos valores solicitados pela questão e, para facilitar o entendimento, o que está em negrito são informações que constamdo enunciado; as demais foram encontradas usando a relação das já disponíveis.

TABELA 8.20

Rubrica	Valor	% s/Receita total	% s/Receita líquida	Comentário
Receita bruta	48.000,00	100%		Usando regra de três
Deduções da receita bruta	**4.800,00**	**10%**		
Receita líquida	43.200,00	90%	100%	Fazendo a diferença
Custo das mercadorias vendidas	30.240,00		**70%**	Porcentagem sobre receita líquida
Lucro bruto	12.960,00		30%	Fazendo a diferença

02. (5): "C"

Para resolver essa questão é necessário, primeiro, separar os valores em cinco grupos: 1) contas classificadas no ativo (observando se seu saldo é devedor ou credor); 2) passivo; 3) receitas; 4) despesas; 5) valores que fazem parte do cálculo do CMV.

Ativo: caixa 1.000,00 + clientes 8.000,00 + móveis e utensílios 5.300,00 + estoque final de mercadorias 1.200,00 (com saldo devedor) – depreciação acumulada de móveis e utensílios 600,00 (com saldo credor) = 14.900,00

Observação: como só existe uma alternativa com o valor de R$ 14.900,00 para o ativo, não é necessário determinar o valor do CMV e do lucro líquido. No entanto, para fins de evidenciar como são determinados os respectivos valores, serão também calculados os demais valores solicitados pela questão.

CMV = estoque inicial + compras – estoque final

- CMV = 2.500,00 + 3.400,00 − 1.200,00 = 4.700,00.
- Resultado operacional líquido = receitas − despesas.
- Receitas: venda de mercadorias = 9.600,00.
- Despesas: CMV 4.700,00 + despesas com aluguéis 400,00 + despesas com depreciação 600,00 + despesas com salários 1.200,00 + despesas com viagens 600,00 = 7.500,00.
- Resultado operacional líquido = 9.600,00 − 7.500,00 = 2.100,00.

03. (8): "B"

Essa questão é semelhante à anterior, porém é preciso identificar quais contas fazem parte do valor da compra líquida (custo da mercadoria + custo do frete sobre compra + seguro sobre compra − créditos de tributos, se houver, − devoluções de compra, já que a informação solicitada é o valor das compras líquidas) do custo da mercadoria vendida (CMV = estoque inicial + compras − estoque final) e do resultado líquido do período (diferença entre receitas e despesas).

- Custo líquido da compra: compras 85.000,00 + fretes sobre compra 500,00 + seguro sobre compras 200,00 − devolução de compras 2.000,00 = 83.700,00

Observação: como só existe uma alternativa com o valor de R$ 83.700,00 para as compras líquidas, não seria necessário continuar desenvolvendo essa questão. No entanto, sempre é interessante continuar (a não ser que se desconheça como fazer), já que a resposta encontrada pode não ser a certa. Exemplo: se não tivéssemos considerado o valor da devolução de compras, o valor seria de R$ 85.700,00, valor que também aparece em uma única alternativa. Ou seja, confirmar os demais valores é importante para se ter certeza da escolha.

CMV = estoque inicial + compras − devoluções de compras − estoque final

- CMV = 25.000,00 + 85.700,00 − 2.000,00 − 18.000,00
  = 90.700,00
- Resultado líquido operacional = receitas − despesas.
- Receitas = vendas 120.000,00 + receitas financeira 4.000,00
  = 124.000,00
- Despesas = despesas com propaganda 4.100,00 + despesas com aluguel 1.200,00 + despesas com salários 9.300,00 + devolução de venda 1.600,00 + CMV 90.700,00 = 106.900,00.

- Resultado líquido operacional = 124.000,00 − 106.900,00
  = 17.100,00

04. (11): "B"

Essa questão também é semelhante às duas anteriores, sendo necessário identificar os valores que devem compor cada uma das informações solicitadas. É interessante observar que as quatro alternativas apresentam valores diferentes para os três itens solicitados. Isso quer dizer que basta encontrar o valor de um deles (desde que se tenha absoluta certeza de que esteja certo) para dispensar o cálculo dos demais. Por outro lado, a resolução completa da questão permitirá uma certeza maior da resposta ou, se os cálculos não identificarem uma alternativa com os três valores encontrados, permitirá que sejam revistos os cálculos realizados.

- Custo de produção = depeciação de equipamento de fábrica 64.000,00 + energia elétrica consumida na fábrica 160.000,00 + mão de obra direta 40.000,00 + mão de obra indireta 140.000,00 + materiais diretos 560.000,00 + materiais indiretos 18.000,00 + seguro das instalações da fábrica 8.000,00 = 990.000,00.

Observação: a questão poderia não informar o valor dos materiais diretos, mas o valor das compras de matéria-prima. Se fosse dessa forma, seria necessário determinar o valor da matéria-prima consumida através da seguinte fórmula: estoque inicial de matéria-prima + compras de matéria-prima − devoluções de compras de matéria-prima − estoque final de matéria-prima.

- **Custo dos produtos vendidos** = estoque inicial de produtos prontos + custo da produção pronta − estoque final de produtos prontos. Para encontrar o valor do custo da produção pronta, deve-se usar a seguinte equação: CPP = estoque inicial de produtos em elaboração + custo da produção do mês − estoque final de produtos em elaboração.
- CPP = 180.000,00 + 990.000,00 − 65.000,00 = 1.105.000,00.
- CPV = 220.000,00 + 1.105.000,00 90.000,00 = 1.235.000,00.

- **Lucro operacional bruto** = (receita bruta − deduções da receita) − CPV → receita líquida de vendas − CPV.
- LOB = 1.365.000,00 − 1.235.000,00 = 130.000,00.

05. (12): "C"

Para responder a essa questão, é necessário considerar que despesas indiretas de fabricação fazem parte do custo de produção do mês. Em função das

Capítulo 8 – Respostas e comentários dos exercícios   **223**

informações dadas pela questão, será necessário, primeiramente, determinar o custo total de produção do mês (CTP) para encontrar esse valor. É importante chamar a atenção para um ponto no enunciado, que apresenta um erro de nomenclatura, já que não existem *despesas* indiretas de fabricação, mas *custos* indiretos de fabricação.

Depois de encontrado o valor do CTP, para determinar o valor dos custos indiretos de fabricação (CIF) deve-se descontar o valor da mão de obra direta (MOD) e do consumo dos materiais diretos. Como o enunciado não informa o valor do consumo dos materiais diretos, para obtê-lo é necessário ter informações que permitam encontrá-lo. Para isso, deve-se usar a seguinte fórmula: consumo de materiais diretos (CMD) = estoque inicial de materiais diretos + compras de materiais diretos – devoluções de compras de materiais diretos – estoque final de materiais diretos.

- CMD = 105.000,00 + 135.000,00 – 130.000,00 = 110.000,00

    CTP = Estoque final de produtos em elaboração –
    estoque inicial de produtos em elaboração

- CTP = 300.000,00 – 0,00 = 300.000,00
- CIF = CTP – CMD – MOD → 300.000,00 → 110.000,00 – – 145.000,00 = 45.000,00

06. (13): "B"

Nessa questão é necessário considerar que o valor *total* dos custos variáveis muda na mesma proporção da alteração ocorrida na produção, já que o valor *unitário* permanece o mesmo. Já o valor *total* dos custos fixos continua o mesmo quando ocorre variação de quantidade produzida, e o valor unitário muda de forma inversa à variação ocorrida na produção (se a produção aumenta, o valor unitário do custo fixo diminui e vice-versa).

TABELA 8.21

Rubrica	99.000 Unidades		74.250 Unidades	
	Custo unitário	Custo total	Custo unitário	Custo total
Custo fixo	3,00	297.000,00	4,00	297.000,00
Custo variável	7,00	693.000,00	7,00	519.750,00
Custo total	10,00	990.000,00	11,00	818.750,00

07. (14): "D"

A solução dessa questão requer que sejam calculadas as quantidades de quilos que foram requisitados para, só depois, calcular o valor da matéria-prima requisitada (consumida). Existe uma perda de 8% nos dois tipos de matéria-prima; logo, a quantidade de quilos informada (incorporada ao produto) representa 92% da matéria-prima total requisitada. A perda normal no processo produtivo de materiais é considerada custo a ser incorporado à produção boa. Para encontrar a quantidade de matéria-prima requisitada, basta dividir a quantidade de quilos incorporada ao produto por 0,92 (essa quantidade representa 92% do volume requisitadoe vai determinar o custo total de matéria-prima incorporada ao produto).

TABELA 8.22

Matéria-prima	Incorporada (92%)	Perda (8%)	Requisitada (100%)	Custo unitário	Custo total
Tipo A	1,40 kg	0,12174 kg	1,52174 kg	276,00	420,00
Tipo B	1,10 kg	0,09565 kg	1,19565 kg	632,00	755,65
Total	2,50kg	...	...	...	1.175,65

8.14. EXAME TÉCNICO EM CONTABILIDADE 2003-I

01. (20): "C"

Para encontrar o valor das receitas (R) é necessário encontrar o valor do lucro bruto e o valor do custo das mercadorias vendidas (CMV). Como o lucro bruto (LB) é a diferença entre as receitas e o CMV, se os valores do LB e do CP são conhecidos, para encontrar o valor das receitas basta somar os dois valores (R = CMV + LB). O valor do LB é informado, e o valor do CMV, não. Para determinar o valor do CMV deve-se usar a fórmula a seguir:

> CMV = estoque inicial de mercadorias + compras − devoluções de compras − estoque final de mercadorias

- CMV = 20.000,00 + (60.000,00 + 5.000,00) − 30.000,00
  = 55.000,00

Com o conhecimento do valor do CMV, já é possível identificar a alternativa correta, já que existe apenas uma que informa R$ 55.000,00 como valor do CMV. Mas, para ratificar a escolha, basta somar o valor do CMV ao valor do LB e, com isso, obter o valor das receitas (valor da outra variável informada nas alternativas).

- Receitas = LB + CPV → 90.000,00 + 55.000,00 = 145.000,00

02. (22): "B"

Para resolver essa questão, consideramos que o custo de produção é a soma dos custos variáveis com os custos fixos. O valor dos custos variáveis *unitários* não se altera se ocorrer variação na quantidade produzida. Já o valor dos custos fixos *unitários* varia na razão inversa ocorrida na quantidade produzida. Ou seja, se a quantidade aumenta, o valor do custo fixo unitário diminui e vice-versa, já que o seu valor é obtido pela divisão do valor total dos custos fixos pela quantidade produzida, em cada situação. Os custos variáveis, uma vez definido o seu valor unitário, permanecerá o mesmo quando ocorrerem mudanças na quantidade produzida. Sendo assim, ocorrendo mudanças nas quantidades, o valor *unitário* do custo variável permanece o mesmo; já o do custo fixo é o valor *total* que continuará o mesmo.

TABELA 8.23

Rubrica	36.000 unidades		45.000 unidades	
	Custo unitário	Custo total	Custo unitário	Custo total
Custo fixo	2,75	99.000,00	2,20	99.000,00
Custo variável	4,25	153.000,00	4,25	191.250,00
Custo total	7,00	252.000,00	6,45	290.250,00

03. (23): "C"

Para determinar o valor do estoque final de produtos prontos, em função das informações disponibilizadas, primeiro será necessário encontrar o valor dos custos dos produtos acabados – CPA (pode-se entender como custo das mercadorias vendidas – CMV). Como não existe a informação do estoque final de produtos prontos, não é possível usar a fórmula clássica, mas as informações disponíveis e a estrutura da demonstração do resultado do exercício.

Receita bruta – deduções da receita bruta = receita líquida – CPA
= lucro bruto – despesas operacionais = lucro líquido

- 630.000,00 − 0,00 = 630.00,00 → CPA = lucro bruto − 28.000,00 = 8.000,00
- Lucro bruto = 28.000,00 + 8.000,00 = 32.000,00
- 630.000,00 − CPA = 32.000,00 → CPA = 630.000,00 − 32.000,00 = 594.000,00

> Estoque final = estoque inicial + compras − devoluções de compras − CPA

- Estoque final = 200.000,00 + 450.000,00 − 0,00 − 594.000,00 = 56.000,00

04. (24): "D"

Para resolução dessa questão, basta determinar o total do frete e do seguro e, depois, somar esses valores ao valor pago pelo aço, já que tanto os valores pagos pelo aço como pelo frete e seguro devem fazer parte do custo de compra e, consequentemente, ser debitados à conta de estoque.

Total frete	= 100 × 2.500,00	= 250.000,00
Total do seguro	= 100 × 1.100,00	= 110.000,00
Total pago pelo aço		= 750.000,00
Total debitado à conta de estoque		= 1.110.000,00

05. (25): "C"

Para identificar a alternativa correta, primeiro deve-se calcular o valor do custo da mercadoria vendida (CMV) e depois encontrar o valor do lucro operacional líquido (LOL).

> CMV = estoque inicial + compras − devoluções de compra − estoque final

- CMV = 3.000,00 + 2.000,00 − 200,00 − 2.500,00 = 2.300,00

> LOL = receitas − despesa (incluindo o valor do CMV)

- LOL = 3.500,00 − 300,00 − 150,00 − 100,00 − 2.300,00 = 650,00

06. (26): "B"

Para responder a essa questão, é necessário saber as diferenças entre investimento, desembolso, despesa, custo e perda. **Investimento** representa um valor que é lançado no ativo. **Desembolso** é uma saída de dinheiro, podendo representar o pagamento de uma obrigação ou a realização de um investimento, o pagamento de um custo ou de uma despesa à vista. **Despesa** significa um gasto realizado visando à obtenção de uma receita. **Custo** é um gasto realizado com o objetivo de se obter um bem ou um serviço. A **perda** representa um gasto que ocorreu de forma não prevista, ou seja, a sua ocorrência não tem relação com a obtenção de uma receita nem com um bem ou serviço (por exemplo: sinistro).

Com base nesses conceitos, a alternativa correta é a da letra "b".

8.15. EXAME BACHAREL 2003-II

01. (3): "C"2

Para encontrar o resultado com mercadoria (RM), com base nas informações apresentadas, primeiramente é preciso determinar o valor do custo das mercadorias vendidas (CMV). Depois disso, para encontrar o valor do RM, é necessário descontar, do valor das receitas o valor das devoluções dos impostos sobre as vendas, além do valor do CMV.

CMV = estoque inicial de mercadorias + compras − devoluções de compras − estoque final de mercadorias.

- CMV = 18.000,00 + (180.000,00 + 5.000,00 − 15.000,00) − − 8.000,00 = 174.000,00

RM = receitas − devoluções de vendas − impostos sobre as vendas − CMV

- RM = 240.000,00 − 33.000,00 − 7.000,00 − 174.000,00 = 26.000,00

02. (6): "B"

Para encontrar o valor do custo das mercadorias vendidas (CMV), é só usar a mesma fórmula utilizada na questão anterior e, para chegarmos ao valor do ativo, basta identificar e somar todas as contas que representam bens ou direitos, deduzindo o valor das contas redutoras (depreciação). Para encontrar o valor do resultado, deve-se deduzir, do valor das receitas, todas as despesas, inclusive o CMV.

- CMV = 3.750,00 + 5.100,00 − 1.800,00 = 7.050,00
- Ativo = 1.500,00 + 12.000,00 + 7.950,00 + 1.800,00 − 900,00 = 22.350,00

- Resultado = 14.400,00 − 7.050,00 − 600,00 − 1.800,00 −
  − 900,00 = 3.150,00

Observação: em função dos valores apresentados em cada alternativa (só o CMV possui duas alternativas com o mesmo valor, mas errados), pode-se perceber que basta encontrar uma das três informações solicitadas (CMV, ativo e resultado). Como é necessário saber o valor do CMV para determinar o resultado, pode-se dizer que, se o candidato não souber calcular o CMV, deve determinar o valor do total do ativo.

03. (10): "A"

Para resolver essa questão, é necessário saber a estrutura do demonstrativo do resultado, sendo a informação do estoque final não utilizada, já que, para determinar o CMV com base nas diferenças dos estoques, além do estoque final, também é necessário ter a informação, no mínimo, do estoque inicial (o normal também é ter a informação das compras). A tabela 8.24 evidencia como chegar aos valores solicitados na questão e, para facilitar o entendimento, o que está em negrito são informações constantes no enunciado; as demais foram encontradas usando a relação das já disponíveis.

TABELA 8.24

Rubrica	Valor	Porcentagem s/receita total	Porcentagem s/receita líquida	Comentário
Receita bruta	76.800,00	100%	...	Usando regra de três
Deduções da receita bruta	**7.680,00**	10%	...	...
Receita líquida	69.120,00	90%	100%	Fazendo a diferença
Custo das mercadorias vendidas	48.384,00	...	**70%**	Porcentagem sobre receita líquida
Lucro bruto	20.736,00	...	30%	Fazendo a diferença

Observação: as alternativas "b" e "d' podem ser consideradas erradas, bastando observar que o valor de R$ 76.800,00 informado como receita líquida não pode ser correto, já que a questão informa R$ 7.680,00 como valor das deduções da receita bruta, sendo que esse valor representa 10% da receita bruta, ou seja, R$ 76.800,00 é o valor da receita bruta e não da receita líquida (como afirma o texto das duas alternativas). Usando a mesma informação, a alternativa "c" também está errada, uma vez que informa R$ 76.800,00 como valor do CMV.

04. (11): "C"

Em função do fato de que as quatro alternativas apresentam valores diferentes para os três tipos de custos solicitados, basta encontrar o valor de um dos três custos.

a) Custo com materiais diretos (CMD): representa o valor do consumo de materiais utilizados na produção. Para determinar esse valor, basta utilizar a fórmula a seguir (é semelhante à utilizada para determinar o valor do custo das mercadorias vendidas):

CMD = estoque inicial + compras − devoluções de compras − estoque final

- CMD = 90.000,00 + 3.600,00 − 0,00 − 72.000,00 = 21.600,00

b) Custo fabril (CF): representa a soma dos gastos realizados para a fabricação dos produtos. Para encontrar esse valor, basta utilizar a fórmula a seguir:

CF = consumo dos materiais diretos + mão de obra
direta + gastos gerais de fabricação

- CF = 21.600,00 + 9.000,00 + 27.000,00 + 112.500,00 + + 180.000,00 + 810.000,00 + 1.800,00 = 1.161.900,00

c) Custo dos produtos vendidos (CPV): para determinar o valor do CPV é necessário usar a fórmula a seguir.

CPV = estoque inicial dos produtos prontos + custo da
produção pronta − estoque final de produtos prontos

Como a questão não informa o valor do custo da produção pronta (CPP), antes de calcular o CPV é necessário calcular o CPP. Para isso, precisamos utilizar a fórmula a seguir:

CPP = estoque inicial dos produtos em elaboração + custo
fabril − estoque final de produtos em elaboração

- CPP = 54.000,00 + 1.161.900,00 − 72.000,00 = 1.143.900,00
- CPV = 54.000,00 + 1.143.900,00 − 72.000,00 = 1.125.900,00

05. (12): "B"

Essa questão envolve muito mais temas relacionados à proporcionalidade do que temas relacionados a custo. No entanto, como a proporcionalidade está muito presente na distribuição dos custos indiretos, bem como na determinação dos custos de produção, que estão em fases diferentes de acabamento (produção equivalente), entendeu-se ser interessante desenvolver essa questão também. Quando a questão envolve proporcionalidade, para proceder à sua solução, primeiro se necessita identificar o elemento que corresponde à proporcionalidade. Nesse caso, é o tamanho das unidades. A questão não informa qual é a metragem de cada unidade, mas a proporção que cada uma representa em relação às demais, de forma que se tenha uma equivalência entre todas as quantidades (como se todas fossem do mesmo tamanho).

Como a questão apresenta apenas dois tamanhos diferentes, basta fazer a equivalência de um deles com o outro. Se existissem mais de dois tamanhos, seria necessário definir um (qualquer um) e fazer a equivalência de todos os outros com o que foi escolhido. Depois de encontrar o custo relativo do produto escolhido (tamanho), para determinar o custo dos demais, é necessário atribuir o custo encontrado, de forma proporcional, à relação entre o produto-base e o que se deseja determinar como custo. Seguindo esse procedimento, para resolver essa questão, primeiro deve-se escolher qual dos dois tamanhos será tomado como base (pode ser qualquer um), depois determinar a equivalência do outro como base. Em seguida, soma-se a quantidade, já com a equivalência, de forma a definir uma quantidade homogênea. Depois disso, é preciso dividir os custos pela quantidade total, com o que se obtém o valor do custo por unidade equivalente. Por fim, para determinar o custo de cada unidade, basta multiplicar o custo encontrado pela proporcionalidade.

a) Se o tamanho considerado fosse o menor, a solução seria realizada considerando a quantidade total de 16 (4 + 6 × 2 = 16). Ou seja, cada uma das seis unidades que possuem o dobro da metragem das quatro equivale a duas unidades em relação às de tamanho menor. Depois, divide-se o total dos custos (30.000,00 + 5.000,00 + 105.000,00 + 44.000,00 + 16.000,00 = 200.000,00) pela quantidade, já equivalente (16), resultando no valor de R$ 12.500,00 (200.000,00 ÷ 16 = 12.500,00) para as unidades menores e R$ 25.000,00 para as unidades maiores (que possuem o dobro de metragem). Já a soma dos custos das quatro unidades de tamanho menor é de R$ 50.000,00 (4 × 12.500,00) e de R$ 150.000,00 (25.000,00 × 6) para as seis unidades maiores. É importante considerar que a soma de todos os custos atribuídos às diferentes unidades deve totalizar R$ 200.000,00 (total dos custos).

b) Se o tamanho considerado fosse o maior, a solução seria realizada considerando a quantidade total de 8 (6 + 4 × 0,5 = 8). Ou seja, cada uma das quatro unidades que possui a metade da metragem das seis equivale a meia unidade em relação às de tamanho maior. Seguindo a mesma sequência de cálculos realizados na opção anterior, ao dividir o total dos custos pelo total das quantidades equivalentes, obter-se-á o valor de R$ 25.000,00 (200.000,00 ÷ 8 = 25.000,00), que corresponde ao custo de uma unidade de tamanho maior. Dividindo-se o custo da unidade maior por 2 (já que representa o dobro do tamanho da menor), obter-se-á o custo de uma unidade de tamanho menor (25.000,00 ÷ 2 = 12.500,00). Uma vez determinado o valor de uma unidade de tamanho menor, para encontrar o custo total de todas as quatro unidades menores basta multiplicar o custo unitário por 4, obtendo-se o valor de R$ 50.000,00 (12.500,00 × 4 = 50.000,00). Com isso, a alternativa correta é a "b".

06. (13): "A"

A questão se refere à determinação dos custos de produção dos produtos fabricados. Para isso, é necessário saber que, para fins contábeis, todos os custos, sejam fixos ou variáveis, diretos ou indiretos, devem compor o custo dos produtos. Sendo os custos diretos facilmente identificados aos produtos que os geram, sua alocação se faz de forma direta (atribuindo os custos aos produtos que os geram). Já os custos indiretos, por não terem uma relação direta com os produtos que os geram, para distribuir é necessário usar um critério de rateio, com base em algum item de proporcionalidade. A questão avalia dois critérios diferentes; sendo assim, para encontrar a resposta correta será necessário fazer a distribuição dos custos indiretos, utilizando os dois critérios informados.

TABELA 8.25

Item	Produto A			Produto B			Total	
	Unitário	Total	%	Unitário	Total	%	Total	%
Quantidade		400			360		760	

Item	Produto A			Produto B			Total	
	Unitário	Total	%	Unitário	Total	%	Total	%
Horas trabalhadas		630	40,64%		920	59,36	1.550	100%
Matéria-prima	240,00	96.000,00		205,56	74.000,00		170.000,00	
Mão de obra direta	105,00	42.000,00	63,64%	66,67	24.000,00	36,36%	66.000,00	100%
Custo primário direto	345,00	138.000,00		272,22	98.000,00		236.000,00	
Total custo direto	690,00	276.000,00		544,44	196.000,00		472.000,00	
Base de rateio								
Mão de obra direta	159,10	63.640,00		101,00	36.360,00		100.000,00	
Horas produtivas	101,60	40.640,00		164,89	59.360,00		100.000,00	
Diferença	57,50	23.000,00		−63,89	−23.000,00		0,00	
Total como base de rateio								
Mão de obra direta	849,10	339.640,00		645,44	232.360,00		572.000,00	
Horas produtivas	791,60	316.640,00		709,33	255.360,00		572.000,00	
Diferença	57,50	23.000,00		−63,89	−23.000,00		0,00	

Com base nas informações da tabela, a única alternativa que apresenta a afirmativa correta é a letra "a".

07. (14): "B"

Para responder a essa questão, é necessário considerar que o valor *total* dos custos variáveis muda na mesma proporção da variação ocorrida na produção; já o seu valor *unitário* permanece o mesmo. O *total* dos custos fixos permanece o mesmo quando ocorrer variação de quantidade produzida, e o seu valor unitário se altera de forma inversa à variação ocorrida na produção (se a produção aumenta, o valor unitário do custo fixo diminui e vice-versa).

TABELA 8.26

Rubrica	99.000 unidades		74.250 unidades	
	Custo unitário	Custo total	Custo unitário	Custo total
Custo fixo	3,00	297.000,00	4,00	297.000,00
Custo variável	7,00	693.000,00	7,00	519.750,00
Custo total	10,00	990.000,00	11,00	818.750,00

08. (20): "D"

Para responder ao que foi solicitado na questão (quantidade necessária para gerar o lucro desejado) é necessário, primeiramente, determinar o valor da margem de contribuição unitária e, depois, dividir a soma dos custos fixos com o lucro desejado pelo valor da margem de contribuição unitária. É importante lembrar que a margem de contribuição unitária é a responsável pelo pagamento dos custos fixos e pela geração do lucro. Ou seja, a cada unidade vendida, os custos fixos são amortizados pelo valor gerado de margem de contribuição unitária (MCU). Quando todos os custos fixos estiverem amortizados, a quantidade vendida corresponderá ao ponto de equilíbrio contábil. A partir desse ponto, cada unidade vendida, acima do ponto de equilíbrio, terá seu valor convertido em lucro.

MCU = preço de venda − custos varáveis − despesas variáveis

- MCU = 66,80 − 57,60 − 0,00 = 9,20

$$Quantidade = \frac{Custos\ fixos\ totais + despesas\ fixas\ totais + lucro\ desejado}{Margem\ de\ contribuição\ unitária}$$

$$Quantidade = \frac{768.000,00 + 0,00 + 60.000,00}{9,20} = 90.000\ unidades$$

09. (21): "A"

Para responder a essa questão, é necessário saber o que significam cada um dos itens solicitados.

Grau de alavancagem operacional (GAO): é a relação entre o aumento no lucro gerado em função do aumento no volume de vendas. Quanto maior for o grau de alavancagem, maior será o efeito no aumento do lucro, causado por um acréscimo no volume de vendas. Exemplo: se o grau de alavancagem for 1,5, isso representa que um aumento no volume de vendas de 3% gerará um aumento no lucro de 4,5% (3% × 1,5%). Existem várias fórmulas para a determinação do GAO, entre elas estão:

$$GAO = \frac{\text{Variação do lucro (entre duas situações com quantidades diferentes)}}{\text{Variação da quantidade (entre duas situações com quantidades diferentes)}}$$

$$GAO = \frac{\text{Quantidade vendida}}{\text{Quantidade da margem de segurança}}$$

$$GAO = \frac{\text{Margem de contribuição total}}{\text{Lucro total}}$$

Em função das informações disponibilizadas, a fórmula a ser usada é a última.

$$GAO = \frac{24.616.000,00}{11.300.000,00} = 2,18$$

Com a determinação do GAO, já é possível eliminar 50% das alternativas e, mesmo não sabendo calcular os outros dois itens, o candidato já aumenta em 100% a sua chance de acerto ao escolher uma alternativa ao acaso, passando de 25% (1/4), para 50% (1/2).

Margem de segurança (MS): é a diferença entre a quantidade vendida e o ponto de equilíbrio (PE). Sendo assim, para determinar o valor da MS, primeiro é necessário determinar o PE. Para determinar o PE existem várias fórmulas, entre elas:

$$PE \text{ em quantidade} = \frac{\text{Custos fixos totais} + \text{despesas fixas totais}}{\text{Margem de contribuição unitária}}$$

$$PE \text{ em R\$} = \frac{\text{Custos fixos totais} + \text{despesas fixas totais}}{\% \text{ margem de contribuição}} \quad ou$$

$$PE \text{ em R\$} = PE \text{ em quantidade} \times \text{preço de venda}$$

Considerando que a questão requer o PE em R$, e com base nas informações disponíveis, a fórmula usada será a segunda.

MS em R$ = total vendas − PE em R$

- MS em R$ = 45.000.000,00 − 24.210.909,09 = 20.789.090,91

$$PE\ em\ R\$ = \frac{13.316.000,00}{0,55} = 24.210.909,09$$

Com as informações do GAO e da MS identificadas, em R$, é possível identificar a alternativa correta, não sendo sequer necessário determinar a informação do percentual da margem de segurança. Mas, para fins de aprendizado, a seguir é evidenciado o seu cálculo.

Percentual da margem de segurança (%MS): o percentual da MS representa o quanto a empresa está faturando acima do ponto de equilíbrio. Ao mesmo tempo, representa a quantidade que ela poderá deixar de vender para chegar ao ponto de equilíbrio, ou seja, o quanto a empresa poderá deixar de vender antes de passar a registrar prejuízo (por isso chamado de percentual de margem de segurança). Para calcular %MS, basta dividir o valor da margem de segurança pelo valor das vendas (pode ser em quantidade ou em valor).

$$\%MS = \frac{MS\ em\ quantidade}{Vendas\ em\ quantidade}\ ou\ \%MS = \frac{MS\ em\ R\$}{vendas\ em\ R\$}$$

$$\%MS = \frac{20.789.090,91}{45.000.000,00} = 0,4626 = 46,20\%$$

10. (22): "D"

Para responder a essa questão, é necessário saber o que significa cada um dos pontos de equilíbrio considerados.

Ponto de equilíbrio contábil (PEC): esse ponto determina o quanto a empresa deve vender para conseguir cobrir todos os custos e despesas, ou seja, é o volume de vendas necessário para obter o lucro nulo. É o ponto em que a empresa não tem nem lucro nem prejuízo.

$$PEC = \frac{Custos\ fixos\ totais + despesas\ fixas\ totais}{Margem\ de\ contribuição\ unitária}$$

$$PEC = \frac{11.000.000,00}{\frac{38.500.000,00}{5.500}} = \frac{11.000.000,00}{7.000,00} = 1.571,43\ unidades$$

O PEC determinado evidencia que a afirmação da alternativa "a" é verdadeira e, portanto, não é a alternativa correta, já que a questão quer saber qual alternativa apresenta uma afirmação errada.

Ponto de equilíbrio financeiro (PEF): esse ponto determina o quanto a empresa deve vender para gerar dinheiro suficiente para pagar todos os seus compromissos. Sendo assim, é preciso considerar todos os custos e despesas fixas que representam desembolso financeiro mais os desembolsos que não representam despesas fixas e/ou custos fixos (os custos variáveis e despesas variáveis já são considerados na determinação da margem de contribuição unitária). A questão informa que existe um valor de depreciação correspondente a 25% dos custos e despesas fixos. Nesse caso, apenas 75% do valor dos custos e despesas fixos informados representam desembolso. Além disso, informa que existe uma dívida de R$ 13.000.000,00 pagável em cinco parcelas. Desse modo, será necessário considerar, também, a amortização de 1/5 da dívida.

$$PEF = \frac{\text{Custos fixos} + \text{despesas fixas} - \text{custos e despesas fixos não desembolsáveis} + \text{amorização}}{\text{Margem de contribuição unitária}}$$

$$PEF = \frac{11.000.000,00 - (11.000.000,00 \times 0,25) + (13.000.000,00 / 5)}{7.000,00}$$

$$PEF = \frac{11.000.000,00 - 2.750.000,00 + 2.600.000,00}{7.000,00} = \frac{10.850.000,00}{7.000,00} = 1.550 \text{ unidades}$$

O PEF determinado evidencia que a afirmação da alternativa "b" é verdadeira e, portanto, não é a correta, já que a questão pede para identificar a alternativa errada.

Ponto de equilíbrio econômico (PEE): esse ponto determina o quanto a empresa deve vender para, além de cobrir todos os custos e despesas, também gerar o lucro mínimo desejado (lucro de oportunidade). Esse ponto considera que a empresa, para atingir o ponto de equilíbrio (não ter lucro nem prejuízo), deve gerar um lucro mínimo que cubra o custo de oportunidade em relação ao investimento realizado.

Na questão existem duas alternativas que tratam do PEE. A alternativa "c" afirma que deve ser considerado o custo de oportunidade, porém não informa qual seria esse custo. Já a alternativa "d" expõe que não deve ser considerado o custo de oportunidade e, assim como a "c", não informa qual seria o custo. Desse modo, nas duas alternativas esse custo não será considerado, e a sistemática utilizada será a mesma, mudando apenas o valor do lucro (na "c" é de 25%, na "d" é de 30%).

Mesmo antes de resolver, pode-se perceber que a alternativa "d" apresenta uma afirmação errada e, portanto, é a correta (por apresentar uma afirmativa errada). Essa conclusão se baseia no fato de que o PEE deve ser sempre superior ao PEC, já que este representa o volume em que a empresa obtém um resultado nulo (não tem lucro nem prejuízo). Já o PEE representa o volume em que a empresa consegue atingir o lucro desejado e, portanto, o PEE deve ser superior ao PEC. Como o PEC calculado é de 1.571 unidades e o PEE informado na alternativa "d" é de 1.335 unidades, essa afirmativa é a que está errada.

De qualquer forma, são demonstrados os cálculos que devem ser realizados para determinar o PEE, nas duas situações apresentadas, iniciando pela alternativa "c" e em seguida pela "d".

A fórmula do PEE a ser usada é a apresentada a seguir:

$$\text{Quantidade a ser vendida} = \frac{\text{Custos fixos totais} + \text{despesas fixas totais} + \text{lucro desejado}}{\text{Margem de contribuição unitária}}$$

A dificuldade maior para determinar o PEE, nesse caso, é o fato de a questão estabelecer que o lucro desejado tem uma relação de 25% com todos os custos (fixos e variáveis). Logo, uma parte do lucro é fixa (a que se refere aos custos e despesas fixos); a outra parte varia em função do volume vendido, pois os custos variáveis se alteram em função do volume vendido, volume esse do qual não há informação, já que é ele que se deseja encontrar.

O valor do lucro sobre os custos fixos é de R$ 2.750.000,00 (11.000.000,00 × 0,25 = 2.750.000,00). Para determinar o lucro sobre os custos e despesas variáveis, é necessário, primeiramente, saber qual é o volume de vendas. Como o volume é a incógnita que se deseja descobrir, ele deve fazer parte dessa variável. Assim, o valor do lucro sobre os custos e despesas variáveis deve ser representado da seguinte forma: valor unitário dos custos e despesas variáveis × 0,25 × quantidade no PEE.

Para determinar o valor unitário dos custos e despesas variáveis, basta dividir o total informado para esses gastos pela quantidade produzida. Uma vez definido o valor unitário dos custos e despesas variáveis, ele permanecerá inalterado, independentemente do volume de quantidade considerado. Desse modo, o valor unitário desses gastos é de R$ 11.000,00 (60.500.000,00 ÷ 5.500 = 11.000,00). Considerando-se que o lucro desejado representa 25% desse valor, o lucro unitário será de R$ 2.750,00 (11.000,00 × 0,25) e o valor total do lucro deverá ser o resultado da multiplicação de R$ 2.750,00 pela quantidade a ser determinada para o PEE. Dessa forma, a solução deve ser a seguinte:

$$PEE = \frac{11.000.000,00 + 2.750.000,00 + 2.750\ PEE^*}{7.000,00}$$

* Representa a quantidade de produtos a serem vendidos para atingir o PEE, *considerando-se o lucro desejado de 25% sobre todos os custos e despesas*. *Embora as* alternativas só se refiram aos custos, os valores apresentados na questão se referem a custos e despesas; então, entende-se que as afirmativas, ao se referirem a custos, estão se referindo a custos e despesas.

A solução dessa equação pode ser procedida da seguinte forma:

$$7.000\ PEE = 11.000.000,00 + 2.750.000,00 + 2.750\ PEE$$

$$7.000\ PEE - 2.750\ PEE = 11.000.000,00 + 2.750.000,00$$

$$4.250\ PEE = 13.750.000,00$$

$$PEE = \frac{13.750.000,00}{4.250} = 3.235,29\ unidades$$

O PEE determinado evidencia que a afirmação da alternativa "c" é verdadeira e, portanto, não é a que deve ser assinalada, pois a questão quer saber em qual delas há uma afirmação errada.

Para avaliar se a afirmativa da alternativa "d" está correta ou não, basta substituir o percentual de lucro desejado (de 25% para 30%), e a resolução ficará da forma a seguir evidenciada:

- Lucro desejado sobre os custos e despesas fixas: $11.000.000,00 \times 0,3 = 3.300.000,00$
- Lucro desejado sobre os custos e despesas variáveis: $11.000,00 \times 0,3 \times PEE = 3.300\ PEE$

$$PEE = \frac{11.000.000,00 + 3.300.000,00 + 3.300\ PEE}{7.000,00}$$

A solução dessa equação pode ser procedida da seguinte forma:

$$7.000\ PEE = 11.000.000,00 + 3.300.000,00 + 3.300\ PEE$$

$$7.000\ PEE - 3.300\ PEE = 11.000.000,00 + 3.300.000,00$$

$$3.700\ PEE = 14.300.000,00$$

$$PEE = \frac{14.300.000,00}{3.700} = 3.864,86 \text{ unidades}$$

Como a alternativa "d" informa que a quantidade seria de 1.335 unidades e a calculada é de 3.864 unidades, essa afirmativa está errada e, portanto, é a correta.

Como a questão apresenta duas alternativas que requerem identificar o valor do PEE, se a única diferença fosse o valor uma das duas deveria ser a falsa (já que existe apenas uma falsa). No entanto, como uma delas informa que se deve considerar o custo de oportunidade e a outra, não, e, além disso, uma informa retorno de 25% e a outra de 30%, existe a possibilidade de as duas estarem certas. Mas essa observação pode ser indispensável para outras questões. Outra observação importante é sobre a alternativa que requer 25% de lucro e informa um valor maior de unidades como sendo o PEE em relação àquela que requer 30% de lucro. Isso é indicativo de que uma delas pode ser falsa. É bem verdade que a alternativa, ao informaros 25% de lucro, além dele requer que seja considerado o custo de oportunidade (não informado). De qualquer forma, fica a dica para esse tipo de análise porque pode ser útil em outras situações.

8.16. EXAME TÉCNICO EM CONTABILIDADE 2003-II

01. (3): "B"

Para encontrar o valor do custo das mercadorias vendidas (CMV) é necessário usar a fórmula-padrão para determinar o valor do CMV, que é a seguinte:

CMV = estoque inicial de mercadorias + compras − devoluções de compras − estoque final de mercadorias

Sempre lembrar que o valor das compras compreende todos os custos despendidos para realizá-las (mercadoria + frete + seguro + outros custos pagos para obter as mercadorias), descontado dos créditos dos tributos sobre os valores que compõem o valor considerado na compra.

Para determinar o valor do ativo, basta identificar as contas que fazem parte do ativo, observando que as contas de saldo credor devem ser deduzidas.

Para encontrar o valor do resultado operacional líquido (ROL), é preciso determinar a diferença entre receitas e despesas. Para isso, identificam-se os valores que representam as receitas e os que representam as despesas (incluindo o valor do CMV encontrado).

- CMV = 15.000,00 + (20.400,00 + 0,00* − 0,00**) − 0,00*** − − 7.200,00 = 28.200,00

* Corresponde ao valor de outros custos despedidos nas compras (frete, seguro etc.). Como a questão não informou a existência de nenhum valor de frete ou seguro, considerou-se zero para essa variável. Mesmo sendo zero, é importante considerar a fórmula completa, de forma que, se uma questão apresentar valor para essa variável, o candidato tenha conhecimento de como proceder.

** Corresponde ao valor dos créditos dos tributos sobre o valor das compras. Aqui, valem as mesmas considerações feitas anteriormente.

***Corresponde ao valor das devoluções de compras de mercadorias. Nesse caso, também valem as mesmas considerações feitas anteriormente.

- Total do ativo = 7.2000,00 + 6.000,00 + 45.000,00 − 6.360,00 + + 31.800,00 = 83.640,00

- ROL = 57.600,00 − 28.200,00 − 2.400,00 − 3.600,00 − − 7.200,00 − 3.600,00 = 12.600,00

É importante chamar a atenção para o fato de a questão solicitar a identificação de três valores. No entanto, da forma como as alternativas estão apresentadas, identificando-se duas das três já é possível chegar à alternativa correta. A identificação da terceira apenas ajuda a confirmar a escolha feita, mas, se o candidato não souber uma delas deve tentar determinar as outras e verificar se é possível encontrar a alternativa correta. É necessário, também, considerar que, para se chegar ao valor de uma alternativa é preciso, antes, saber o valor de outra. Nessa questão, para determinar o valor do ROL, calcula-se o valor do CMV, ou seja, se o candidato não tiver condições de encontrar o valor do CMV, também não terá condições de identificar o valor do ROL. Mas, em muitas questões, isso não ocorre porque as soluções das alternativas não dependem dos valores das outras. Nesse caso, se o candidato não souber calcular o CMV, mas consegue encontrar o valor do ativo (R$ 28.200,00) e o valor do lucro operacional, sem descontar o CMV (R$ 40.800,00), podendo encontrar a alternativa correta utilizando o seguinte raciocínio:

1.º) Considerando-se que o valor total do ativo é de R$ 83.640,00, só existem duas alternativas que podem ser a correta ("b" e "d"), já que as demais ("a" e "c") apresentam valores diferentes para o ativo.

Capítulo 8 – Respostas e comentários dos exercícios   **241**

2.º) O valor do lucro operacional, antes de descontar o CMV, é de R$ 40.800,00, portanto, pode testar as duas alternativas para identificar a que possui os valores corretos.

a) Teste da alternativa "b": considerando o valor de R$ 40.800,00 (valor do lucro operacional antes do CMV) e descontando o valor do CMV informado na referida alternativa, teríamos como ROL R$ 12.600,00 (40.800,00 – 28.200,00 = 12.600,00),valor que confere com o informado (R$ 12.600,00) e, portanto, será a alternativa correta.

b) Teste da alternativa "d": fazendo o mesmo cálculo, teríamos: 40.800,00 – 35.400,00 = 5.400,00. O resultado obtido não confere com o informado e, portanto, a alternativa "d" está errada.

O objetivo de apresentar esse tipo de raciocínio para o desenvolvimento dessa questão não é apenas evidenciar que ela poderia ser respondida sem o conhecimento da fórmula para calcular o CMV (algo simples), mas que, em muitas situações, o uso do raciocínio lógico pode permitir que se encontre a resposta, mesmo desconhecendo como calcular determinada variável.

02. (18): "C"

Para responder a essa questão, devem ser observadas as seguintes situações:

1.ª) A questão informa os valores do bem e da depreciação já realizada (com isso é possível determinar o quanto ainda existe de saldo a depreciar). Sabendo-se que a depreciação acumulada não pode superar o valor do bem, a importância a ser considerada para cada bem, mais a já depreciada, não pode ser superior ao valor do bem.

2.ª) Se a vida útil do bem é de 10 anos e a depreciação é com base no método das quotas constantes, a taxa anual será de 10%. No entanto, também é necessário considerar que esse percentual é devido quando a empresa usa os bens apenas em um turno de oito horas. Se forem usados em dois turnos de oito horas, esse percentual terá acréscimo de 50%, passando de 10% para 15%. Se forem usados em três turnos de oito horas, o percentual será de 20%.

A depreciação calculada da máquina A, considerando 20% sobre o valor do bem, é de R$ 7.198,00 e, como o seu saldo é superior a esse valor, o resultado calculado será o valor de depreciação a ser considerado. Já em relação à máquina B, o resultado do cálculo é R$ 10.560,00, porém o seu saldo a depreciar é de apenas R$ 8.500,00. Nesse caso, o valor de depreciação a ser considerado é de R$ 8.500,00.

TABELA 8.27

Item	Valor do bem	Depreciação acumulada	Saldo depreciado	Porcentagem	Depreciação calculada 20%	Depreciação considerada
Máquina A	35.990,00	28.640,00	7.350,00	20	7.198,00	7.198,00
Máquina B	52.800,00	44.300,00	8.500,00	20	10.560,00	8.500,00
Total	88.700,00	72.940,00	15.850,00		17.758,00	15.698,00

03. (20): "B"

Para encontrar o valor do resultado com mercadorias (RM), deverão ser descontados os valores dos tributos e do custo das mercadorias vendidas (CMV), do total das receitas geradas pela venda das mercadorias (VM). Como a questão não informa o valor do CMV, primeiro calcula-se o seu valor e, depois, o do RM.

> CMV = estoque inicial de mercadorias + compras − devoluções de compras − estoque final de mercadorias

- CMV = 8.000,00 + (150.000,00 + 3.500,00 − 10.500,00) − − 0,00* − 12.000,00 = 13.900,00.

* A questão não informa a existência de devoluções de compras.

- RM = 190.000,00 − 13.900,00 − 22.800,00 = 23.200,00.

04. (21): "B"

Para encontrar a resposta, basta calcular o custo de compra unitário e determinar a quantidade de peças existentes (entradas − saídas) no estoque, na data solicitada (30.11.2002). Ao determinar o saldo das peças, é necessário observar que existiu uma movimentação após a data estabelecida, que é a base para encontrar o valor do estoque final das mercadorias. Ou seja, a transferência, em 31.12.2002, de três unidades parao departamento de contabilidade simplesmente deve ser desconsiderada, já que ocorreu depois de 30.11.2002 (data estabelecida para determinar o valor do estoque final).

- Custo unitário de compra → 1.500,00 − 255,00 = 1.245,00.

- Saldo em quantidade em 30.11.2002 → 50 – 15 – 5 = 30.
- Saldo em reais em 30.11.2002 → 30 × 1.245,00 = 37.350,00.

05. (22): "A"

O primeiro passo é identificar as contas que representam custos, sempre lembrando que custos são gastos realizados com o objetivo de se obter um bem (produção ou compra) ou um serviço. Despesas são gastos realizados para se obter uma receita.

- Soma dos custos: 40.000,00 + 100.000,00 + 60.000,00 + + 80.000,00 = 280.000,00.
- Custo unitário → 280.000,00 ÷ 800 = 350,00 por unidade.
- Custo dos produtos vendidos → 350,00 × 540 = 189.000,00.
- Estoque final de produtos prontos → 350,00 × (800 – 540) = 350,00 × × 260 = 91.000,00

Observações:

1) embora a questão apresente duas variáveis em cada uma das alternativas, basta encontrar o valor de uma delas para saber qual é a alternativa correta.

2) é importante chamar a atenção para o fato de essa questão poder ser resolvida com a simples determinação do valor total dos custos (R$ 280.000,00), já que a única alternativa que apresenta valores para o CPV e para estoque final, em que a soma dos dois é de R$ 280.000,00, é a "a"; logo, só ela pode ser a certa. Chega-se a essa conclusão porque a soma do CPV com o estoque final deve ser igual à soma do estoque inicial mais o custo da produção pronta no mês. Como o estoque inicial de fevereiro é exatamente o custo de produção de janeiro, o valor de R$ 280.000,00 deve ser o total da soma do custo do produto vendido com o valor do estoque final.

06. (23): "B" (pelo gabarito); "C" (pela nossa interpretação)

Essa questão já foi aplicada em três provas: exame técnico em contabilidade de 2002-I, exame técnico em contabilidade de 2003-II e exame bacharel de 2004-I. A Questão 6 (23) do exame técnico em contabilidade 2003-II e a Questão 4 (14) do exame bacharel de 2004-I são exatamente idênticas. A Questão 3 (23) do exame técnico em contabilidade de 2003-II é praticamente igual às outras duas; a única diferença é que os valores apresentados nesta são exatamente 50% dos respectivos valores apresentados nas outras duas questões. No comentário da Questão 3 (23) do exame técnico 2002-I, estão todas as razões pelas quais discordamos da reposta que a comissão de prova estabeleceu como certa. Em função de o texto ser um pouco extenso e também por se aplicar a essa questão, entendeu-se que não faria sentido repeti-lo aqui, já que basta localizar a resposta da Questão 3 (23) do exame técnico em contabilidade de 2002-I para ter acesso aos referidos comentários.

Seguindo o critério utilizado pela comissão organizadora da prova, o valor do custo das unidades boas deve ser determinado dividindo-se o custo líquido de R$ 552.000,00 (616.000,00 − 64.000,00) pela quantidade de unidades boas (5.000).

$$(616.000,00 - 64.000,00) \div 5.000 \rightarrow 552.000,00 \div 5.000 = 110,40$$

A nosso ver, o custo das unidades boas deveria ser: 616.000,00 ÷ 5.400 = 114,07. Tanto as unidades boas como as defeituosas teriam o mesmo custo, sendo as defeituosas consideradas "de segunda" e, para comercialização, vendidas a um preço menor que as boas, de primeira linha.

07. (24): "C"

Para encontrar a resposta dessa questão é necessário considerar que os custos de produção (gastos que formam o custo de uma ordem de produção) são formados por três componentes: mão de obra direta, matéria-prima e gastos gerais de fabricação. Os dois primeiros são considerados custos diretos (são alocados aos produtos de forma direta, sem a necessidade de rateios); já os últimos são representados pelos custos indiretos de produção, que são distribuídos aos produtos através de critérios de proporcionalidade (rateio). Como a questão informa os valores dos dois primeiros componentes e também que os últimos representam 16% dos custos diretos (valor dos dois primeiros), basta somar os dois primeiros e adicionar 16% por conta dos custos indiretos. É importante observar que, mesmo a questão não informando se a matéria-prima é direta, sempre será considerada direta. Além disso, para tirar qualquer dúvida, o enunciado explica que "os custos indiretos de produção foram aplicados a uma taxa de 16% sobre os custos diretos", ou seja, todos os custos indiretos foram atribuídos com base na participação (16%) dos custos diretos e, portanto, todos os valores informados se referem a custos diretos.

Matéria-prima	280.000,00

Mão de obra direta	420.000,00
Total dos custos diretos	700.000,00
Custos indiretos 16%	112.000,00
Total dos custos de produção	812.000,00

Observação: ao considerar que o custo de produção de uma ordem é composto pelo valor dos três componentes de custo (mão de obra direta, matéria-prima e gastos gerais de fabricação), percebe-se que o valor informado pelas duas primeiras alternativas é inferior ao valor da soma dos custos diretos (informados na questão), ou seja, elas estão erradas. Já a última possui um valor que corresponde praticamente ao dobro da soma dos custos indiretos, fato que confirma erro na alternativa.

08. (25): "D"

Essa questão é muito semelhante à Questão4 (9) do exame bacharel 2002-I, por isso não serão feitos os comentários sobre o método PEPS e como ele é usado para determinar o cálculo dos custos do produto vendido e dos estoques. Essa questão também é idêntica à questão 4 (12) do exame bacharel 2002-II.

Na tabela 8.28 são evidenciados os cálculos realizados, num controle permanente de estoque, que utiliza o método do PEPS, sendo possível determinar os valores da alternativa correta.

TABELA 8.28

Data	Entradas			Saídas			Saldo		
	Quantidade	Custo unitário	Custo total	Quantidade	Custo unitário	Custo total	Quantidade	Custo unitário	Custo total
5.8.2002	1.500	11,00	16.500,00				1.500	11,00	**16.500,00**
9.8.2002				800	11,00	8.800,00	700	11,00	7.700,00
12.8.2002	1.800	12,00	21.600,00				700	11,00	7.700,00
							1.800	12,00	21.600,00
							2.500		29.300,00
16.8.2002				700	11,00	7.700,00			

Data	Entradas			Saídas			Saldo		
	Quantidade	Custo unitário	Custo total	Quantidade	Custo unitário	Custo total	Quantidade	Custo unitário	Custo total
				600	12,00	7.200,00			
				1.300		14.900,00	1.200	12,00	**14.400,00**
19.8.2002	600	13,00	7.800,00				1.200	12,00	14.400,00
							600	13,00	7.800,00
							1.800		**22.200,00**
23.8.2002				200	12,00	2.400,00	1.000	12,00	12.000,00
							600	13,00	7.800,00
							1.600		19.800,00

No entanto, para responder à questão não é necessário fazer todos esses cálculos, pois o método do PEPS considera que as primeiras unidades a entrar são as que saem primeiro e, com isso, as últimas são as que ficam no estoque. Como as quatro alternativas apresentam um valor diferente para o saldo do estoque no dia 20/ certa. Para isso, é necessário: 1.º) determinar a quantidade de produtos que compõem 8 (último dia), basta determinar o valor do estoque do último dia e será identificada a resposta o estoque final no último dia solicitado, 20.8.2002. Para isso, basta somar as entradas e deduzir as saídas até 20.8.2002 → (1.500 − 800 + 1.800 − 1.300 + 600 = 1.800); 2.º) valorar essas unidades com base nas últimas entradas, partindo sempre da última e regredindo até valorar 100% das unidades que estão no estoque:

Última entrada	1.200	× 12,00 =	14.400,00
Penúltima entrada	600	× 13,00 =	7.800,00
Total do estoque determinado com base no PEPS	1.800		22.200,00

09. (26): "C"

Essa questão é muito semelhante à questão 3 do exame técnico em contabilidade 2001-II e à questão 4 do exame bacharel 2002-I, já desenvolvidas anteriormente.Inclusive, na solução da questão 3, do exame técnico em contabilidade 2001-II, há vários comentários do que deve ser considerado e quais os cálculos a serem realizados para a solução de questões que requerem

Capítulo 8 – Respostas e comentários dos exercícios

o conhecimento de controle de estoque pelo PEPS. Para determinar o saldo de estoque pelo PEPS existem duas formas: 1.ª) por meio do controle permanente de estoque (tabela 8.29); 2.ª) definir a quantidade que está em estoque e compor o seu valor considerando os custos das últimas entradas até atingir o saldo de unidades existentes no estoque.

TABELA 8.29

Data	Entradas			Saídas			Saldo		
	Quantidade	Custo unitário	Custo total	Quantidade	Custo unitário	Custo total	Quantidade	Custo unitário	Custo total
31.1.2003							450	5,10	2.295,00
8.2.2003	390	6,00	2.340,00				450	5,10	2.295,00
							390	6,00	2.340,00
8.2.2003	Saldo total considerando os dois custos diferentes						840		4.635,00
10.2.2003	170	7,50	1.275,00				450	5,10	2.295,00
							390	6,00	2.340,00
							170	7,50	1.275,00
10.2.2003	Saldo total considerando os três custos diferentes						1.010		5.910,00
17.2.2003	140	8,90	1.246,00				450	5,10	2.295,00
							390	6,00	2.340,00
							170	7,50	1.275,00
							140	8,90	1.246,00
	Saldo total considerando os quatro custos diferentes						1.150		7.156,00
18.2.2003				450	5,10	2.295,00			
				390	6,00	2.340,00			
	Total das saídas do dia			840		4.635,00	170	7,50	1.275,00
							140	8,90	1.246,00
	Saldo total considerando os quatro custos diferentes						310		2.521,00
25.2.2003				160	7,50	1.200,00	10	7,50	75,00
							140	8,90	1.246,00
22.4.2001	Saldo total considerando os três custos diferentes						**150**		**1.321,00**

A forma mais simples e rápida é atribuir o valor para as unidades que estão no estoque, com base no valor das últimas entradas, já que o PEPS significa primeiro a entrar, primeiro a sair, que corresponde ao último que entrou é o que está no estoque. Assim, o primeiro passo é definir quantas unidades estão no estoque. Para isso, soma-se o estoque inicial com as entradas e deduzem-se as saídas. Depois de ter a informação do volume de unidades no estoque, deve-se atribuir os valores a elas, considerando os valores das últimas entradas, de forma regressiva, até que o volume total das unidades no estoque esteja valorado.

- Determinação do volume em estoque: 450 + 390 + 170 + 140 − − 840 − 160 = 150

Determinação do valor do estoque, referente às 150 unidades que estão no estoque.

Última entrada	140	× 8,90 =	1.246,00
Penúltima entrada	10	× 7,50 =	75,00
Total do estoque determinado com base no PEPS	150		1.321,00

8.17. EXAME BACHAREL 2004-I

01. (11): "C"

Para fazer o rateio de gastos indiretos é importante atentar para o custo indireto, que é apresentado pelo valor total e, portanto, a base de rateio (utilizada para distribuição proporcional) também deve ser considerada pelo total. A seguir está evidenciada uma forma de como proceder para se fazer os rateios dos gastos indiretos.

$$\text{Proporção para rateio} = \frac{\text{Custos indiretos}}{\text{Base de rateio}}$$

Deve-se considerar o fato de a questão estabelecer que o custo indireto do Ca, de R$ 80.000,00, deve ser distribuído proporcionalmente ao valor da mão de obra direta, e o custo indireto do Cb, de R$ 45.000,00, deve ser distribuído proporcionalmente ao valor da matéria-prima.

Proporção para rateio Ca =	Custos ind.	=	c. ind. Ca	=	80.000,00	=	0,3555
	Base de rateio		mão de obra dir.		225.000,00		1,00

Proporção para rateio Cb = $\dfrac{\text{Custos ind.}}{\text{Base de rateio}}$ = $\dfrac{c.\ ind.\ Ca}{mat.\ prima}$ = $\dfrac{45.000,00}{400.000,00}$ = $\dfrac{0,1125}{1,00}$

Desse modo, para cada R$ 1,00 de mão de obra aplicada, deverá ser atribuído, aos dois produtos, R$ 0,3555 de custos indiretos referente ao Ca e, para cada R$ 1,00 de matéria-prima consumida, deverá ser atribuído R$ 0,1125 de custos indiretos referente ao Cb.

Outra forma é determinar quanto (em porcentagem), do total da mão de obra direta aplicada, foi destinado a cada um dos produtos. Com base nessa participação, deve-se atribuir o valor do custo indireto que tem como base de rateio o valor da mão de obra direta. O mesmo deve ser feito com o custo indireto, cuja base de rateio é o consumo de matéria-prima.

Seguindo essa sistemática, o trator A consumiu 62,50% da matéria-prima e deve receber 62,50% do custo do Cb (45.000,00 × 62,50% = 28.125,00); utilizou 56,56% do total da mão de obra aplicada e deve receber 56,56% do custo do Ca (80.000,00 × 56,56% = 44.448,00). Já o trator B consumiu 37,50% da matéria-prima, devendo receber 37,50% do custo do Ca (45.000,00 × 37,50% = 16.875,00) e utilizou 44,44% do total da mão de obra aplicada, devendo receber 44,44% do custo do Ca (80.000,00 × 44,44% = 35.552,00).

A tabela 8.30 apresenta a distribuição dos custos indiretos, com base nos critérios informados.

TABELA 8.30

Custos	Base de rateio	Trator A	Porcentagem	Trator B	Porcentagem	Total	Porcentagem	Custo industrial	Proporção
Matéria-prima		250.000,00	62,50%	150.000,00	37,50%	400.000,00	100%	45.000,00	0,1125
Mão de obra direta		125.000,00	55,56%	100.000,00	44,44%	225.000,00	100%	80.000,00	0,3555
Soma		375.000,00		250.000,00		625.000,00		125.00,00	
Custo centro A	MOD	44.448,00		35.552,00		80.000,00			

Custos	Base de rateio	Trator A	Porcentagem	Trator B	Porcentagem	Total	Porcentagem	Custo industrial	Proporção
Custo centro B	MP	28.125,00		16.875,00		45.000,00			
Custo total		447.573,00		302.427,00		750.000,00			

02. (12): "C"

Essa questão é idêntica à Questão 7 (24) do exame técnico em contabilidade aplicado em 2003-II. Sendo assim, remetemos o leitor a seus comentários.

03. (13): "A"

O primeiro passo para resolver essa questão é separar os valores que representam custos dos demais (despesas, ativos, passivos). Uma vez identificados os custos, deve-se somá-los e dividir o seu total pela quantidade de unidades produzidas. Com isso, encontramos o custo unitário de cada unidade que, multiplicado pela quantidade presente no estoque final, faz obter o valor do estoque; multiplicado pela quantidade vendida, será determinado o valor do CPV. Quanto à identificação dos custos, acredita-se que a única conta que pode gerar alguma dúvida é a que se refere à compra de matéria-prima, por ela representar ou não um custo. A compra de matéria-prima é um investimento e não um custo, já que o seu registro é no ativo (estoque) e não no custo de produção. A matéria-prima só será considerada custo de produção quando for requisitada pela produção (consumo).

Aluguel de fábrica	40.000,00	
Consumo de matéria-prima	100.000,00	
Custo diversos	60.000,00	
Mão de obra da fábrica	80.000,00	
Total do custo de fabricação	280.000,00	/ 800 unidades = 350,00
Estoque acabados (800 − 540) × 350,00 → 260 × 350,00 = **91.000,00**		
Custo dos produtos vendidos (CPV) 540 × 350,00 = **189.000,00**		

Capítulo 8 – Respostas e comentários dos exercícios **251**

04. (14): "B" (pelo gabarito) "C" (pela nossa interpretação)

Essa questão já foi aplicada em três provas: exame técnico em contabilidade de 2002-I, exame técnico em contabilidade de 2003-II e exame bacharel de 2004-I. A questão 6 (23) do exame técnico 2003-II e a Questão 4 (14) do exame bacharel de 2004-I são idênticas. A questão 3 (23) do exame técnico de 2003-II é praticamente igual às outras duas, sendo a única diferença que os valores apresentados são exatamente 50% dos respectivos valores constantes nas outras duas. No comentário da questão3 (23) doexame técnico 2002-I estão todas as razões pelas quais discordamos da resposta que a comissão organizadora estabeleceu como certa. Em função de o texto ser um pouco extenso e por se aplicar integralmente, também a essa questão (a diferença está apenas nos valores do enunciado) entendeu-se que não faria sentido repeti-lo, já que basta localizar a resposta da referida questão para ter acesso aos comentários.

Seguindo o critério utilizado pela comissão organizadora da prova, o valor do custo das unidades boas deve ser determinado dividindo-se o custo líquido de R$ 552.000,00 (616.000,00 – 64.000,00) pela quantidade de unidades boas (5.000).

(616.000,00 – 64.000,00) ÷ 5.000 → 552.000,00 ÷ 5.000 = 110,40

A nosso ver, o custo das unidades boas deveria ser: 616.000,00 ÷ 5.400 = 114,07. Tanto as unidades boas como as defeituosas teriam o mesmo custo, porém as defeituosas seriam consideradas de segunda linha e, para comercialização, seriam vendidas a um preço menor do que as boas, denominadas "de primeira".

05. (20): "B"

Para responder a essa questão, primeiro é necessário saber o que significam cada um dos itens solicitados.

Grau de alavancagem operacional (GAO): é a relação entre o aumento no lucro gerado em função do aumento no volume de vendas. Quanto maior for o grau de alavancagem, maior será o efeito no aumento do lucro causado pela alteração no volume de vendas. Exemplo: se o grau de alavancagem for 1,5 representará que um aumento no volume de vendas de 3% geraria uma ampliação no lucro de 4,5% (3% × 1,5%). Existem várias fórmulas para a determinação do GAO, entre elas:

$$GAO = \frac{\text{Variação do lucro (entre duas situações com quantidades diferentes)}}{\text{Variação da quantidade (entre duas situações com quantidades diferentes)}}$$

$$GAO = \frac{\text{Quantidade vendida}}{\text{Quantidade da margem de segurança}}$$

$$GAO = \frac{\text{Margem de contribuição total}}{\text{Lucro total}}$$

Em função das informações disponibilizadas, a fórmula a ser usada é a última.

$$GAO = \frac{9.846.400,00}{1.856.800,00} = 5,30$$

Margem de segurança (MS): é a diferença entre a quantidade vendida e o ponto de equilíbrio (PE). Assim, para determinar o valor da MS, primeiro é necessário determinar o PE. Para determinar o PE existem várias fórmulas, entre elas:

$$PE \text{ em quantidade} = \frac{\text{Custos fixos totais} + \text{despesas fixas totais}}{\text{Margem de contribuição unitária}}$$

$$PE \text{ em quantidade} = \frac{\text{Custos fixos totais} + \text{despesas fixas totais}}{\% \text{ margem de contribuição unitária}} \quad \text{ou}$$

$$PE \text{ em R\$} = PE \text{ em quantidade} \times \text{preço de venda}$$

Considerando que a questão requer o PE em R$ e, com base nas informações disponíveis, a fórmula a ser usada é a segunda.

$$PE \text{ em R\$}^* = \frac{7.989.600,00}{0,5470} = 14.606.216,00$$

* Usando o percentual informado na questão, que foi arredondado em duas casas após a vírgula. A comissão organizadora da prova, no enunciado informou o percentual da margem de contribuição usado apenas duas casas após a vírgula (54,70); no entanto, ao calcular o ponto de equilíbrio (informado na alternativa "b"), ela utilizou o percentual com oito casas após a vírgula (54,70222222%). Essa observação se faz necessária, pois, do contrário, ao considerar o valor do ponto de equilíbrio utilizando o percentual da margem de contribuição informado na questão (54,70%), todas as alternativas estariam erradas, já que a considerada correta ("b") apresenta o valor de R$ 14.605.622,36, como ponto de equilíbrio, diferente do valor obtido pelo cálculo, utilizando o percentual de margem de contribuição informado na questão (R$ 14.606.216,00).

Para obter o valor do ponto de equilíbrio informado na alternativa "b", deve-se considerar o percentual da margem de contribuição com oito casas, conforme evidenciado a seguir.

$$MC\% = \frac{9.846.400,00}{18.000.000,00} = 0,54700222222 \rightarrow 54,70222222\%$$

$$PE\ em\ R\$ = \frac{7.989.600,00}{0,54700222222} = 14.605.622,36$$

MS em R$ = total vendas − PE em R$

- MS em R$ = 18.000.000,00 − 14.606.216,00 = 3.393.784,00

Com as informações do GAO e da MS em R$ identificadas, já é possível saber qual é a alternativa correta, não sendo necessário determinar a informação do percentual da margem de segurança. Mas, para fins de aprendizado, a seguir está evidenciado seu cálculo.

Percentual da margem de segurança (%MS): representa o quanto a empresa está faturando acima do ponto de equilíbrio. Ao mesmo tempo, representa, também, o quanto deixará de vender para chegar ao ponto de equilíbrio, ou seja, passara registrar prejuízo (por isso chamado de percentual de margem de segurança). Para calcular o %MS basta dividir o valor da margem de segurança pelo valor das vendas (pode ser em quantidade ou em valor).

$$\% MS = \frac{MS\ em\ quantidade}{Vendas\ em\ quantidade} \quad ou\ \% MS = \frac{MS\ em\ R\$}{Vendas\ em\ R\$}$$

$$\% MS = \frac{3.393.784,00}{18.000.000,00} = 0,1886 \rightarrow 18,86\%$$

A afirmação da alternativa "a" está errada, visto que informa ser a margem de segurança 80,70% quando o correto seria 18,86%. Já o valor informado como grau de alavancagem (5,30) está correto. A alternativa "c", mesmo informando o valor correto para o grau de alavancagem (5,30), está errada, pois atesta que ele é determinado através da proporcionalidade da receita com vendas, em relação à margem de contribuição, quando o correto é devido à proporcionalidade da margem de contribuição, em relação ao lucro. A alternativa "d", mesmo fixando o valor correto para a margem de segurança, está errada, pois afirma que seria devido à aplicação do grau de alavancagem ao lucro líquido do exercício. Já a "b" está correta, uma vez que as duas informações dadas são verdadeiras. O percentual informado da margem de segurança é exatamente o mesmo do calculado (18,86%) e o do valor do ponto de equilíbrio informado (R$ 14.605.622,36).

8.18. TÉCNICO EM CONTABILIDADE 2004-I

01. (13): "C"

A conta referente ao custo dos produtos vendidos é debitada pela saída dos produtos do estoque, por ocasião das vendas, tendo como contrapartida o crédito na conta de estoque de produtos prontos.

Sendo assim, a alternativa que apresenta a afirmativa correta é a "c". A alternativa "a" está errada, já que a conta a ser debitada, quando ocorre a apuração final da estrutura dos custos de produção, é de estoque de produtos em elaboração e não a de custo dos produtos vendidos. A "b" está incorreta, pois não existe apuração do balanço patrimonial. A alternativa "d" também está errada porque a conta a ser debitada, quando ocorre a baixa da conta de estoque do produto em processo pela formação do produto acabado, é a do estoque de produtos acabados (prontos).

02. (18): "D"

Para responder a essa questão, é necessário identificar as contas que representam receitas e despesas, já que o resultado líquido é a diferença entre as duas. Ou seja, contas de ativo e passivo não devem ser utilizadas para esse confronto. Além disso, a questão exige que se determine o valor do custo das mercadorias vendidas (CMV), que também é uma despesa, mas que não tem seu valor informado de forma direta, sendo preciso defini-lo com base nas informações disponibilizadas.

$$CMV = EI + CO - DO - EF$$

- CMV = custo das mercadorias vendidas.
- EI = estoque inicial das mercadorias destinadas para venda.
- CO = valor do custo líquido das compras das mercadorias (descontados os créditos).
- DO = valor do custo líquido das devoluções das compras de mercadorias.
- EF = estoque final das mercadorias destinadas para venda.
- CMV = 150.000,00 + (420.000,00 – 0,00) – 0,00 – 105.000,00
  = 465.000,00

Capítulo 8 – Respostas e comentários dos exercícios **255**

É importante observar que os valores de venda de mercadorias e do ICMS sobre as vendas não devem ser considerados no cálculo dos custos de compra, pois eles não têm nenhuma relação com o custo das mercadorias. O valor do ICMS seria considerado se ele se referisse a ICMS sobre a compra (crédito).

03. (20): "A"

Para identificar a alternativa correta, primeiro deve-se calcular o valor do custo da mercadoria vendida (CMV) e, depois, encontrar o valor do lucro operacional líquido (LOL). Como todas as alternativas apresentam valores diferentes para o CMV, para identificar a correta basta determinar o valor do CMV.

CMV = estoque inicial + compras – devoluções de compra – e estoque final

- CMV = 2.800,00 + 1.600,00 – 150,00 – 600,00 = 3.650,00

Com o conhecimento do valor do CMV (R$ 3.650,00), já é possível identificar a alternativa correta. De qualquer forma, para fins de aprendizagem, demonstramos o cálculo para determinar o valor do LOL a seguir.

LOL = receitas – despesas (incluindo o valor do CMV)

- LOL = 5.400,00 – 80,00 – 90,00-300,00 – 3.650,00 = 1.280,00

04. (21): "C"

Para identificar a alternativa correta, primeiro deve-se calcular o valor total das compras para, depois, encontrar o valor das compras a prazo (60% do total das compras). Para isso, usaremos a fórmula utilizada para calcular o custo das mercadorias vendidas (CMV).

CMV = estoque inicial + compras – devoluções de compra – estoque final

- 75.000,00 = 10.000,00 + compras – 0,00 – 20.000,00
- Compras = 75.000,00 – 10.000,00 + 20.000,00 → 85.000,00
- Compras a prazo = 85.00,00 × 60% = 51.000,00

05. (22): "B"

Para descobrir a alternativa correta, deve-se usar a fórmula utilizada para calcular o custo das mercadorias vendidas (CMV). É interessante observar que a questão apresenta vários valores que não possuem nenhuma relação com o estoque, e devem simplesmente ser desprezados.

> CMV = estoque inicial + compras − devoluções de compra − estoque final

- 232.000,00 = 105.000,00 + (280.000,00 + 8.200,00) −
  − 21.000,00 − estoque final
- Estoque final = 105.000,00 + 288.200,00 − 21.000,00 −
  − 232.000,00 = 140.200,00

06. (24): "D"

A conta de matéria-prima (estoque − ativo) será debitada pela compra e pela devolução do material requisitado pela fábrica e que não foi utilizado (retorno ao estoque). Será creditada pelo consumo (requisição para produção) e pela devolução aos fornecedores.

Sendo assim, a afirmação da alternativa "a" está correta, pois representa o consumo de materiais diretos, materiais que são adicionados diretamente aos produtos em elaboração (semiacabados) e, portanto, devem ser creditados. A alternativa "b" também apresenta um consumo de materiais e está correta. Nesse caso, é de materiais indiretos adicionados a custos indiretos de fabricação; portanto, também devem ser creditados. A "c" também está correta, já que a conta de matéria-prima deve ser debitada no momento da compra. Já a alternativa "d" está errada, pois a conta de matéria-prima não tem nenhuma relação com a conta do custo de produtos acabados. A conta do custo de produtos só é creditada pelo "estorno" do custo de produtos vendidos, por ocasião da devolução de vendas. Como a questão requer a alternativa incorreta, essa é a letra que deve se assinalada.

Observação: se for considerado estritamente o significado do termo "matéria-prima" (matéria bruta ou pouco elaborada com que se fabrica alguma coisa ou, normalmente, material principal com que é feito um produto), a alternativa "b" também estaria errada porque materiais indiretos não seriam considerados matéria-prima.

07. (25): "B"

Para responder a essa questão, faz-se necessário considerar que o valor *total* dos custos variáveis se modifica na mesma proporção da variação ocorrida na produção; já o seu valor *unitário* permanece o mesmo. O valor *total* dos custos fixos também permanecerá o mesmo quando ocorrer variação de quantidade produzida e, consequentemente, seu valor *unitário* mudará de forma inversa à variação ocorrida na produção (se a produção aumentar, o valor unitário do custo fixo diminuirá e vice-versa).

TABELA 8.31

Rubrica	99.000 unidades		74.250 unidades	
	Custo unitário	Custo total	Custo unitário	Custo total
Custo fixo	3,00	297.000,00	4,00	297.000,00
Custo variável	7,00	693.000,00	7,00	519.750,00
Custo total	10,00	990.000,00	11,00	818.750,00

08. (26): "B"

Para responder a essa questão, primeiramente determina-se o valor do custo das mercadorias vendidas (CMV) através da diferença do valor das vendas e do lucro bruto. Depois da definição do valor do CMV, basta usar a fórmula básica utilizada para definir o CMV (com base nos valores relacionados com o estoque) e, com isso, encontrar o valor do estoque final. Se considerássemos a margem sobre o preço de venda, a solução seria a seguinte:

Lucro bruto = vendas − CMV, logo: CMV = vendas − lucro bruto

- CMV = 84.000,00 − (84.000,00 × 40%) = 84.000,00 − − 33.600,00 = 50.400,00

CMV = estoque inicial + compras − devoluções de compra − estoque final

- 50.400,00 = 23.100,00 + (61.600,00 + 1.800,00) − 4.600,00 − − estoque final
- Estoque final = 23.100,00 + 63.400,00 − 4.600,00 − 50.400,00 = 31.500,00

Se considerarmos a margem sobre o custo da mercadoria vendida, a solução seria esta:

Lucro bruto = vendas − CMV, logo: CMV = vendas − lucro bruto

- CMV = 84.000,00 − 0,4 CMV → 1,4 CMV = 84.000,00
- CMV = 84.000,00 ÷ 1,4 → 60.000,00

CMV = estoque inicial + compras − devoluções de compra − estoque final

- 60.000,00 = 23.100,00 + (61.600,00 + 1.800,00) − 4.600,00 − estoque final

- Estoque final = 23.100,00 + 63.400,00 − 4.600,00 − 60.000,00
  = 21.900,00

8.19. EXAME BACHAREL 2004-I – CRICIÚMA

01. (4): "D"

Para identificar a alternativa correta, deve-se usar a fórmula utilizada para calcular o custo das mercadorias vendidas (CMV). É interessante observar o fato de a questão informar vários valores que não possuem nenhuma relação com o estoque; por isso, devem simplesmente ser desprezados.

CMV = estoque inicial + compras − devoluções de compra − estoque final, ou

Estoque inicial = estoque final + CMV − compras + devoluções de compra

- Estoque inicial = 140.200,00 + 232.000,00 − 288.200,00 +
  + 21.000,00 = 105.000,00

02. (11): "D"

Essa questão é muito semelhante à questão 7 (24) do exame técnico em contabilidade aplicado em 2003-II. As duas únicas diferenças estão nos valores informados para a matéria-prima e mão de obra direta. Sendo assim, remetemos o leitor a seus comentários.

Considerando-se os valores informados para essa questão, a solução é a seguinte:

Mão de obra direta	310.000,00
Matéria-prima	430.000,00
Total dos custos diretos	740.000,00
Custos indiretos 16%	118.400,00
Total dos custos de produção	858.400,00

03. (12): "D"

Essa questão é muito semelhante à questão 3 do exame técnico em contabilidade 2001-II e questão 4 do exame bacharel 2002-I. Na solução da questão 3 estão os cálculos que devem ser realizados quando a questão requerer o conhecimento de controle de estoque pelo PEPS. Conforme comentários já feitos, para determinar o saldo de estoque pelo PEPS, existem duas formas:

1.ª) através do controle permanente de estoque (Tabela 8.32); 2.ª) definir a quantidade que está em estoque e compor o seu valor, considerando os custos das últimas entradas, até atingir o saldo de unidades existentes no estoque.

TABELA 8.32

Data	Entradas			Saídas			Saldo		
	Quantidade	Custo unitário	Custo total	Quantidade	Custo unitário	Custo total	Quantidade	Custo unitário	Custo total
31.1.2003							450	5,10	2.295,00
8.2.2003	390	6,00	2.340,00				450	5,10	2.295,00
							390	6,00	2.340,00
8.2.2003	Saldo total considerando os dois custos diferentes						840		4.635,00
10.2.2003	170	7,80	1.326,00				450	5,10	2.295,00
							390	6,00	2.340,00
							170	7,80	1.326,00
10.2.2003	Saldo total considerando os três custos diferentes						1.010		5.961,00
17.2.2003	140	9,10	1.274,00				450	5,10	2.295,00
							390	6,00	2.340,00
							170	7,80	1.326,00
							140	9,00	1.274,00
	Saldo total considerando os quatro custos diferentes						1.150		7.235,00
18.2.2003				450	5,10	2.295,00			
				390	6,00	2.340,00			
	Total das saídas do dia			840		4.635,00	170	7,80	1.326,00
							140	9,00	1.274,00
	Saldo total considerando os quatro custos diferentes						310		2.600,00
25.2.2003				160	7,80	1.248,00	10	7,80	78,00
							140	9,00	1.274,00
22.4.2001	Saldo total considerando os três custos diferentes						**150**		**1.352,00**

A forma mais simples e rápida é atribuir o custo para as unidades que estão no estoque, com base no valor das últimas entradas, já que o PEPS significa primeiro a entrar, primeiro a sair, o que corresponde ao último a entrar é que permanecerá no estoque ou aquele que está no estoque foi o último a entrar. Sendo assim, o primeiro passo é definir quantas unidades estão no estoque. Para isso, deve-se somar o estoque inicial com as entradas e deduzir as saídas. Depois de ter a informação do volume das unidades do estoque, deve-se atribuir os valores a elas, considerando-se os custos das últimas entradas, de forma regressiva, até que o volume total das unidades constantes no estoque esteja valorado.

- Determinação do volume em estoque: 450 + 390 + 170 + 140 − − 840 − 160 = 150

Determinação do valor do estoque referente às 170 unidades que estão no estoque:

Última entrada	140	× 9,00 =	1.274,00
Penúltima entrada	10	× 7,80 =	78,00
Total do estoque determinado com base no PEPS	150		1.352,00

04. (13): "C"

Essa questão trata de rateio e, para realizá-lo, é importante atentar para o fato de o custo indireto ser apresentado pelo valor total; a base de rateio (utilizada para distribuição proporcional) também deve ser considerada pelo total). A seguir está evidenciada uma forma de como proceder ao rateio dos gastos indiretos.

$$\text{Proporção para rateio} = \frac{\text{Custos indiretos}}{\text{Base de rateio}} =$$

Considerando-se que a questão estabelece ser o custo indireto total do C1 igual a R$ 90.000,00 e que ele deve ser distribuído proporcionalmente à mão de obra direta utilizada (base de rateio), que totaliza R$ 225.000,00, teríamos:

$$\text{Proporção para rateio} = \frac{\text{Custos indiretos}}{\text{Base de rateio}} = \frac{\text{Custos indireto C1}}{\text{Mão de obra direta}} = \frac{90.000,00}{225.000,00} = \frac{0,40}{1,00}$$

Logo, para cada R$ 1,00 de matéria-prima consumida, deverá ser atribuído R$ 0,40 de custos indiretos. Sendo assim, se a máquina A consumiu R$ 220.000,00, ela absorverá R$ 40.000,00 (R$ 100.0000,00 × 0,40) dos

Capítulo 8 – Respostas e comentários dos exercícios   261

R$ 90.000,00 de custos indiretos. Já a máquina B deverá receber R$ 50.000,00 (R$ 180.000,00 × 0,40).

Considerando, também, que a questão estabelece R$ 50.000,00 como custo indireto total do C2 e que o mesmo deve ser distribuído proporcionalmente à matéria-prima aplicada (base de rateio), que totaliza R$ 400.000,00, teríamos:

$$\text{Proporção para rateio} = \frac{\text{Custos indiretos}}{\text{Base de rateio}} = \frac{\text{Custos indireto C2}}{\text{Mat. prima}} = \frac{50.000,00}{400.000,00} = \frac{0,125}{1,00}$$

Ou seja, para cada R$ 1,00 de matéria-prima consumida, deverá ser atribuído R$ 0,125 de custos indiretos. Sendo assim, se a máquina A consumiu R$ 220.000,00 absorverá R$ 27.500,00 (R$ 220.0000,00 × 0,125) dos R$ 50.000,00 de custos indiretos. Já a máquina B deve receber R$ 22.500,00 (R$ 180.000,00 × 0,125).

A tabela 8.33 apresenta o desenvolvimento de toda a questão, lembrando que se deseja saber o custo dos estoques prontos (matéria-prima + custos indiretos).

TABELA 8.33

Custos	Máquina A	Máquina B	Total	Custo indireto	
Matéria--prima	220.000,00	180.000,00	400.000,00	50.000,00	0,12500
Mão de obra direta	100.000,00	125.000,00	225.000,00	90.000,00	0,40000
Soma do custo direto	320.000,00	305.000,00	625.000,00	140.000,00	
Custo centro 1	40.000,00	50.000,00	90.000,00	90.000,00	
Custo centro 2	27.500,00	22.500,00	50.000,00	50.000,00	
Custo total	**387.500,00**	**377.500,00**	765.000,00		

Observações: mesmo sem fazer qualquer cálculo, é possível eliminar algumas alternativas (consideradas falsas). A alternativa "c" é falsa, já que o custo de produção da máquina A não pode ser de apenas R$ 320.000,00. Esse é o valor sem considerar qualquer centavo de custo indireto, ou seja, qualquer centavo de custo indireto atribuído à máquina A faria com que seu valor fosse superior a R$ 320.000,00.

Os valores calculados diferem em R$ 4,00 em relação aos informados na alternativa "c". Embora a diferença pudesse ser considerada em função de arredondamento, nesse caso é estranho, já que, mesmo usando somente duas casas (0,12) para a proporcionalidade da matéria-prima, não se chega a esse valor. A proporcionalidade utilizada na solução foi considerada com todas as casas.

05. (14): "A"

Para responder a essa questão, primeiro calcula-se o custo de produção do período para, depois, definir quanto dessa produção foi vendida e quanto permaneceu em estoque. Para isso, é necessário saber que todos os custos (fixos ou variáveis) devem ser considerados na apuração dos gastos de produção. Já as despesas (fixas ou variáveis) não devem ser consideradas, pois são gastos que devem ser lançados diretamente no resultado, no período em que ocorrerem. Dos dados apresentados, só as despesas administrativas e despesas de venda não são custos de produção. Sendo assim, a solução da questão é obtida da forma a seguir evidenciada:

- Custo de produção total = 50.000,00 + 90.000,00 + 80.000,00 + + 80.000,00 = 300.000,00
- Custo de produção unitário = 300.000,00 ÷ 750 = 400,00
- Custo do produto vendidos PV = 480 × 400,00 = 192.000,00
- Estoque final dos produtos acabados EFPA = (750 − 480) × 400,00 = 108.000,00

Observação: essa questão pode ser respondida sem a necessidade de calcular o custo do produto e, consequentemente, o dos produtos vendidos e o do estoque final. Para isso, basta observar que a empresa produziu 750 unidades, das quais 480 foram vendidas (64% da produção) e que, por consequência, o estoque final será de 270 (750 − 480) unidades (36% da produção). Ou seja, o estoque final é 36% (270 ÷ 750) do volume produzido e seu valor deverá ser inferior ao valor do custo do produto vendido (CPV) (praticamente 1/3 da produção), representando 56,625% (270 ÷ 480) do valor do CPV. Logo, o valor do estoque deve ser inferior ao valor do CPV; sendo assim, as alternativas "c" e "d", por informarem valor maior para o estoque do que para o CPV, estão erradas. Sobram as alternativas "a" e "b", e ambas informam valor menor para o estoque. Além disso, informam que o valor do estoque representa 56,625% do valor do CPV, o que não permite identificar qual é a errada ou a certa. Nesse caso, deve-se, sem considerar a solução da questão, somar os dois valores (estoque + CPV) e verificar se o resultado fecha com a soma dos custos. A alternativa "a" resulta em R$ 300.000,00 (108.000,00 + 192.000,000); já a "b", em R$ 410.000,00 (147.600,00 + 262.400,00). A diferença entre as duas é de R$ 110.000,00. A escolha é definida em função da classificação do valor informado como compra de matéria-prima. Se ele for somado com o custo (que é errado), a alternativa que apresenta o valor correspondente a essa decisão é a "b". Se for considerado como um valor de ativo (que é o correto), a alternativa que representa o valor que corresponde à decisão é a "a". Sendo assim, é importante chamar a atenção para o fato de a matéria-prima só ser considerada custo quando for consumida (requisitada para a produção); já a compra sempre deve ser considerada como um ativo (estoque).

06. (20): "C"

Para resolver essa questão, é necessário ter o conhecimento dos conceitos de cada uma das expressões que fazem parte da questão.

Grau de alavancagem operacional (GAO): é a relação existente entre o aumento do volume vendido e o aumento que essa variação causa no aumento do lucro. Para a sua determinação, divide-se o volume de venda pelo volume da margem de segurança.

Margem de segurança (MS): é o volume vendido acima do ponto de equilíbrio. Para a sua determinação, basta calcular a diferença entre o volume vendido e o ponto de equilíbrio, sendo o ponto de equilíbrio obtido pela divisão do total dos gastos fixos (custos e despesas) pelo percentual da margem de contribuição.

Percentual da margem de segurança (%MS): é o percentual que a margem de contribuição representa sobre o total vendido, ou seja, o quanto a empresa está gerando de vendas acima do ponto de equilíbrio. Para sua determinação basta dividir o valor da margem de contribuição pelo valor total das vendas.

O ponto de partida é determinar o ponto de equilíbrio (PE):

- PE = (CFT + DFT) ÷ %MC → PE 13.790.000,00 ÷ 0,552
  = 24.981.884,06

- MS = RT − PE → MS = 35.000.000,00 − 24.981.884,06
  = 10.018.115,94

- %MS = MS ÷ RT → %MS = 10.018.115,94 ÷ 35.000.000,00 = 28,62%
- GAO = RT ÷ MS → 35.000.000,00 ÷ 10.018.115,94 = 3,49367

Com base nessas informações, a alternativa que apresenta os valores corretos é a "c", já que as duas afirmações dadas por ela estão corretas. O percentual da MS é de 28,62% e é devido em função do PE (a MS é diferença da RT − PE), e o valor informado para o PE também está correto (R$ 24.981.884,06).

A alternativa "a", mesmo fornecendo o valor correto para o GAO (3,49), está errada porque informa que ele foi gerado em função da relação da receita de venda com a margem de contribuição, quando o correto seria em função da relação da receita de venda com a margem de segurança.

A alternativa "b" está errada em função de informar que a MS foi gerada devido à aplicação do GAO ao lucro líquido, quando o correto seria em função da diferença existente entre a RT e o PE.

A primeira parte da assertiva "d" está errada, já que o percentual da MS não é de 80,70%, mas de 28,62%. Quanto à segunda parte, está correta, pois o GAO, realmente, é 3,49.

07. (22): "D"

Para resolver essa questão é necessário saber o que é e como se calcula o ponto de equilíbrio econômico (PEE):

- **Ponto de equilíbrio econômico (PEE):** determina o quanto a empresa deve vender para, além de cobrir todos os custos e despesas, também gerar o lucro mínimo desejado (lucro de oportunidade). Esse ponto considera que a empresa, para atingir o equilíbrio econômico, deve gerar um lucro mínimo que cubra o custo de oportunidade em relação ao investimento realizado. A fórmula é muito semelhante à usada para o cálculo do ponto de equilíbrio contábil. A diferença está no fato de que o PEE, além de considerar os custos e despesas fixas, também considera o custo de oportunidade (lucro desejado).

$$PEE = \frac{\text{Custos fixos totais} + \text{despesas fixas totais} + \text{lucro desejado}}{\text{Margem de contribuição unitária}}$$

$$PEE = \frac{12.500,00 + 375.000,00 \times 8\%}{17,50 - 10,00 - 17,50 \times 30\%} = \frac{42.500,00}{2,25} = 18.889 \text{ unidades}$$

- Lucro por mês = 375.000,00 × 8% = 30.000,00

8.20. EXAME TÉCNICO EM CONTABILIDADE 2004-I – CRICIÚMA

01. (8): "C"

Para identificar a alternativa correta, deve-se usar a fórmula utilizada para calcular o custo das mercadorias vendidas (CMV), com base nas informações relacionadas ao estoque.

CMV = estoque inicial + compras – devoluções de compra – estoque final

- CMV = 8.000,00 + 20.000,00 – 1.000,00 – estoque final

Como a questão não informa o valor do CMV, será necessário calculá-lo com base nas informações existentes. Como se pode observar, não é possível determinar o valor do CMV baseando-se nas informações do estoque, já que a questão requer que se identifique o valor do estoque final (uma das variáveis necessárias para determinar o CMV). Sendo assim, a outra alternativa é determinar o CMV utilizando as informações referentes à demonstração do resultado do exercício, conforme demonstrado a seguir:

Receita bruta – deduções da receita bruta = receita líquida
– CMV = lucro operacional – despesas operacionais e não operacionais + receitas não operacionais = lucro líquido

- 80.000,00 – (4.000,00 – 8.000,00) = 68.000,00 – CMV = lucro operacional – 40.00,00 + 8.000,00 = 14.000,00
- Lucro operacional = 40.000,00 – 8.000,00 + 14.000,00 → = 46.000,00
- 68.000,00 – CMV = 46.000,00 → CMV = 68.000,00 – 46.000,00 → 22.000,00

CMV = estoque inicial + compras – devoluções de compra – estoque final

- 22.000,00 = 8.000,00 + 20.000,00 – 1.000,00 – estoque final
- Estoque final = 8.000,00 + 20.000,00 – 1.000,00 – 22.000,00 → → 5.000,00

02. (11): "C"

A conta referente ao custo dos produtos vendidos é debitada pela saída das mercadorias do estoque, por ocasião das vendas, tendo, como contrapartida, o crédito na conta de estoque de produtos prontos. Sendo assim, a alternativa que apresenta a afirmativa correta é a "c".

A alternativa "a" está errada, pois a conta a ser debitada, quando ocorre a apuração final da estrutura dos custos de produção, é a conta de estoque de produtos em elaboração e não a conta do custo dos produtos vendidos. A "b" está errada porque não existe apuração do balanço patrimonial. A alternativa "d" também está incorreta, já que a conta a ser debitada, quando ocorre a baixa da conta de estoque do produto em processo pela formação do produto acabado, é a conta do estoque de produtos acabados (prontos).

03. (17): "D"

Para responder a essa questão, é necessário identificar as contas que representam receitas e despesas, já que o resultado líquido é a diferença entre as duas. Ou seja, contas de ativo e passivo não devem ser utilizadas para esse confronto. Além disso, a questão exige que seja determinado o valor do custo das mercadorias vendidas (CMV), que também é uma despesa, mas que não tem seu valor informado, de forma direta, devendo ser identificado com base nas informações disponibilizadas.

$$CMV = EI + CO - DO - EF$$

- CMV = custo das mercadorias vendidas.
- EI = estoque inicial das mercadorias destinadas para venda.
- CO = valor do custo líquido das compras das mercadorias (descontados os créditos).
- DO = valor do custo líquido das devoluções das compras de mercadorias.
- EF = estoque final das mercadorias destinadas para venda.
- CMV = 250.000,00 + (580.000,00 − 0,00) − 0,00 − 150.000,00 = 680.000,00

É importante observar que os valores de venda de mercadorias e do ICMS sobre as vendas não devem ser considerados no cálculo dos custos de compra porque eles não têm nenhuma relação com o custo das mercadorias. O valor do ICMS seria considerado se se referisse ao ICMS sobre a compra (crédito).

04. (20): Pelo gabarito a alternativa correta é a "A", no entanto, a solução não encontrou nenhuma alternativa que apresente as informações corretas.

Para identificar a alternativa correta, primeiro deve-se calcular o valor do custo da mercadoria vendida (CMV) e depois encontrar o valor do lucro operacional líquido (LOL).

Capítulo 8 – Respostas e comentários dos exercícios

> CMV = estoque inicial + compras – devoluções de compra – estoque final

- CMV = 3.500,00 + 2.600,00 – 200,00 – 1.000,00 = 4.900,00
- LOL = receitas – despesa (incluindo o valor do CMV)
- LOL = 8.000,00 – 800,00 – 150,00 – 500,00 – 4.900,00 = 1.650,00

Os valores encontrados de R$ 4.900,00 para o CMV e de R$ 1.650,00 para o LOL não estão presentes em nenhuma das alternativas apresentadas, pois a considerada correta ("a") apresenta, respectivamente, R$ 1.280,00 e R$ 3.650,00. Não existe nenhuma combinação, com base nos valores informados, que possa gerar os valores apresentados pela prova como certos. Até porque, para que pudesse existir um valor de CMV que apresente R$ 80,00 na dezena, seria necessário que também existissem valores no enunciado que permitissem essa formação. No enunciado, o único valor que apresenta importância abaixo da casa da centena é de R$ 150,00, que corresponde à despesa financeira (que não é considerada para fins de CMV) e, mesmo assim, não seria possível ter um valor com R$ 80,00 na dezena.

05. (21): "C"

Para identificar a alternativa correta, primeiro deve-se calcular o valor total das compras para, depois, encontrar o valor das compras a prazo (75% do total das compras). Para isso, usaremos a fórmula utilizada para calcular o custo das mercadorias vendidas (CMV).

> CMV = estoque inicial + compras – devoluções de compra – estoque final

- 95.000,00 = 20.000,00 + compras – 0,00 – 15.000,00
- Compras = 95.000,00 – 20.000,00 + 15.000,00 → 90.000,00
- Compras a prazo = 90.00,00 × 75% = 67.500,00

06. (22): "B"

Para identificar a alternativa correta, deve-se usar a fórmula utilizada para calcular o custo das mercadorias vendidas (CMV). É interessante observar que a questão apresenta vários valores que não possuem nenhuma relação com o estoque, devendo simplesmente ser desprezados.

> CMV = estoque inicial + compras – devoluções de compra – estoque final

- 350.000,00 = 85.000,00 + (400.000,00 + 6.500,00) – 12.000,00 – estoque final

- Estoque final = 85.000,00 + 406.500,00 − 12.000,00 − 350.000,00
  = 129.500,00

07. (23): "D"

O fluxo básico de atividades de um sistema de custos ocorre da seguinte forma:

1) separação entre custos e despesas, sendo as despesas desconsideradas para a formação do custo dos produtos;
2) separação dos custos entre diretos e indiretos;
3) os custos diretos são apropriados diretamente aos produtos, sem a necessidade de rateio;
4) os custos indiretos sãos distribuídos através de rateio, primeiro, aos centros de custos e, depois, entre os produtos.

A única alternativa que apresenta a sequência informada é a "d".

08. (24): "B"

Para responder a essa questão, identificam-se as contas que representam receitas e despesas, pois o resultado líquido é a diferença entre as duas. Ou seja, contas de ativo e passivo não devem ser utilizadas para esse confronto. Além disso, a questão exige que seja determinado o valor do custo das mercadorias vendidas (CMV), que também é uma despesa, mas não tem seu valor explicitado de forma direta, devendo ser encontrado com base nas informações disponibilizadas.

CMV = EI + CO − DO − EF:

- CMV = custo das mercadorias vendidas
- EI = estoque inicial das mercadorias destinadas para venda
- CO = valor do custo líquido das compras das mercadorias (descontados os créditos)
- DO = valor do custo líquido das devoluções das compras de mercadorias
- EF = estoque final das mercadorias destinadas para venda
- CMV = 50.000,00 + (380.000,00 − 0,00) − 0,00 − 85.000,00
  = 345.000,00

É importante observar que os valores de venda de mercadorias e do ICMS sobre as vendas não devem ser considerados no cálculo dos custos de compra, já que eles não têm nenhuma relação com o custo das mercadorias. O valor do ICMS seria considerado se ele fosse sobre a compra (crédito) e não sobre as vendas, conforme informado.

09. (25): "D"

Para responder a essa questão, considera-se que o valor *total* dos custos variáveis muda na mesma proporção da variação ocorrida na produção, e o seu valor *unitário* permanece o mesmo. Já nos custos fixos, seu valor *total* é que permanece o mesmo quando ocorre variação na quantidade produzida, e o seu valor *unitário* varia de forma inversa àquela ocorrida na produção (se a produção aumenta, o valor unitário do custo fixo diminui e vice-versa).

TABELA 8.34

Rubrica	100.000 unidades		85.000 unidades	
	Custo unitário	Custo total	Custo unitário	Custo total
Custo fixo	4,50	450.000,00	5,29	450.000,00
Custo variável	8,60	860.000,00	8,60	731.000,00
Custo total	13,10	1.310.000,00	13,89	1.181.000,00

10. (26): "C"

Nessa questão, faz-se necessário determinar o valor do custo das mercadorias vendidas (CMV) por meio da diferença do valor das vendas e do lucro bruto. Depois da determinação do valor do CMV, basta usar a fórmula básica utilizada para definir o CMV (com base nos valores relacionados com o estoque) e, com isso, encontrar o valor do estoque final. O problema é que a questão informa ser de 40% o valor da margem de lucro, mas não informa se essa margem é sobre o valor da receita ou sobre o custo da mercadoria vendida.

Se considerarmos a margem sobre o preço de venda, a solução será a seguinte (situação largamente utilizada para a resolução desse tipo de questão):

Lucro bruto = vendas − CMV, logo: CMV = vendas − lucro bruto

- CMV = 126.000,00 − (126.000,00 × 40%) → 126.000,00 − − 50.400,00 = 75.600,00

CMV = estoque inicial + compras − devoluções de compra − estoque final

- 75.600,00 = 25.000,00 + (75.000,00 + 2.500,00) − 4.600,00 − estoque final
- Estoque final = 25.000,00 + 77.500,00 − 4.600,00 − 75.600,00 = 22.300,00

Se a margem fosse sobre o custo da mercadoria vendida, a solução seria a seguinte (situação utilizada pela comissão de prova):

Lucro bruto = vendas − CMV, logo: CMV = vendas − lucro bruto

- CMV = 126.000,00 − 0,4 CMV → 1,4 CMV = 126.000,00
- CMV = 126.000,00 ÷ 1,4 → 90.000,00

CMV = estoque inicial + compras − devoluções de compra − estoque final

- 90.000,00 = 25.000,00 + (75.000,00 + 2.500,00) − 4.600,00 − estoque final
- Estoque final = 25.000,00 + 77.500,00 − 4.600,00 − 90.000,00 = 7.900,00

8.21. EXAME BACHAREL 2004-II

01. (21): "C"

Para identificar a alternativa correta, primeiro deve-se calcular o valor do custo da mercadoria vendida (CMV) e, depois, encontrar o valor do lucro operacional líquido (LOL).

Como as quatro alternativas apresentam valores diferentes para o CMV, basta calcular o seu valor para identificar a alternativa correta. O LOL também apresenta valores diferentes, no entanto, não há como determinar seu valor sem antes descobrir o valor do CMV; sendo assim, não é possível identificar a alternativa correta sem calcular o CMV, mas é possível identificá-la sem determinar o valor do LOL. O cálculo do LOL só tem importância na medida em que ele ratifica a alternativa já identificada, com base no valor do CMV.

CMV = estoque inicial + compras − devoluções de compra − estoque final

- CMV = 20.000,00 + (55.000,00 + 400,00 + 1.200,00) − − 1.000,00 − 10.000,00 = 65.600,00

LOL = receitas − despesa (incluindo o valor do CMV)

- LOL = 80.000,00 − 1.500,00 − 3.000,00 − 6.000,00 − 1.000,00 +
  + 3.000,00 − 65.600,00 = 5.900,00

02. (24): "B"

Essa questão trata de produção equivalente e, para resolvê-la, é necessário determinar quanto custa uma unidade totalmente pronta (100%). Uma vez determinado esse valor, ele será o custo unitário das unidades totalmente prontas. Para estabelecer o custo unitário das unidades não prontas, multiplica-se o valor atribuído às unidades totalmente prontas pelo percentual de acabamento em que se encontram. Antes disso, deve-se determinar o total dos gastos e o total de quantidades equivalentes às prontas. Este último é obtido pela soma dos resultados das multiplicações das quantidades físicas, em diferentes estágios de conclusão, pelo percentual respectivo de acabamento.

- **Produção equivalente:** 1.400 × 100% + 300 × 75% = 1.400 +
  + 225 = 1.625 unidades

Logo, as 300 unidades que estão em elaboração, já com 75% de conclusão (faltando 25% para ficarem totalmente prontas), devem ser avaliadas com 75% do custo atribuído às unidades pontas. Sendo assim, o custo total das 300 unidades em elaboração deve corresponder ao custo atribuído para 225 unidades concluídas e somadas às 1.400 totalmente prontas, podendo-se dizer que os custos aplicados na produção correspondem a 1.625 unidades totalmente prontas. O valor obtido pela divisão do total do custo de produção por 1.625 unidades representará o custo de uma unidade totalmente pronta, e 75% desse valor será o valor das unidades em processo.

- **Custo das unidades prontas:** 640.250,00 ÷ 1.625 = 394,00 ×
  × 1.400 = 551.600,00
- **Custo das unidades em processo** = 394,00 × 75% = 295,50 ×
  × 300 = 88.650,00

Observação: ao avaliar as alternativas, é possível eliminar a "d", porque ela considera 100% dos custos para os produtos acabados. Outra forma de encontrar a resposta certa é calcular o custo unitário que cada alternativa atribui para os produtos prontos e em elaboração. A alternativa correta será aquela em que o custo da unidade em elaboração represente 75% do custo da unidade pronta. O resultado da validação das quatro alternativas, usando esse teste, está evidenciado na tabela 8.35.

TABELA 8.35

Alternativa	Produção pronta		Produção em elaboração		Porcentagem elaboração × prontos	Total das produções
	Total	Unitário	Total	Unitário		
A	527.264,71	376,62	112.985,29	376,62	100	640.250,00
B	551.600,00	394,00	88.650,00	295,00	75	640.250,00
C	555.512,00	396,79	84.738,00	282,46	71	640.250,00
D	640.250,00	457,32	0,00	0,00	0	640.250,00

Conforme se pode observar, a alternativa "b" é a que apresenta os valores totais de produção, cuja proporcionalidade do custo unitário de uma unidade em elaboração, 75% acabada, corresponde a 75% do custo unitário de uma unidade pronta. Outro teste para eliminar alternativas é verificar se em alguma delas a soma do total das duas produções é diferente do total dos custos informado. Em função de as quatro alternativas apresentarem como valor total dos custos o valor informado, essa última técnica não permite identificar nenhuma alternativa como errada. No entanto, em outras ocasiões ela pode ser útil.

03. (25): "C"

Essa questão requer atenção especial quanto à sequência de rateio, já que o centro de custos de manutenção, mesmo sendo um centro auxiliar, recebe valor do centro de custos da administração geral. Diante disso, primeiro será necessário distribuir os gastos da administração geral e só depois os custos do centro de manutenção (já com a parcela recebida da administração) devem ser distribuídos aos centros produtivos.

TABELA 8.36

Rateio dos custos indiretos dos centros auxiliares aos centros produtivos					
Item	Base de rateio	Admnistração geral	Manutenção	Montagem	Acabamento
Mão de obra		4.500,00	3.000,00	10.000,00	8.000,00
Depreciação		1.500,00	2.500,00	12.000,00	18.000,00
Materiais		3.000,00	1.500,00	3.000,00	1.500,00
Total do custo de cada centro		9.000,00	7.000,00	25.000,00	27.500,00

Capítulo 8 – Respostas e comentários dos exercícios   **273**

Rateio dos custos indiretos dos centros auxiliares aos centros produtivos					
Item	Base de rateio	Admnistração geral	Manutenção	Montagem	Acabamento
Rateio custo centro adm. geral	% igual para os três centros	9.000,00	3.000,00	3.000,00	3.000,00
Soma depois rateio adm. geral		...	10.000,00	28.000,00	30.500,00
Rateio custo centro manutenção	70% mont e 30% acab.		-10.000,00	7.000,00	3.000,00
Soma depois rateio manutenção				35.000,00	33.500,00

Rateio dos Custos dos Centros Produtivos aos Centros Produtivos							
Produtos	P1		P2		P3		Total
Valores	R$	Porcentagem sobre o total	R$	Porcentagem sobre o total	R$	Porcentagem sobre o total	R$
Matéria-prima	15.000,00	30,00	25.000,00	50,00	10.000,00	20,00	50.000,00
Mão de obra direta	4.000,00	40,00	4.000,00	40,00	2.000,00	20,00	10.000,00
Total dos custos diretos	19.000,00		29.000,00		12.000,00		60.000,00
Distrib. montagem (base rateio MP)	10.500,00	30,00	17.500,00	50,00	7.000,00	20,00	35.000,00
Distrib. acabamento (base rateio MOD)	13.400,00	40,00	13.400,00	40,00	6.700,00	20,00	33.500,00
Total dos custos indiretos	23.900,00		30.900,00		13.700,00		68.500,00
Total dos custos dos produtos	42.900,00		59.900,00		25.700,00		128.500,00

04.   (26): "D"

Como a questão trata de avaliar um pedido extra, aproveitando a estrutura ociosa, o que se deve avaliar é apenas a geração da margem de contribuição que o pedido extra vai gerar. Ou seja, deve-se apenas considerar a margem de contribuição gerada pela venda das 1.000 malas para exportação. É importante observar que o pedido extra de 1.000 malas em nada vai afetar a venda das 3.000 malas vendidas no mercado nacional, já que esse pedido extra vai usar parte da ociosidade existente, que é de 1.500 malas (a capacidade é 4.500 malas – produção atual 3.000 malas = capacidade ociosa de 1.500 malas). Se o pedido extra fosse maior que a capacidade extra, seria necessário descontar, da margem total gerada pelo pedido extra, a margem que deixou de ser gerada pela renúncia da venda das malas no mercado interno, necessária para atender o pedido extra, mas que não é o caso dessa questão, já que a empresa poderá continuar vendendo 100% das 3.000 malas no mercado interno, mesmo atendendo o pedido extra. Também é importante observar que, ao atender ao pedido extra, os custos fixos não sofrem qualquer alteração e, portanto, não devem ser considerados na avaliação, devendo apenas considerar os custos variáveis envolvidos na produção das malas exportadas (1.000 malas pequenas).

Rubrica/valor	Unitário	Total
Receita	15,00	15.000,00
Custo variável normal	7,60	7.600,00
Custo variável adicional	2,40	2.400,00
Margem de contribuição	5,00	5.000,00

05. (27): "B"

Para identificar a alternativa correta, primeiro deve-se calcular o valor do custo da mercadoria vendida (CMV) e depois encontrar o valor do lucro operacional bruto (LOB). É importante observar que a questão pede o lucro operacional bruto e não líquido. Sendo assim, as despesas operacionais não devem ser consideradas, já que, para se chegar ao lucro bruto, só devem ser consideradas as deduções da receita bruta (devoluções de venda, tributos sobre a venda e abatimentos incondicionais) e o CMV.

CMV = estoque inicial + compras – devoluções de compra – estoque final

- CMV = 1.400,00 + 1.700,00 – 400,00 – 1.600,00 = 1.100,00
- LOB = receitas – deduções da receita bruta – CMV
- LOB = 2.600,00 – 400,00 – 1.100,00 = 1.100,00

06. (44): "D"

Sempre que existir uma restrição de produção, deve-se dar prioridade ao produto que gere maior valor de *margem de contribuição unitária por **fator***

limitante utilizado. Nesse caso, como o fator limitante é a matéria-prima (informada em quilos), deve-se dar prioridade ao produto que gere maior valor de margem de contribuição unitária por quilo de matéria-prima utilizada. Dessa forma, primeiro é necessário determinar o valor da margem de contribuição unitária gerada, pelos três produtos individualmente, para depois dividir o valor encontrado de cada produto pela quantidade de quilos de matéria-prima, utilizada por cada produto, respectivamente. Com isso será obtido o valor da margem de contribuição unitária, por fator limitante (quilo de matéria-prima) e os produtos que apresentarem o maior valor, serão os escolhidos para ter sua produção/venda priorizada.

TABELA 8.37

Produto	Preço	Custos diretos	Margem de contribuição por produto	Quantidade de fator limitante (kg de MP)	Margem de contribuição por kg
A	300,00	150,00	150,00	5	30,00
B	270,00	170,00	100,00	4	25,00
C	200,00	110,00	90,00	2	45,00

07. (45): "C"

Antes de responder a essa questão, é necessário saber que o sistema de custeio por absorção considera todos os custos de produção, sejam eles classificados como diretos ou indiretos, sejam como fixos ou variáveis. Já o custeio variável (alguns autores chamam de direto) só considera os custos variáveis (alguns autores chamam de diretos). Feitas essas considerações, passa-se a avaliar cada uma das alternativas, considerando que a questão quer que se identifique a afirmação incorreta; isso quer dizer que existem três afirmativas corretas e apenas uma incorreta, e essa é que deve ser escolhida como alternativa correta para a referida questão.

A alternativa "a" informa: "*O preço de venda de R$ 16,00 cobre o custo unitário de produção de R$ 12,25 numa análise de custeio por absorção.*" A afirmação está correta, já que o preço de R$ 16,00 é o informado na questão e o valor de R$ 12,25 é o custo determinado com base no custeio por absorção (custo variável + custo fixo).

$$\text{Custo unitário pelo sistema por absorção} = \frac{42.000,00}{6.000} + \frac{31.500,00}{6.000} = 7,00 + 5,25 = 12,25$$

A alternativa "b" informa: "*O ponto de equilíbrio contábil foi atingido com 3.500 unidades*". Para determinar o ponto de equilíbrio, primeiro é necessário determinar a margem de contribuição unitária, que é a diferença entre o preço de venda e os custos e despesas variáveis (16,00 – 7,00 = 9,00). Depois, deve-se dividir os custos e despesas fixas totais pelo valor da margem de contribuição unitária (31.500,00 ÷ 9,00 = 3.500 unidades). Como a quantidade encontrada é igual à informada na afirmação, essa também está correta, não sendo a que deve ser considerada como resposta, já que a pergunta quer a incorreta.

A alternativa "c" informa: "*O custo total para uma produção de 10.000 unidades será de R$ 122.500,00 numa análise de custeio variável.*" O custeio variável só considera o custo variável, sendo que o seu valor unitário permanece igual, mesmo ocorrendo mudanças no volume de produção. A variação ocorre, de forma proporcional à ocorrida no volume de produção, no seu valor total. Sendo assim, com o aumento de produção de 6.000 unidades para 10.000,00, o valor unitário de R$ 7,00 permanece; já o total será o resultado da multiplicação desse valor unitário pela nova quantidade (7,00 × 10.000,00 = 70.000,00). Como a afirmação informa o valor de R$ 122.500,00 e esse é diferente do encontrado, essa afirmação está errada, sendo considerada a certa para fins da questão. Cabe salientar que o valor de R$ 122.500,00 também não é o custo de produção com base no custeio por absorção. Num primeiro momento, pode-se pensar que sim, já que o custo unitário pelo custeio por absorção é R$ 12,25 e este multiplicado por 10.000 unidades resulta em R$ 122.500,00. No entanto, é necessário considerar que, quando ocorre a mudança no volume de produção, os custos fixos totais não mudam. Dessa forma, o valor total do custo de produção, com base no custeio por absorção para 6.000 unidades, seria de R$ 73.500,00 (42.000,00 + 31.500,00) e para 10.000 unidades seria de R$ 101.500,00 (70.000,00 + 31.500,00).

A alternativa "d" informa: "*A margem de contribuição unitária é de R$ 9,00*". O valor da margem informado está correto (16,00 – 7,00 = 9,00) e, portanto, essa é mais uma alternativa com a afirmação correta, não devendo ser considerada como a resposta certa para essa questão, já que se requer a identificação da incorreta.

08. (46): "D"

Para a resolução dessa questão deve-se determinar o preço de venda, considerando todos os gastos (custos variáveis, custos fixos, despesas fixas, despesas variáveis) e a margem de lucro, sendo que os valores informados, em R$, devem ser somados, e os informados em percentuais sobre o preço de venda devem representar a proporcionalidade que eles representam sobre a incógnita que se está procurando (preço de venda).

> Preço de venda = custos variáveis + custos fixos + despesas variáveis + margem de contribuição

- PV = 150,00 + 100,0 + 0,33PV + 0,20PV → 0,47PV = 250,00 → PV = 531,91

8.22. EXAME TÉCNICO EM CONTABILIDADE 2004-II

01. (27): "C"

Para encontrar o valor do estoque final de mercadorias deve-se utilizar a seguinte fórmula:

> Estoque final = estoque inicial + compras − devoluções de compra − CMV

Como a questão não informa o valor do CMV (custo da mercadoria vendida), ele deve ser determinado usando as informações existentes, considerando que o CMV é a diferença entre a receita líquida e o lucro bruto. Como essas informações também não estão expressas, a alternativa é usar a fórmula completa do resultado, ou seja:

> Receita de venda − deduções da receita bruta = receita líquida − CMV = lucro bruto − despesas operacionais e não operacionais + outras receitas operacionais e não operacionais = lucro líquido

Substituindo as variáveis pelos valores existentes, teremos:

- 75.000,00 − (1.500,00 + 2.000,00) = 71.500,00 − CMV = 55.500,00
- CMV = 71.500,00 − 55.500,00 = 16.000,00

Onde:

> Lucro bruto = Despesas operacionais e não operacionais − outras receitas operacionais e não operacionais + lucro líquido

- Lucro bruto = 41.000,00 − 3.500,00 + 18.000,00 → 16.000,00

- Estoque final = 6.000,00 + 18.000,00 − 3.000,00 − 16.000,00 →
  → 5.000,00

02. (37): "A"

A solução dessa questão requer que seja encontrada a diferença (resultado) entre as receitas e as despesas, sendo que, como a questão não informa o valor do custo da mercadoria vendida (CMV), a solução da mesma passa primeiro pela determinação do valor do CMV. Depois disso, é só somar receitas e deduzir todas as despesas, inclusive o CMV.

CMV = estoque inicial + compras − devoluções de compra − estoque final

- CMV = 600,00 + (2.000,00 + 3.000,00 − 900,00) − 300,00 −
  − 1.500,00 = 2.900,00
- Resultado = 2.300,00 + 2.800,00 − 200,00 − 300,00 − 1.100,00 −
  − 150,00 − 2.900,00 = 450,00

03. (42): "A"

Para identificar a alternativa correta, primeiro deve-se calcular o valor do custo da mercadoria vendida (CMV) e, depois, encontrar o valor do lucro operacional bruto (LOB). Para se chegar ao lucro bruto, só devem ser consideradas as deduções da receita bruta (devoluções de venda, tributos sobre a venda e abatimentos incondicionais) e o CMV. O que pode gerar certa dúvida é o fato de a questão informar um valor como descontos incondicionais obtidos sobre compras de mercadorias e outro valor para abatimentos sobre compras de mercadorias. Além disso, a questão informa um valor como abatimentos concedidos sobre vendas de mercadorias. A regra é que os abatimentos devem representar descontos incondicionais e estes devem ser deduzidos do valor principal. Se for de compras, do valor da compra; se for da venda, devem ser deduzidos da receita bruta (fazem parte do grupo das deduções da receita bruta). Embora a questão não informe se esses abatimentos (tanto na compra como na venda) se referem a descontos incondicionais ou não, entende-se que eles sejam incondicionais, já que o comum é chamar esse tipo de desconto como abatimento, e os condicionais, como desconto (receita ou despesa financeira). No entanto, causa-nos estranheza ver que, no caso das compras, além dos abatimentos, também existe um valor denominado descontos incondicionais. A comissão de prova considerou os dois como abatimentos, algo que poderia ser questionado.

CMV = estoque inicial + compras – devoluções de compra – estoque final

- CMV = 3.000,00 + (9.000,00 – 2.100,00 – 300,00) – 900,00 –
  – 1.200,00 = 7.500,00

LOB = receitas – deduções da receita bruta – CMV

- LOB = 36.000,00 – 1.200,00 – 600,00 – 7.500,00 = 26.700,00

04. (43): "D"

Quando a questão trata de movimentações de estoque (entradas e/ou saídas), é necessário considerar que existem várias formas de movimentação, cada uma com sua definição de valor do custo a ser considerada.

a) Compra (entrada): o custo a ser considerado nas compras deve ser aquele gerado em função dos custos da respectiva compra (custo da mercadoria + custo do frete da compra + custo do seguro do transporte – os tributos que geram crédito).

b) Devolução de compra (saída): o custo deve ser o mesmo que foi considerado na entrada da mercadoria que está sendo devolvida (como se fosse um estorno da respectiva entrada). Não deve ser pelo custo médio do dia da devolução.

c) Venda (saída): depende do valor utilizado para fins de controle de estoque.

c1) Método do PEPS: deverá considerar o custo das unidades que entraram primeiro. Se a quantidade da saída for maior que a primeira entrada, deve-se complementar com unidades da segunda entrada. Se assim não for suficiente, será com os da terceira, e assim por diante, até completar o número de unidades correspondentes à saída.

c2) Método do UEPS: deverá ser considerado o custo das unidades que entraram por último. Se a quantidade da saída for maior que a última entrada, deve-se complementar com unidades da penúltima, e assim por diante até completar o número de unidades correspondentes à saída.

c3) Custo médio ponderado, média fixa: determinar o custo médio (ponderado pelas quantidades respectivas a cada movimentação) considerando o saldo inicial e todas as entradas do mês. Só depois disso deve-se dar baixas de todas as saídas do mês (como se fosse apenas uma), com o custo apurado antes desse movimento.

c4) Custo médio ponderado, média móvel: é semelhante ao da média fixa, com a diferença de que aqui as saídas devem ser registradas no dia em que ocorrem, tomando-se por base o custo médio calculado até a respectiva data de saída. Dessa forma, entradas que ocorrem depois da saída não afetam o cálculo da respectiva saída, com data anterior. Só afetam o custo das saídas posteriores.

d) Devolução de venda: o registro da devolução de venda deve ser feito pelo custo registrado quando da venda (baixa) da respectiva mercadoria que está sendo devolvida.

Sendo assim, as entradas por devoluções de venda não devem considerar o valor pelo qual o cliente está devolvendo, já que esse valor não se refere ao custo da mercadoria vendida que está sendo devolvida, mas é o valor do "cancelamento" da venda (receita) realizada anteriormente.

Também não devem ser considerados os descontos concedidos aos clientes, após a venda, bem como os descontos obtidos de fornecedores após a compra. Os primeiros são considerados despesas financeiras, e os segundos, receitas financeiras.

A questão não informa qual é o método a ser considerado; no entanto, como só há uma compra, uma venda e uma devolução, o tipo de método não influi.

Isto posto, para chegar à solução, basta determinar o custo unitário de compra, a quantidade em estoque. Com essas duas informações, basta fazer a multiplicação da quantidade, pelo custo unitário e obter o custo total. Como a própria questão informa, o valor do custo unitário de compra (R$ 90,00) e as quatro alternativas apresentam valores diferentes para o custo unitário; então, para identificar a alternativa correta, é só identificar a alternativa que informa como custo unitário o valor do custo unitário de compra ("d"). Além disso, as quatro alternativas apresentam a mesma quantidade de unidades em estoque. Ou seja, a diferença entre as alternativas só está no custo unitário.

05. (44): "B"

Essa questão apenas requer que os custos indiretos sejam distribuídos entre os dois produtos, tomando-se como base de rateio a participação que cada um deles tem em relação ao total do custo direto. Sendo assim, o primeiro passo é determinar o total do custo direto de cada produto e depois determinar a participação de cada um no total. Após isso, é só distribuir os custos indiretos com base na participação que cada produto tem no custo direto.

TABELA 8.38

Custo/produto	Produto X		Produto Y		Total	
	R$	Porcentagem participação	R$	Porcentagem participação	R$	Porcentagem participação
Mão de obra direta	24.000,00		6.000,00		30.000,00	
Materiais diretos	36.000,00		84.000,00		120.000,00	
Total dos custos diretos	60.000,00	40%	90.000,00	60%	150.000,00	100%
Custos indiretos	96.000,00	40%	144.000,00	60%	240.000,00	100%
Total dos custos	156.000,00		234.000,00		390.000,00	

06. (45): "B"

Essa questão requer que o candidato considere que, sempre que ocorrer uma variação no volume de produção, o custo fixo *total* não muda e o custo variável *unitário* também não muda. Já o custo fixo *unitário* varia em relação inversa à variação ocorrida na produção, ou seja, se a produção aumenta, o custo fixo *unitário* diminui e vice-versa. Já o custo variável *total* varia na mesma direção da variação ocorrida no volume, ou seja, se a produção aumenta, o custo variável *total* aumenta e, se a produção diminui, o custo variável *total* diminui.

Sendo assim, sempre que se tem os valores de custos fixos e variáveis gerado em função de um volume X de produção e se deseja saber quais serão os mesmos custos em um volume Y, deve-se identificar o valor do custo fixo *total* e do custo variável *unitário* com a quantidade X e repetir esses valores com a quantidade Y. Depois, para achar o custo fixo unitário com a quantidade Y, basta dividir o valor do custo fixo total (repetido) pela quantidade Y. No caso do custo variável, para encontrar o valor do custo variável total, deve-se multiplicar o custo unitário (repetido) pela quantidade Y.

TABELA 8.39

Quantidade produzida	75.000 unidades		120.000 unidades	
Tipo de custo	Unitário	Total	Unitário	Total
Custo variável	80,00	600.000,00	80,00	960.000,00
Custo fixo	28,00	210.000,00	17,50	210.000,00
Custo total	108,00	810.000,00	97,50	1.170.000,00
Quantidade em estoque		5.000	97,50	487.000,00

07. (46): "D"

Para identificar a alternativa correta é necessário avaliar cada uma das alternativas apresentadas, sendo que é necessário considerar o fato de a questão informar que as movimentações ocorrem em um ambiente de aumento de preços, ou seja, as últimas possuem valor superior às primeiras.

A alternativa "a" está errada, já que pelo UEPS as saídas são valoradas pelo custo das últimas entradas, que apresentam valor maior que o valor das primeiras entradas (as que ficaram); sendo assim, o valor do estoque é menor e não maior, conforme informado. A alternativa "b" também está errada, já que, conforme informado, pelo UEPS as saídas são valoradas pelo valor maior (das últimas que entraram). Isso faz com que o custo das mercadorias vendidas seja maior e não menor, conforme informado. A alternativa "c" também está errada porque, pelo PEPS (ao contrário do UEPS), as saídas são valoradas pelo custo das primeiras, que apresentam valor menor que as últimas que entraram (as que ficaram); sendo assim, o valor do estoque é maior e não menor, conforme informado. A alternativa "d" está correta, já que pelo PEPS, o fato de as saídas registradas se referirem às primeiras que entraram, que possuem valor menor, realmente gera um valor menor para o custo das mercadorias vendidas, conforme informado.

08. (47): "D"

Para identificar a alternativa correta, o ideal é calcular o valor do custo das mercadorias vendidas (CMV) utilizando o respectivo método informado, sendo que a alternativa correta será a que apresentar o valor informado (R$ 11.000,00).

a) Média ponderada. O valor das 30 unidades é determinado pelo custo médio
   - (6.000,00 + 8.000,00) ÷ (20 + 20) = 14.000,00 ÷ 40 = 350,00 por unidade
   - CMV = 30 × 350,00 = 10.500,00

b) PEPS: o valor das 30 unidades é determinado pelo valor das últimas entradas.
   - (20 × 300,00) + (10 × 400,00) = 6.000,00 + 4.000,00 = 10.000,00

c) Preço específico. Não aplicável nessa questão, já que para ser usado esse método seria necessário identificar cada uma das unidades que foram vendidas e o seu custo específico de entrada.

d) UEPS: o valor das 30 unidades é determinado pelo valor das primeiras entradas.
   - (20 × 400,00) + (10 × 300,00) = 8.000,00 + 3.000,00 = 11.000,00

Sendo assim, a alternativa "d" é a que apresenta o método utilizado.

8.23. EXAME BACHAREL 2011-I

01. (3): "A"

Antes de começar a responder, é interessante observar que a questão requer três respostas. No entanto, em função do fato de que as quatro alternativas informam o mesmo número para as quantidades, isso quer dizer que saber essa informação não ajuda em nada. Por outro lado, as quatro alternativas apresentam valores diferentes (não existem duas com o mesmo valor), tanto para o lucro bruto com mercadoria como para o custo unitário em estoque. Isso significa que para responder a essa questão não é necessário determinar as três respostas, mas apenas uma (lucro bruto com mercadoria ou custo unitário). Considerando que o lucro bruto com mercadoria só poderá ser determinado depois de se obter o custo unitário, na prática o que é necessário determinar é o custo unitário em estoque. Esse tipo de procedimento pode reduzir o tempo necessário para resolver a questão, bem como pode reduzir a dificuldade caso o candidato desconheça o que é ou como proceder para encontrar a outra resposta (lucro bruto com mercadorias). Por outro lado, a resolução completa da questão permitirá ao candidato ratificar a alternativa identificada inicialmente como correta ou rever os cálculos, caso não encontre uma alternativa que contenha todas as respostas encontradas.

Sabendo-se que o sistema PEPS considera que o primeiro a entrar é o primeiro a sair, pode-se dizer que as que estão no estoque são as últimas que entrarám. Dessa forma, não existe a necessidade de fazer todos os cálculos, mas apenas determinar quantas unidades estão no estoque e valorá-las pelos custos das últimas entradas. Se a quantidade em estoque for superior à última entrada, deve-se considerar o valor da última entrada até a quantidade que entrou e complementar o que falta com as entradas anteriores

- Quantidade em estoque = EI + CO − EF → 0 + 40 + 50 + 50 + + 60 − 120 = 80

Isso quer dizer que existem 80 unidades no estoque, devendo ser avaliadas com base nos custos das últimas entradas. Como a última entrada foi de 60 unidades, menor que o saldo de 80 unidades, deve-se complementar (as 20 unidades que faltam) com entradas anteriores. Nesse caso, as 80 unidades seriam avaliadas considerando 60 da última entrada (60 × 20,00) + 20 unidades da penúltima entrada (20 × 20,00). Como as duas entradas possuem valor igual, isso facilita na determinação, já que tem o mesmo efeito se a última entrada fosse de 110 unidades. Sempre que a quantidade em estoque for inferior à última entrada, todas as unidades em estoque serão avaliadas, pelo PEPS, pelo valor da última entrada. Sendo assim, existem 80 unidades em estoque, todas elas avaliadas a R$ 20,00 cada. Dessa forma, a alternativa correta é a letra "a", a única que corresponde a essas informações. Para ratificar essa conclusão, basta determinar o lucro bruto das mercadorias. Com base nas informações existentes, basta fazer a diferença entre a receita de venda e o custo da mercadoria vendida (CMV). Por sua vez, para determinar o CMV basta determinar o valor das compras (já que não existe estoque inicial) e o valor do estoque final.

- Compras = 40 × 30,00 + 50 × 24,00 + 50 × 20,00 + 60 × × 20,00 = 1.200,00 + 1.200,00 + 1.000,00 + + 1.200,00 = 4.600,00
- Estoque final = 80 × 20,00 = 1.600,00
- CMV = 4.600,00 − 1.600,00 = 3.000,00
- Receita de venda = 120 × 40,00 = 4.800,00
- Lucro bruto com mercadorias = 4.800,00 − 3.000,00 = 1.800,00

02. (12): "A"

Para responder a essa questão é necessário identificar as contas que representam receitas e despesas, já que o resultado líquido é a diferença entre as duas. Ou seja, contas de ativo e passivo não devem ser utilizadas para esse confronto. Além disso, a questão exige que seja determinado o valor do custo das mercadorias vendidas (CMV), que também é uma despesa, mas que não tem seu valor informado de forma direta, devendo ser determinado com base nas informações disponibilizadas.

CMV = EI + CO − DO − EF, onde:

- CMV = custo das mercadorias vendidas.
- EI = estoque inicial das mercadorias destinadas para venda.
- CO = valor do custo líquido das compras das mercadorias.
- DO = valor do custo líquido das devoluções das compras de mercadorias.
- EF = estoque final das mercadorias destinadas para venda.
- CMV = 200.000,00 + 800.000,00 − 0,00 − 350.000,00
  = 650.000,00

Resultado líquido (RL) = somas das receitas − somas das despesas (incluindo o CMV)

- RL = (1.000.000,00 + 80.000,00) − (650.000,00 + 110.000,00 + + 150.000,00) = 170.000,00

03. (13): "A"

Como só as alternativas "b" e "c" tratam de um mesmo valor (custo do período da indústria) e as demais ("a" e "d") tratam de outros valores (custo de transformação e custo primário de indústria), para se definir a alternativa correta é necessário encontrar três valores (custo de transformação, custo do período da indústria e custo primário).

Custo de transformação: esse custo é formado pelas somas dos custos com mão de obra direta com os gastos gerais de fabricação. Essa soma corresponde a R$ 302.000,00 (56.000,00 + 38.000,00 + 100.000,00 + 70.000,00 + 38.000,00).

Isso quer dizer que a afirmação da alternativa "a" está correta e, portanto, essa é a resposta certa. Se existe a convicção de que o cálculo (identificação dos valores e forma de cálculo) está correto, então não existe a necessidade de fazer os demais cálculos. No entanto, com o objetivo de evidenciar como se deve proceder para testar as demais alternativas, a seguir são demonstrados os cálculos para esse fim.

Custo do período da indústria: esse custo é formado pelo custo de transformação mais o valor relativo ao consumo dos materiais diretos empregados na produção (matéria-prima, embalagem etc). Sendo assim, o valor do custo é R$ 384.000,00 (302.000,00 + 82.000,00). Como as alternativas "b" e "c" informam valores diferentes do encontrado, então as duas alternativas estão erradas.

Custo primário: esse custo é formado pela soma do custo de mão de obra direta com o custo dos materiais diretos empregados na produção. Sendo assim, o seu valor é de R$ 182.000,00 (100.000,00 + 82.000,00). Como esse valor é diferente do informado na alternativa "d", então ela também está errada. Sendo assim, fica confirmado que apenas a alternativa "a" está correta.

04. (14): "B"

Essa questão trata de produção equivalente, sendo que para resolvê-la é necessário determinar quanto custa uma unidade totalmente pronta (100%). Uma vez determinado esse valor, ele será o valor unitário das unidades totalmente prontas. Para estabelecer o valor unitário das unidades não prontas é necessário multiplicar o valor atribuído às unidades totalmente prontas pelo percentual de acabamento em que se encontram. Antes disso, é necessário determinar o total dos gastos e o total de quantidades equivalentes a prontas. Este último é obtido pela soma das multiplicações das quantidades pelo percentual respectivo de acabamento.

- **Produção equivalente** = 1.200 × 100% + 300 × 65% = 1.200 + + 195 = 1.395 unidades.

Isso quer dizer que as 300 unidades que estão em elaboração, já com 65% de conclusão (faltando 35% para ficar totalmente prontas), devem ser avaliadas com 65% do custo atribuído às unidades prontas. Sendo assim, pode-se dizer que o custo total delas equivale ao custo total de 195 unidades totalmente prontas, que, somadas às 1.200 que estão complemente prontas, pode-se dizer que os custos aplicados na produção correspondem a 1.395 unidades equivalentes a 100% prontas. Sendo assim, o valor obtido pela divisão do total do custo de produção por 1.395 unidades representará o custo de uma unidade totalmente pronta, e 65% desse valor será o valor das unidades em processo.

- **Custo das unidades prontas** = 558.000,00 ÷ 1.935 = 400,00 × × 1.200 = 480.000,00

- **Custo das unidades em processo** = 400,00 × 65% = 260,00 × × 300 = 78.000,00

Observação: ao se avaliar as alternativas, é possível eliminar duas delas sem a necessidade de fazer os cálculos anteriores. A alternativa "d", em função de a soma dos valores informados (R$ 622.194,00) ser superior ao total dos custos (R$ 558.000,00). A alternativa "c" também está errada, por dois motivos: a) não atribui nenhum valor para as unidades em elaboração; b) atribui 100% do custo para as unidades prontas. A alternativa "a" também pode ser identificada como errada sem fazer os cálculos anteriores, já que ela atribui o mesmo valor, tanto para as unidades prontas como para as unidades em elaboração. Ainda seria possível testar os valores da alternativa "b" sem fazer todos os cálculos apresentados. Para isso, basta encontrar o custo unitário atribuído para as unidades prontas (480.000,00 ÷ 1.200 = 400,00) e em elaboração (78.000,00 = 300 = 260,00). Depois disso, verificar qual é o percentual do custo das unidades em elaboração em relação ao custo das unidades prontas. Se for 65%, a alternativa está correta, o que se confirma, já que R$ 260,00 (custo das unidades em elaboração) representa 65% do custo das unidades prontas (R$ 400,00).

05. (15): "B"

Para resolução dessa questão é necessário identificar os valores que devem ser somados e deduzidos para determinar o custo. Para isso, deve-se considerar que todos os gastos envolvidos na compra (produto, frete, seguro etc.) devem fazer parte do custo e que todos os tributos que geram crédito devem ser deduzidos.

- Custo: 3.000,00 − 150,00 − 342,00 + 204,00 = 2.712,00

06. (16): "D"

Para resolver essa questão é necessário considerar não só o custo líquido de compra (custo total pago menos os tributos recuperáveis), mas também o custo do dinheiro no tempo. Como existem duas alternativas, uma de compra à vista e outra a prazo, para que a comparação possa ocorrer de forma correta é necessário que os valores dos custos líquidos sejam comparados na mesma época, podendo ser em qualquer época. Para facilitar, de forma a ter que ajustar apenas um valor, o ideal é que seja considerado o prazo de uma das duas opções: presente (condição à vista) ou 60 dias (condição a prazo).

A mais prática é comparar no presente, ou seja, trazer ao valor presente, o custo líquido da opção a prazo.

Condição	À vista	Pagamento/ crédito	A prazo	Pagamento/ crédito
Quantidade	5.000 kg		5.000 kg	
Valor unitário pago	2,00		2,20	
Total pago sem IPI	10.000,00		11.000,00	
IPI 10%	1.000,00		1.100,00	
Total pago com IPI	11.000,00	0 dias	12.100,00	60 dias
Crédito IPI	−1.000,00	30 dias	1.100,00	30 dias
Crédito ICMS 12%	−1.200,00	30 dias	1.320,00	30 dias
Custo líquido nominal	8.800,00		9.680,00	

Para trazer a valor presente é necessário identificar o prazo de pagamento acertado com o fornecedor (saída de caixa) e os prazos de créditos dos tributos (que não deixam de ser uma entrada de caixa). Considerando uma taxa de 10% a.m., pode-se dizer que um valor no presente de R$ 1,00 será de R$ 1,10 (R$ 1,00 + 10%) em 30 dias e de R$ 1,21 (R$ 1,10 + 10%) em 60 dias. Da mesma forma, pode-se dizer que um valor de R$ 1,21 em 60 dias corresponderá a R$ 1,00 no presente e que R$ 1,10 em 30 dias também será igual a R$ 1,00 no presente. Com base nisso, para trazer a valor presente os valores que estão no futuro basta dividir por 1,10 os que possuem 30 dias de prazo e por 1,21 os que possuem 60 dias de prazo.

TABELA 8.40

Condição	À vista		A prazo	
Valor	Nominal	Presente	Nominal	Presente
Total pago com IPI	11.000,00	11.000,00	12.100,00	10.000,00
Crédito IPI	−1.000,00	−909,09	−1.100,00	−1.000,00
Crédito ICMS 12%	−1.200,00	−1.090,91	−1.320,00	−1.200,00
Custo líquido	8.800,00	9.000,00	9.680,00	7.800,00

Conforme demonstrado, o valor à vista nominal (R$ 8.800,00) é menor que o valor a prazo (R$ 9.680,00); por outro lado, ao se considerar o custo do dinheiro no tempo, a taxa de 10% a.m., o valor do custo no presente da condição à vista (R$ 9.000,00), é maior que o valor presente na condição a prazo (R$ 7.800,00). Sendo assim, a alternativa que apresenta a resposta correta é a letra "d".

Mesmo antes de trazer os valores a valor presente, é possível identificar algumas alternativas erradas. As alternativas "a" e "b", por apresentarem um custo maior na condição a prazo, podem ser consideradas erradas, sem a necessidade de fazer os cálculos anteriores, uma vez que a taxa de juros considerada é de 10% ao mês, e o fornecedor, na condição a prazo (60 dias de prazo – dois meses), cobrou apenas 10% de acréscimo (R$ 2,00 à vista e R$ 2,20 a prazo). Ou seja, o valor de acréscimo, na condição a prazo, corresponde a um mês de juros (10% a.m). Diante disso, pode-se deduzir, facilmente, que a condição a prazo seria mais vantajosa, sendo que os créditos dos tributos não afetariam significativamente, por ocorrerem no mesmo prazo nas duas condições e por representarem percentuais baixos, em relação ao valor total. A letra "a" também poderia ser considerada errada pelo fato de que o seu custo nominal, na condição a prazo, de R$ 9.680,00, não poderia ser de R$ 9.900,00 no valor presente, já que o valor presente sempre será menor que o valor futuro. Já a "c" não tem nenhum indício facilmente detectável de que seja errada, ainda mais que o valor informado como valor presente da condição à vista (R$ 9.000,00) está correto e o da condição a prazo (R$ 8.000,00) é muito próximo do valor correto (R$ 7.800,00), sendo que o valor informado para a condição a prazo é menor que o informado para a condição à vista (condição necessária para ser verdadeira). De qualquer forma, ao eliminar duas das quatro alternativas, a probabilidade de acerto dobrou, ou seja, deixou de ser de 25% (uma em quatro possíveis) e passou a ser de 50% (uma em duas possíveis). Isso quer dizer que, se o candidato não souber resolver a questão, deverá avaliar se não existe a possibilidade de descartar alguma das alternativas apresentadas usando a técnica do raciocino lógico e das relações cabíveis.

07. (17): "D"

Essa questão requer que o candidato saiba quais valores compõem o custo do produto e quais valores devem ser considerados para determinar o lucro bruto e o resultado líquido. Em relação aos valores que compõem o custo do produto, pelo custeio por absorção são todos os custos de produção, sejam eles variáveis ou fixos, sendo que o custo total fixo é distribuído integralmente nas unidades produzidas e só será lançado no resultado quando o produto for vendido. Em relação aos valores a serem considerados para a determinação do lucro bruto e do resultado líquido, deve-se seguir a estrutura utilizada para a demonstração do resultado do período. Antes de apresentar a demonstração e a solução da questão, é necessário explicar que a comissão da prova, ao definir a alternativa correta, considerou as despesas variáveis de venda como sendo uma despesa operacional e não uma dedução da receita bruta. Embora a questão não informe o tipo dessas despesas, se elas se referem a tributos sobre a venda, comissões ou outro tipo, entende-se que, em função de os tributos sobre as vendas representarem o maior volume de despesas variáveis, elas deveriam ser consideradas como deduções da receita bruta e não como despesas operacionais. Diante disso, a seguir encontram-se as duas soluções.

- Custo unitário de produção: 15,00 + (2.000,00 ÷ 500) = 15,00 + + 4,00 = 19,00

Despesa variável considerada	Dedução receita bruta	Despesa operacional
Receita de venda (400 × 20,00)	8.000,00	8.000,00
Dedução da receita bruta (400 × 1,50)	– 600,00	– 0,00
CPV (400,00 x 19,00)	– 7.600,00	– 7.600,00
Lucro bruto	(200,00)	400,00
Despesas fixas	– 350,00	– 350,00
Despesas variáveis (400 × 1,50)	– 0,00	– 600,00
Resultado líquido	(550,00)	(550,00)

Como todas as quatro alternativas apresentam valores diferentes para o resultado líquido (só uma com R$ 550,00 de prejuízo) e nenhuma delas apresenta o valor de R$ 200,00 de lucro bruto negativo, ainda que o candidato tivesse utilizado a alternativa que considera as despesas variáveis como dedução da receita bruta não teria outra escolha a não ser a alternativa "d", mesmo sem convicção. Por outro lado, esse tipo de situação poderia causar prejuízo para os candidatos que definissem sua escolha com base no raciocínio lógico, na medida em que se poderia considerar que a diferença entre o lucro bruto e o resultado operacional deveria ser exatamente o valor das despesas fixas. Se considerarmos que a alternativa "c" apresenta um lucro bruto de R$ 400,00 e um resultado líquido de R$ 50,00, e que a diferença entre os dois é de R$ 350,00 (exatamente o valor das despesas fixas), essa alternativa poderia ser escolhida como a certa, utilizando-se o conceito de que as despesas variáveis não seriam consideradas como despesas operacionais mas como dedução da receita bruta. Por outro lado, se consideramos que as despesas variáveis são despesas operacionais, então, a soma das despesas operacionais (fixas R$ 350,00 + variáveis R$ 600,00) seria de R$ 950,00; consequentemente, a alternativa correta deve apresentar uma diferença de R$ 950,00 entre o lucro bruno e o resultado líquido. Avaliando as alternativas, a letra "a" (2.000,00 – 1.050,00 = 950,00) e a "d" (400,00 – 950,00 = - 550,00) apresentam R$ 950,00 de diferença entre os dois resultados solicitados. Nesse caso, restariam duas possíveis alternativas verdadeiras, mas ao eliminar duas a probabilidade de acertar a resposta mediante a escolha aleatória passaria de 25% (uma em quatro possíveis) para 50% (uma em duas possíveis).

Quanto à elaboração da questão, acredita-se que a comissão que deveria ser mais clara e informar a que tipo de despesas variáveis ela se refere porque, do contrário, entende-se que a questão, além de gerar confusão, pode ser questionada quanto à sua elaboração.

08. (18): "C"

Essa questão requer que o candidato saiba identificar os custos fixos e os variáveis. Além disso, é necessário que ele saiba que, pelo sistema variável, só os custos variáveis são considerados para determinar o custo do produto. Já pelo custeio por absorção, além dos custos variáveis, também são considerados os custos fixos, estes distribuídos entre todos os produtos fabricados. Se só existe um produto, então o total dos custos fixos é dividido entre as unidades produzidas. Dessa forma, sempre que existir um custo fixo, o custo do produto, pelo custeio por absorção, será maior que o custo, determinado pelo custeio variável, já que o custeio por absorção, além de considerar todos os custos variáveis, também considera os custos fixos. Isso quer dizer que a diferença entre os custos determinados pelos dois sistemas é o custo fixo, que no custeio por absorção é considerado, e no variável, não.

Só com base nessas informações (sem qualquer cálculo) é possível eliminar três alternativas. A letra "d" está errada por informar o mesmo valor para os dois sistemas, algo que só seria possível se não existissem custos fixos, o que não é verdadeiro, já que a questão apresenta R$ 160.000,00 como custos fixos. Se considerarmos que a soma dos custos variáveis é R$ 58,00 (30,00 + 28,00 = 58,00), então, as alternativas "a" e "b" também estão erradas, já que elas informam, respectivamente, R$ 44,00 e R$ 46,00 como sendo a soma dos custos variáveis, valores que são inferiores à soma dos custos variáveis, R$ 58,00. Outra alternativa para encontrar a resposta correta sem determinar o valor dos dois custos poderia ser por meio da identificação de alternativas possuindo valor do custo fixo unitário (total do custo fixo dividido pelas unidades produzidas) como sendo a diferença entre os dois valores. O valor do custo fixo unitário incorporado no custeio por absorção é de R$ 16,00 (160.000,00 ÷ 10.000 = 16,00). Considerando que as alternativas "a", "b" e "c" possuem um valor maior, no absorção as alternativas "a" e "b" seriam descartadas, já que a diferença entre os dois custos é de R$ 2,00 (R$ 46,00 – R$ 44,00) na alternativa "a" e de R$ 12,00 (58,00 – 46,00 = 12,00), na alternativa "b". Os dois valores são diferentes dos R$ 16,00 que representam o valor dos custos unitários. Apenas a alternativa "c", a correta, apresenta R$ 16,00 como diferença entre os dois custos informados (R$ 74,00 – R$ 58,00).

Para determinar o valor dos dois custos, deve-se proceder da seguinte forma:

- Custeio variável = soma de todos os custos variáveis: 30,00 + 28,00 = 58,00
- Custeio por absorção = custo variável + parcela custo fixo →
  → 58,00 + (160.000,00 ÷ 10.000) →
  → 58,00 + 16,00 = 74,00.

09. (19): "A"

Essa questão requer que o candidato saiba a sequência de cálculos que devem ser realizados, desde a determinação do custo de produção até chegar ao custo do produto vendido. A seguir são descritos os cálculos necessários e, com base neles, é possível responder à questão.

- Custo de produção (CP) = MDO + MD + GGF.
- Produção pronta do período (PPP) = EIPE+ CP – EFPE.
- Custo dos produtos vendidos (CPV) = EIPP+ PPP – EFPP.
- MDO = mão de obra direta.
- MD = materiais diretos (matéria-prima, componentes, embalagem etc.).
- GGF = gastos gerais de fabricação (custos indiretos).
- EIPE = estoque inicial de produtos em elaboração.
- EFPE = estoque final de produtos em elaboração.
- EIPP = estoque inicial de produtos prontos.
- EFPP = estoque final de produtos prontos.
- CP = 40.000,00 + 50.000,00 + 30.000,00 = 120.000,00.
- PPP = 15.000,00 + 120.000,00 – 20.000,00 = 115.000,00.
- 80.000,00 = 0,00 + 115.000,00 – EFPP.
- EFPP = 0,00 + 115.000,00 – 80.000,00 = 35.000,00.

10. (23): "D"

Além de saber qual é a fórmula para determinar o ponto de equilíbrio, também requer o conhecimento de como determinar o valor unitário da margem de contribuição (variável que compõe a fórmula do ponto de equilíbrio). Também é necessário saber que, para a determinação do ponto de equilíbrio contábil, todos os custos fixos (inclusive a depreciação) devem ser considerados. A depreciação não seria considerada se o ponto de equilíbrio solicitado fosse o financeiro.

$$\text{Ponto de equilíbrio (em quantidade)} = \frac{\text{Custos fixos totais} + \text{despesas fixas}}{\text{Margem de contrubuição unitária}}$$

Margem de contribuição unitária = preço de venda − custo variável − despesa variável

$$PE\,(q) = \frac{72.000,00}{6.000,00 - 1.200,00} = \frac{72.000,00}{4.800,00} = 15 \text{ anos}$$

11. (24): "B"

Para encontrar a alternativa correta, basta calcular o resultado que cada uma das alternativas gera e determinar a diferença entre os dois resultados. Para isso, é só determinar o valor da margem de contribuição total (MCT) gerada, nas duas situações, já que os custos fixos não mudam.

$$MCT = (PV - CV - DV) \times QV \rightarrow MCu \times QV$$

- 1.ª MCT = $(5,00 - 1,20 - 1,00) \times QV \rightarrow 2,80 \times 3.500 = 9.800,00$
- 2.ª MCT = $(4,00 - 1,20 - 0,80) \times QV \rightarrow 2,00 \times 5.000$
  = 10.000,00

A diferença entre as duas MCT é de R$ 200,00, maior na segunda opção, ou seja, a redução do preço de venda de R$ 5,00 para R$ 4,00 resulta em aumento na margem de contribuição total de R$ 200,00. A diferença de R$ 200,00 também se mantém no lucro. Se descontarmos os R$ 6.000,00 referentes aos custos fixos totais, das duas margens totais, os resultados serão de R$ 3.800,00 e R$ 4.000,00, respectivamente.

12. (25): "A"

Essa questão requer que o candidato saiba que a margem de segurança representa o volume vendido (quantidade ou em reais) acima do ponto de equilíbrio. Ou seja, para determinar a margem de segurança é necessário conhecer o valor do faturamento e do ponto de equilíbrio.

- Faturamento = 30.000 × 35,00 = 1.050.000,00

A determinação do ponto de equilíbrio, em reais, pode ser realizada de duas formas: a) determinar o ponto de equilíbrio em quantidade e multiplicar pelo preço de venda; b) encontrar o pronto de equilíbrio em reais através da divisão da soma dos custos e despesas fixos, pelo percentual da margem de contribuição. A seguir são evidenciadas as duas.

$$\text{Ponto de equilíbrio (em quantidade)} = \frac{\text{Custos fixos totais} + \text{despesas fixas}}{\text{Margem de contribuição unitária}}$$

$$PE\ (q) = \frac{472.500,00}{35,00 - 15,00} = \frac{472.500,00}{20,00} = 23.625\ \text{unidades}$$

- PE (R$) = 23.625 × 35,00 = 826.875,00

$$PE\ (R\$) = \frac{472.500,00}{\frac{20,00}{35,00}} = \frac{472.500,00}{0,5714285} = 826.875,00$$

- Margem de segurança = 1.050.000,00 − 826.875,00 = 223.125,00

13. (26): (questão anulada; inicialmente o gabarito informava "C")

Para identificar a resposta correta, é necessário testar as alternativas apresentadas.

A alternativa "a" está errada, já que o valor do custo do departamento produção é de R$ 50,00 e não de R$ 80,00, sendo que R$ 75,00 representa o custo de produção total.

Custo de produção total (CPT): mão de obra direta + matéria-prima + gastos gerais de fabricação

- CPT = 25,00 + 50,00 = 75,00

O valor gasto no departamento de compras, R$ 5,00, é considerado despesa, não sendo incorporado ao custo de produção.

Na avaliação da alternativa "b", antes de analisar se os valores informados estão corretos ou não, cabe fazer um comentário quanto ao texto. A alternativa informa o "custo" total do departamento de venda quando o termo correto deveria ser "despesa", porque o termo "custo" só deve ser empregado quando o mesmo ser refere a gastos relacionados à produção ou à compra. Em relação aos valores, o valor de R$ 100,00 representa a soma dos custos de produção (R$ 750,00) mais as despesas dos departamentos de compra (R$ 5,00) e de venda (R$ 20,00). Sendo assim, a alternativa está errada.

A alternativa "d" informa que os departamentos de compra e de produção geram R$ 110,00 de receita. Essa afirmativa está errada, já que transferências internas não representam geração de receita.

A alternativa "c", considerada inicialmente correta pela comissão que elaborou a prova (posteriormente a questão foi cancelada), também é falsa, já que o departamento de compras só gerou R$ 5,00 de despesas. O gasto de R$ 25,00 referente à compra de matéria-prima não é um gasto do departamento de compras. Diante disso, ela não poderia ser considerada correta, fato que deixou a questão sem nenhuma alternativa correta e, consequentemente, foi cancelada.

14. (31): "B"

Para avaliar as alternativas que consideram o custo do dinheiro no tempo é necessário que os valores de todas as alternativas estejam na mesma data. Considerando uma taxa de 1% a.m., pode-se dizer que um valor no presente de R$ 1,00 será de R$ 1,01 (R$ 1,00 + 1%) em 30 dias e de R$ 1,201 (R$ 1,01 + 1%) em 60 dias. Com base nessas informações, pode-se dizer que, para trazer para o valor presente um valor previsto para 30 dias, basta dividir por 1,01 e por 1,0201 o valor previsto para 60 dias.

TABELA 8.41

Fornecedor	Prazo	Valor nominal	Divisor	Valor presente
A	à vista	3.180,00	1,00	3.180,00
B	30 dias	3.200,00	1,01	3.168,32
C	60 dias	3.300,00	1,0201	3.234,98

Comparando os valores da matéria-prima avaliada a valor presente, chega-se à conclusão de que o mais vantajoso é comprar do fornecedor B (apresentou o menor valor presente).

8.24. EXAME TÉCNICO EM CONTABILIDADE 2011-I

01. (3): "C"

É importante observar que, mesmo que o aluguel do galpão da área da produção represente um custo de produção, nesse caso específico, no enunciado da questão, não representa um custo, já que o fato narrado se refere ao pagamento, feito em janeiro de 2010, do aluguel referente a dezembro de 2009. Embora a questão não informe, subentende-se que o aluguel que está sendo pago em janeiro de 2010 foi devidamente provisionado em 31.12.2009 (debitando custos de produção e creditando uma conta de passivo). Sendo assim, o pagamento ocorrido em janeiro de 2010 representa uma redução do ativo (pela saída do dinheiro) e uma redução do passivo (baixa da obrigação gerada em função da provisão do aluguel de dezembro de 2009).

02. (15): "C"

O frete e o seguro, quando incorridos pelo vendedor, são considerados como despesa comercial (no grupo de despesas operacionais), gerando uma redução do resultado. Sendo assim, as alternativas "a" e "b" estão erradas. Quando o frete e o seguro são incorridos pelo comprador, eles devem ser considerados como parte do custo do bem comprado. Se o bem comprado for mercadorias para revenda, eles vão fazer parte do estoque. Se for um bem do imobilizado, eles vão fazer parte do imobilizado. Ou seja, sempre que o comprador pagar o frete e/ou eles devem fazer parte do bem comprado. Sendo assim, a alternativa "c" está correta e a "d" está errada.

03. (19): "C"

A questão informa que essa empresa adota o método do custo médio ponderado móvel. Para entender o que significa esse método é necessário entender o que significa cada uma das palavras que o compõem. **Custo:** valor pago (mercadoria + frete + seguro), descontado dos créditos dos tributos. **Médio:** quer dizer que, existindo mais de uma entrada, o custo a ser considerado, para as entradas, é a média. **Ponderado:** quer dizer que, ao se fazer a média das entradas e/ou entrada e o saldo inicial (antes de cada entrada), é necessário considerar a ponderação dos custos, considerando as respectivas quantidades das entradas e/ou do saldo inicial (antes de cada entrada). **Móvel:** quer dizer que, para cada saída que ocorrer, o seu custo será avaliado pelo custo unitário existente imediatamente anterior à sua saída. Já o método do custo médio ponderado **fixo** considera que todas as saídas realizadas em determinado mês serão baixadas levando em conta o custo do final do mês, como se elas fizessem parte de uma única saída, ocorrida no último dia do mês.

Observação: mais informações sobre os métodos de cálculo do custo podem ser obtidas nos comentários da solução da questão 7 (25) do exame técnico em contabilidade 2001-II.

A seguir, é evidenciada a forma como se deve proceder para encontrar a resposta certa considerando sempre que, na compra, o custo é determinado com base no valor pago (mercadoria + frete + seguro), deduzido dos créditos dos tributos recuperáveis. Como a questão não informa valores para o frete e o seguro, bem como não informa a existência de créditos de tributos, o custo das entradas é o próprio valor informado nas compras. Já o valor a ser considerado pela venda é a quantidade vendida multiplicada pelo custo unitário existente imediatamente antes da saída. É importante observar que o preço de venda é considerado para determinar o valor da receita e não o valor a ser baixado do estoque.

TABELA 8.42

Entradas			Saídas			Saldo		
Quantidade	Custo unitário	Custo total	Quantidade	Custo unitário	Custo total	Quantidade	Custo unitário	Custo total
20	30,00	600,00				20	30,00	600,00
20	35,00	700,00				40	32,50	1.300,00
			30	32,50	**975,00**			

04. (20): "A"

Para resolver essa questão basta somar todos os valores de mão de obra aplicados, de forma direta ou indireta, na produção e dividir esse valor pela quantidade de produtos fabricados. Sendo assim, todos os valores relacionados com a mão de obra direta e também com a indireta devem ser considerados como custos de produção; já os valores relacionados com o pessoal de vendas e administração devem ser considerados como despesas. O fato de os gastos serem de empresados ou de diretor não influencia na definição se é custo ou despesa. A diferenciação entre custo e despesas se dá pela aplicação do gasto. Se ele for aplicado na produção, será custo, caso contrário será despesa.

- Total dos custos: 80.000,00 + 30.000,00 + 1.200,00 + 500,00 + + 16.000,00 + 6.000,00 = 133.700,00
- Custo unitário = 133.700,00 ÷ 500 = 267,40

05. (21): "B"

A questão informa que o método a ser considerado é o custeio por absorção. Então, é importante saber que o custeio por absorção considera todos os custos, sejam eles fixos ou variáveis, no custo de produção. Como a questão informa que o total da produção (1.500) foi totalmente vendida, para se encontrar o valor do lucro bruto basta descobrir o total da receita (preço de venda × quantidade) e o total do custo variável (custo variável unitário × quantidade). Depois disso, é necessário descontar do valor da receita total a soma de todos os custos (fixos e variáveis). É importante observar que os gastos com expedição não devem ser considerados no cálculo do lucro bruto, já que representam despesas operacionais, e só seriam considerados se a questão solicitasse o valor do lucro operacional ou lucro líquido e não o valor do lucro bruto.

TABELA 8.43

Rubrica	1.500 Unidades	
	Unitário	Total
Receita de venda	270,00	405.000,00
Custo fixo	-133,33	-200.000,00
Custo variável	-100,00	-150.000,00
Lucro bruto	= 233,00	= 55.000,00

06. (22): "B"

Essa questão requer que se saiba: 1.º) que frete que é pago pelo vendedor não deve ser considerado no cálculo do custo de compra, já que o comprador não teve nenhum desembolso; 2.º) que os valores dos tributos que geram crédito devem ser deduzidos do valor pago para o fornecedor para se chegar ao custo líquido de compra (custo que deve ser considerado para fins de estoque)

- Custo total da compra: 6.600,00 − 600,00 − 1.080,00 = 4.920,00
- Custo unitário da compra: 4.920,00 ÷ 2.000 = 2,46

Capítulo 8 – Respostas e comentários dos exercícios **299**

07. (23): "D"

O sistema de custeio considera todos e somente os custos de produção, sejam eles fixos ou variáveis. Os gastos que não têm relação com a atividade produtiva são considerados despesas e, portanto, não devem ser considerados na formação do custo dos produtos. Já o custeio variável só considera os custos variáveis. Alguns autores chamam de custeio direto e, portanto, entendem que o custeio direto só considera os custos diretos. Sendo assim, a única alternativa que apresenta uma afirmativa correta é a da letra "d".

08. (24): "C"

Essa questão requer apenas que o candidato saiba distinguir o que é custo e o que é despesa. Para isso é importante considerar que custo é todo gasto realizado para obter um bem ou um serviço. Já despesa é todo gasto realizado para obter uma receita. Sendo assim, será considerado custo todo gasto que tenha na sua nomenclatura expressões como: mão de obra (direta ou indireta); materiais utilizados na produção (matéria-prima, componentes, embalagens, auxiliares etc.); gastos que se refiram à produção ou fabricação. Por outro lado, serão considerados despesas todos os gastos que tenham como objetivo obter uma receita. As despesas, normalmente, aparecem identificadas como sendo gastos relacionados com a área de venda, com a de administração, com a financeira. Quando não estiverem identificados com essas áreas, deve-se avaliar se elas têm essa relação, embora não tenha essa informação no nome (por exemplo, propaganda e publicidade, juros pagos, despesas, fretes na entrega de mercadorias etc.).

Sendo assim, o primeiro passo é identificar as contas que representam custos e as que representam despesas. Depois é só somar os valores que compõem as duas espécies de gastos. Como não existem duas alternativas com o mesmo valor, seja de custos ou de despesas, para identificar a resposta certa basta somar uma espécie de gastos (custos e despesas).

- Custos: 3.500,00 + 30.000,00 + 90.000,00 + 40.000,00 = = 163.500,00
- Despesas: 6.000,00 + 4.000,00 + 25.000,00 + 110.000,00 = = 145.000,00

Observação: questões assim (em que a soma das duas espécies tem que corresponder ao total de todas as contas), às vezes permitem que sejam eliminadas algumas alternativas sem fazer a separação, desde que, quem elaborar a questão, informe, intencionalmente, em alguma alternativa, valores para custos e despesas, e que a sua soma seja diferente da soma total dos gastos informados. Isso pode ocorrer com o objetivo de permitir que o candidato que utilize o raciocínio lógico possa responder à questão sem necessidade de fazer cálculo. No caso dessa questão, essa técnica não se aplica, uma vez que a soma dos custos e despesas apresentados nas quatro alternativas totaliza o mesmo valor do total dos gastos apresentados no enunciado. No entanto, essa dica poderá ser útil em outras ocasiões.

09. (25): "C"

Essa questão é exatamente igual à questão 7 (17) do Exame Bacharel 2011-I; sendo assim, o desenvolvimento e os comentários sobre a resolução estão junto à resposta da referida questão, não fazendo sentido apresentá-los novamente aqui.

10. (26): "B"

Essa questão requer que se saiba: 1.º) que o frete que é pago pelo vendedor não deve ser considerado no cálculo do custo de compra, já que o comprador não teve nenhum desembolso; 2.º) que o frete, o seguro e outros gastos realizados em função da compra, pagos pelo comprador, devem fazer parte do custo da compra; 3.º) que os valores dos tributos que geram crédito devem ser deduzidos do valor pago para o fornecedor para se chegar ao custo líquido de compra (custo que deve ser considerado para fins de estoque).

- Custo total da compra = 3.000,00 − 150,00 − 342,00 + 204,00
  = 2.712,00

11. (27): "C"

Para determinar o valor do estoque final dos produtos acabados (EFPA) deve-se somar o custo da produção pronta (CPP) com estoque inicial dos produtos acabados (EIPA), deduzindo-se o valor do custo dos produtos vendidos (CPV). Como a questão não informa o valor do CPP, é necessário encontrá-lo. Para determinar o valor do CPP é necessário somar o valor do estoque inicial dos produtos em elaboração (EIPE) com o custo da produção em elaboração (CPE), deduzido do valor do estoque final dos produtos em elaboração (EFPE). Como a questão também não informa o valor do CPE, é necessário descobri-lo. Para isso, é necessário somar todos os custos relacionados à produção, que fazem parte de três grandes grupos: matéria-prima (MP), mão de obra direta (MOD) e gastos gerais de fabricação (GGF). Sendo assim, para encontrar o valor do EFPP, será necessário determinar o valor do CPE, para, depois, encontrar o valor do CPP e, por fim, determinar o valor do EFPP.

$$CPE = CP + MOD + GGF$$

- $CPE = 50.000,00 + 40.000,00 + 30.000,00 = 120.000,00$

$$CPP = EIPE + CPE - EFPE$$

- $CPP = 15.000,00 + 120.000,00 - 20.00,00 = 115.000,00$

$$CPV = EIPP + CPP - EFPP \text{ ou } EFPP = EIPP + CPP - CPV$$

- $EFPP = 0,00 + 115.000,00 - 80.000,00 = 35.000,00$

Referências

BRUNI, A. L.; FAMÁ, R. *Gestão de custos e formação de preços com aplicação na calculadora HP 12 C e Excel*. 3. ed. São Paulo: Atlas, 2004.

CHING. H. Y. *Contabilidade gerencial: novas práticas contábeis para gestão de negócios*. São Paulo: Pearson Prentice Hall, 2006.

DUBOIS, A. et al. *Gestão de custos e formação de preços: conceitos, modelos e instrumentos, abordagem do capital de giro e da margem de competitividade*. 3. ed. São Paulo: Atlas, 2009.

FONSECA, J. I. et al. Introdução à contabilidade de Custos. In: CONSELHO REGIONAL DE CONTABILIDADE DO ESTADO DE SÃO PAULO. *Curso sobre contabilidade de custos*, 5. ed. São Paulo: Atlas, 1992.

HORNGREN, C. T.; FOSTER, G.; DATAR, S. M. *Contabilidade de custos*. 11. ed. São Paulo: Pearson, 2004.

IUDÍCIBUS, S. *Contabilidade gerencial*. São Paulo: Atlas, 1998.

MARTINS, E. *Contabilidade de custos*. 9. ed. São Paulo: Atlas, 2003.

SANTOS, J. J. *Contabilidade e análise de custos*. 5. ed. São Paulo: Atlas, 2009.

SOUZA, M. A.; DIEHL, C. A. *Gestão de custos: uma abordagem integrada entre contabilidade, engenharia e administração*. São Paulo: Atlas, 2009.

STARK, J. A. *Contabilidade de custos*. São Paulo: Pearson Prentice Hall, 2007.

Exames: http://www.cfc.org.br/conteudo.aspx?codMenu=46&codConteudo=442

GRÁFICA PAYM
Tel. (011) 4392-3344
paym@terra.com.br